中国社会科学院
经济研究所
INSTITUTE OF ECONOMICS

经济所人文库

# 刘树成集

中国社会科学院经济研究所学术委员会 **组编**

中国社会科学出版社

## 图书在版编目（CIP）数据

刘树成集/中国社会科学院经济研究所学术委员会组编.
—北京：中国社会科学出版社，2019.1
（经济所人文库）
ISBN 978 – 7 – 5203 – 3558 – 4

Ⅰ.①刘…　Ⅱ.①中…　Ⅲ.①经济学—文集
Ⅳ.①F0 – 53

中国版本图书馆 CIP 数据核字（2018）第 254337 号

| | | |
|---|---|---|
| 出 版 人 | 赵剑英 |
| 责任编辑 | 王　曦 |
| 责任校对 | 赵雪姣 |
| 责任印制 | 戴　宽 |

| | | |
|---|---|---|
| 出　　版 | 中国社会科学出版社 |
| 社　　址 | 北京鼓楼西大街甲 158 号 |
| 邮　　编 | 100720 |
| 网　　址 | http：//www.csspw.cn |
| 发 行 部 | 010 – 84083685 |
| 门 市 部 | 010 – 84029450 |
| 经　　销 | 新华书店及其他书店 |

| | | |
|---|---|---|
| 印刷装订 | 北京君升印刷有限公司 |
| 版　　次 | 2019 年 1 月第 1 版 |
| 印　　次 | 2019 年 1 月第 1 次印刷 |

| | | |
|---|---|---|
| 开　　本 | 710×1000　1/16 |
| 印　　张 | 20.75 |
| 字　　数 | 280 千字 |
| 定　　价 | 99.00 元 |

凡购买中国社会科学出版社图书，如有质量问题请与本社营销中心联系调换
电话：010 – 84083683

# 总　序

　　作为中国近代以来最早成立的国家级经济研究机构，中国社会科学院经济研究所的历史，至少可上溯至 1929 年于北平组建的社会调查所。1934 年，社会调查所与中央研究院社会科学研究所合并，称社会科学研究所，所址分居南京、北平两地。1937 年，随着抗战全面爆发，社会科学研究所辗转于广西桂林、四川李庄等地，抗战胜利后返回南京。1950 年，社会科学研究所由中国科学院接收，更名为中国科学院社会研究所。1952 年，所址迁往北京。1953 年，更名为中国科学院经济研究所，简称"经济所"。1977 年，作为中国社会科学院成立之初的 14 家研究单位之一，更名为中国社会科学院经济研究所，仍沿用"经济所"简称。

　　从 1929 年算起，迄今经济所已经走过了 90 年的风雨历程，先后跨越了中央研究院、中国科学院、中国社会科学院三个发展时期。经过 90 年的探索和实践，今天的经济所，已经发展成为以重大经济理论和现实问题为主攻方向、以"两学—两史"（理论经济学、应用经济学和经济史、经济思想史）为主要研究领域的综合性经济学研究机构。

　　90 年来，我们一直最为看重并引为自豪的一点是，几代经济所人孜孜以求、薪火相传，在为国家经济建设和经济理论发展作出了杰出贡献的同时，也涌现出一大批富有重要影响力的著名学者。他们始终坚持为人民做学问的坚定立场，始终坚持求真务实、脚踏实地的优良学风，始终坚持慎独自励、言必有据的学术品格。他们是经济所人的突出代表，他们的学术成就和治学经验是经济所最宝贵的财富。

抚今怀昔，述往思来，在经济所迎来建所90周年之际，我们编选出版《经济所人文库》（以下简称《文库》），既是对历代经济所人的纪念和致敬，也是对当代经济所人的鞭策和勉励。

《文库》的编选，由中国社会科学院经济研究所学术委员会负总责，在多方征求意见、反复讨论的基础上，最终确定入选作者和编选方案。

《文库》第一辑凡40种，所选作者包括历史上的中央研究院院士，中华人民共和国成立后的中国科学院学部委员、中国社会科学院学部委员、中国社会科学院荣誉学部委员、历任经济所所长以及其他学界公认的学术泰斗和资深学者。在坚持学术标准的前提下，同时考虑他们与经济所的关联。入选作者中的绝大部分，都在经济所度过了其学术生涯最重要的阶段。

《文库》所选文章，皆为入选作者最具代表性的论著。选文以论文为主，适当兼顾个人专著中的重要篇章。选文尽量侧重作者在经济所工作期间发表的学术成果，对于少数在中华人民共和国成立之前已成名的学者，以及调离经济所后又有大量论著发表的学者，选择范围适度放宽。为好中选优，每部文集控制在30万字以内。此外，考虑到编选体例的统一和阅读的便利，所选文章皆为中文著述，未收入以外文发表的作品。

《文库》每部文集的编选者，大部分为经济所各学科领域的中青年学者，其中很多都是作者的学生或再传弟子，也有部分系作者本人。这样的安排，有助于确保所选文章更准确地体现作者的理论贡献和学术观点。对编选者而言，这既是一次重温经济所所史、领略前辈学人风范的宝贵机会，也是激励自己踵武先贤、在学术研究道路上砥砺前行的强大动力。

《文库》选文涉及多个历史时期，时间跨度较大，因而立意、观点、视野等难免具有时代烙印和历史局限性。以现在的眼光来看，某些文章的理论观点或许已经过时，研究范式和研究方法或许已经陈旧，但为尊重作者、尊重历史起见，选入《文库》时仍保持原貌而未加改动。

《文库》的编选工作还将继续。随着时间的推移，我们还会将更多经济所人的优秀成果呈现给读者。

尽管我们为《文库》的编选付出了巨大努力，但由于时间紧迫，工作量浩繁，加之编选者个人的学术旨趣、偏好各不相同，《文库》在选文取舍上难免存在不妥之处，敬祈读者见谅。

入选《文库》的作者，有不少都曾出版过个人文集、选集甚至全集，这为我们此次编选提供了重要的选文来源和参考资料。《文库》能够顺利出版，离不开中国社会科学出版社领导和编辑人员的鼎力襄助。在此一并致谢！

一部经济所史，就是一部经济所人以自己的研究成果报效祖国和人民的历史，也是一部中国经济学人和中国经济学成长与发展历史的缩影。《文库》标示着经济所90年来曾经达到的学术高度。站在巨人的肩膀上，才能看得更远，走得更稳。借此机会，希望每一位经济所人在感受经济所90年荣光的同时，将《文库》作为继续前行的新起点和铺路石，为新时代的中国经济建设和中国经济学发展作出新的更大的贡献！

是为序。

于 2019 年元月

# 编者说明

《经济所人文库》所选文章时间跨度较大，其间，由于我国的语言文字发展变化较大，致使不同历史时期作者发表的文章，在语言文字规范方面存在较大差异。为了尽可能地保持作者个人的语言习惯、尊重历史，因此有必要声明以下几点编辑原则：

一、除对明显的错别字加以改正外，异形字、通假字等尽量保持原貌。

二、引文与原文不完全相符者，保持作者引文原貌。

三、原文引用的参考文献版本、年份等不详者，除能够明确考证的版本、年份予以补全外，其他文献保持原貌。

四、对外文译名与今译名不同者，保持原文用法。

五、对原文中数据可能有误的，除明显的错误且能够考证或重新计算者予以改正外，一律保持原貌。

六、对个别文字因原书刊印刷原因，无法辨认者，以方围号□表示。

# 作者小传

刘树成，男，1945 年 10 月 20 日生于上海，1981 年 8 月进入经济所工作，1982 年 5 月调出，1998 年 10 月再次调入。

刘树成祖籍河北省武强县，1956 年 9 月至 1962 年 8 月，在天津市南开中学学习。1962 年 8 月至 1967 年 8 月在中国人民大学经济系政治经济学本科学习。1967 年 8 月至 1970 年 1 月，先后在中国人民大学待分配和在中国人民解放军 4595 部队农场锻炼。1970 年 1 月至 1975 年 7 月，在中共山西省偏关县委工作。1975 年 7 月至 1978 年 8 月，在山西省委政策研究室工作。1978 年 8 月至 1981 年 8 月在中国社会科学院研究生院经济系学习，获硕士学位。1981 年 8 月至 1982 年 5 月在中国社会科学院经济研究所工作。1982 年 5 月至 1998 年 10 月在中国社会科学院数量经济与技术经济研究所工作，历任助理研究员、副研究员、研究员、副所长、博士生导师。其间于 1989 年 5 月至 1990 年 4 月在美国科罗拉多州博德尔经济学院、加利福尼亚州斯坦福大学做访问学者。1998 年 10 月至 2008 年 12 月任中国社会科学院经济研究所所长、《经济研究》主编。2006 年 8 月被评为中国社会科学院学部委员、经济学部副主任。第十一、第十二届全国政协委员。中央马克思主义理论研究和建设工程《马克思主义政治经济学》教材课题组首席专家。国家级有突出贡献中青年专家。国务院政府特殊津贴专家。曾获国家科技进步二等奖（1996 年），孙冶方经济科学奖论文奖（1996 年、1998 年、2006 年），中国社会科学院优秀科研成果奖（1993 年、1996 年、2007 年），中宣部精神文明建设"五个一工程"作品奖

（1996 年），俄罗斯康德拉季耶夫金奖（2008 年）等。

刘树成主要研究领域是中国经济周期波动与宏观调控。从1984 年下半年起开始中国经济周期波动问题的研究。当时，为纪念《经济研究》杂志创刊 30 周年，与乌家培合写了一篇题为《经济数量关系研究三十年》的文章（载《经济研究》1985 年第 6期），首次在我国公开的经济理论刊物上提出中国社会主义经济周期波动这一命题。接着，1985 年下半年，针对我国 30 多年来经济发展的起伏波动，特别是针对当时我国固定资产投资已连续几年膨胀，并显露出下降趋势这一现象，撰写了第一篇具体探讨中国经济周期波动问题的论文，题为《我国固定资产投资周期性初探》，刊登于《经济研究》1986 年第 2 期。这期间，中国学术界也有一些学者相继发表了许多这方面的研讨文章，中国经济周期波动问题作为一个崭新的研究领域被开拓出来。

刘树成的主要专著有：《中国经济的周期波动》，中国经济出版社 1989 年版；《中国经济周期波动的新阶段》，上海远东出版社1996 年版；《繁荣与稳定——中国经济波动研究》，社会科学文献出版社 2000 年版；《经济周期与宏观调控——繁荣与稳定 II》，社会科学文献出版社 2005 年版；《中国经济增长与波动 60 年——繁荣与稳定 III》，社会科学文献出版社 2009 年版；《运行与调控：中国宏观经济研究》（中国社会科学院学部委员专题文集），中国社会科学出版社 2013 年版；《中华民族复兴的经济轨迹——繁荣与稳定 IV》，社会科学文献出版社 2014 年版。

中国社会科学院的一项任务是，发挥党中央、国务院重要的思想库和智囊团的作用。刘树成曾多次参加党中央、国务院、全国政协以及有关政府部门召开的经济形势分析会，还曾作为中共中央政治局集体学习和全国政协常委会集体学习的主讲人。1999 年至2011 年，曾多次参加中央经济工作会议和《政府工作报告》起草工作。

刘树成在担任经济研究所所长之后，花费时日较长和付出较大心血的，是两项重要的科研组织工作及其相应的集体性成果问世。一项是 1998 年至 2004 年持续了 6 年时间主编并完成了《现代经济辞典》，另一项是 2004 年至 2010 年持续了 7 年时间主持并完成了中央马克思主义理论研究和建设工程之《马克思主义政治经济学概论》教材的撰写。

# 目　录

# 我国固定资产投资周期性初探

三十多年来，我国固定资产投资规模一再出现失控局面。尽管每次失控的程度和具体背景有所不同，但都对国民经济稳定、协调发展带来了危害。特别是当前，我国正在深入开展以城市为重点的整个经济体制改革，认识和掌握我国固定资产投资的规律性，有效地控制固定资产投资规模，对于保持国民经济的健康发展，保证改革的顺利进行，使改革与建设互相适应、互相促进，具有十分重要的意义。

我国固定资产投资有没有周期性？如果有，它又具有什么特点？形成这种周期性的原因何在？怎样把握这种周期性，以取得控制投资规模和驾驭整个国民经济发展的主动权？这些问题，目前在我国经济学界尚未展开深入的研究，本文试对这些问题作一初步探讨。

## 一 我国固定资产投资的周期性及其特点

现把 1952—1984 年我国历年固定资产投资总额（全民所有制范围)① 及其增长速度的统计资料列于表 1，并把固定资产投资增长速度在坐标上画为一条曲线（见图 1）。从表 1 "增长速度"一栏和图 1 增长速度曲线可以看到，三十二年来，我国固定资产投资

---

① 1952—1983 年数据取自《中国统计年鉴（1984）》，中国统计出版社 1984 年版，第 301 页；1984 年数据取自《中华人民共和国国家统计局关于 1984 年国民经济和社会发展的统计公报》，《人民日报》1985 年 3 月 10 日。均按当年价格计算。

每增长三四年（正号），就下降一两年（负号），明显地呈现出周期性。

表1 我国固定资产投资总额及其增长速度

| 年份 | 投资总额（亿元） | 增长速度（%） | 周期序号 |
|---|---|---|---|
| 1952 | 43.56 | +85.68 | |
| 1953 | 91.59 | +110.26 | |
| 1954 | 102.68 | +12.11 | |
| 1955 | 105.24 | +2.49 | 1 |
| 1956 | 160.84 | +52.83 | |
| 1957 | 151.23 | -5.97 | |
| 1958 | 279.06 | +84.53 | |
| 1959 | 368.02 | +31.88 | |
| 1960 | 416.58 | +13.19 | 2 |
| 1961 | 156.06 | -62.54 | |
| 1962 | 87.28 | -44.07 | |
| 1963 | 116.66 | +33.66 | |
| 1964 | 165.89 | +42.20 | |
| 1965 | 216.90 | +30.75 | |
| 1966 | 254.80 | +17.47 | 3 |
| 1967 | 187.72 | -26.33 | |
| 1968 | 151.57 | -19.26 | |
| 1969 | 246.92 | +62.91 | |
| 1970 | 368.08 | +49.07 | |
| 1971 | 417.31 | +13.37 | 4 |
| 1972 | 412.81 | -1.08 | |
| 1973 | 438.12 | +6.13 | |
| 1974 | 463.19 | +5.72 | |
| 1975 | 544.94 | +17.65 | 5 |
| 1976 | 523.94 | -3.85 | |

续表

| 年份 | 投资总额（亿元） | 增长速度（%） | 周期序号 |
|---|---|---|---|
| 1977 | 548.30 | +4.65 | |
| 1978 | 668.72 | +21.96 | |
| 1979 | 699.36 | +4.58 | 6 |
| 1980 | 745.90 | +6.65 | |
| 1981 | 667.51 | −10.51 | |
| 1982 | 845.31 | +26.64 | |
| 1983 | 951.96 | +12.62 | 7 |
| 1984 | 1160.00 | +21.85 | |

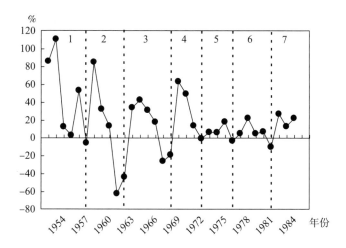

**图1　中国固定资产投资增长率波动曲线**

这种周期性具有如下几个特点：

第一，每个周期的持续时间一般为4—5年。

从每年固定资产投资总额开始比上一年增加，即投资增长速度开始为正的年份算起，到固定资产投资总额比上一年减少，即投资增长速度为负的年份结束为止，作为一个周期。三十二年来，我国固定资产投资共经历了7个周期。

第1个周期：1953—1957年，持续5年；

第 2 个周期：1958—1962 年，持续 5 年；

第 3 个周期：1963—1968 年，持续 6 年；

第 4 个周期：1969—1972 年，持续 4 年；

第 5 个周期：1973—1976 年，持续 4 年；

第 6 个周期：1977—1981 年，持续 5 年；

第 7 个周期：1982—1984 年，已持续 3 年，尚未完成。

从已经完成的几个周期看，除第 3 个周期持续 6 年外，其余均为 4—5 年。

第二，每个周期内固定资产投资增长速度的升降振幅渐趋缓和。

我们把每个周期内固定资产投资增长速度的高峰与低谷的数据相加，其距离作为振幅。每个周期的振幅为：

第 1 个周期：116.23（110.26 + 5.97）；

第 2 个周期：147.07（84.53 + 62.54）；

第 3 个周期：68.53（42.20 + 26.33）；

第 4 个周期：63.99（62.91 + 1.08）；

第 5 个周期：21.50（17.65 + 3.85）；

第 6 个周期：32.47（21.96 + 10.51）。

投资的大起大落，对整个国民经济的影响很大。我国固定资产投资增长速度的升降振幅逐渐变小，表明我国已经从过去的大起大落中取得了一定的教训，情况正在好转。

第三，固定资产投资增长为负的低谷年份在每个五年计划中所处的位置逐步前移。

固定资产投资增长速度为负的低谷年份在每个五年计划中所处的位置是：

"一五"时期，处于第五年（1957 年）；

"二五"时期，处于第四、五年（1961 年、1962 年）；

"三五"时期，处于第二、三年（1967 年、1968 年）；

"四五"时期，处于第二年（1972 年）；

"五五"时期，处于第一年（1976 年）；

"六五"时期，处于第一年（1981 年）。

这表明，在第一、二个五年计划时期，开头几年即可进行大规模的投资，低谷年份处于期末；而到了第五、六个五年计划时期，一开头就遇到了低谷年份，使五年计划的开端处于压缩和调整的被动局面。

## 二　形成周期性的原因

形成我国固定资产投资周期性的原因究竟是什么？是纯属主观失误，还是纯属客观必然，或是二者兼而有之？它与资本主义制度下的经济危机和固定资本投资的周期性有何不同？

在资本主义制度下，经济危机的周期性带来固定资本大规模更新和投资的周期性；同时，后者又成为前者的物质基础。马克思指出："这种由若干互相联系的周转组成的包括若干年的周期（资本被它的固定组成部分束缚在这种周期之内），为周期性的危机造成了物质基础。在周期性的危机中，营业要依次通过松弛、中等活跃、急剧上升和危机这几个时期。虽然资本投下的时期是极不相同和极不一致的，但危机总是大规模新投资的起点。"[1] 经济危机和固定资本投资的周期性，根源于资本主义生产方式本身所固有的基本矛盾，即生产的高度社会化与生产资料的资本主义私人占有之间的矛盾。这种周期性建立在资本主义商品生产相对过剩的基础上。

世界上一切事物的运动都有波，都是波浪式前进、不平衡发展的。从这一哲学道理上讲，我国固定资产投资也存在着高高低低的运动波，这并不奇怪。但具体来讲，在我国条件下，固定资产投资的周期性运动，情况又与资本主义不同。

第一，我国是社会主义国家，生产资料公有制及与之相应的国

---

[1]　《资本论》第二卷，人民出版社 1975 年版，第 207 页。

民经济有计划管理占主导地位。我们可以通过有计划地管理和运用各种手段，采取相应的措施，来控制和调节固定资产投资的规模。所以，从根本上说，我国固定资产投资的周期性不是根源于社会主义制度本身。

　　第二，我国是发展中的社会主义国家，从客观条件上说，我们不是商品生产的相对过剩，而是物质力量的相对不足。我国社会的主要矛盾是人民日益增长的物质文化需要同落后的社会生产力之间的矛盾。这个矛盾反映在固定资产投资上则是大规模经济建设的需要与物质力量不足之间的矛盾。物质力量的不足表现为大规模的经济建设要受到几个方面的重大比例关系的制约。如第一个方面，农、轻、重之间的比例关系。固定资产投资要有相应的生产资料的供给作保证，这主要由重工业来承担。大规模的投资要求重工业的快速发展。如果重工业发展过快，就要挤压农业和轻工业，引起农、轻、重之间比例关系的失调。第二个方面，积累与消费之间的比例关系。固定资产投资的大部分属于国民收入最终使用中的积累部分。在一定时期内，国民收入总额是一定的。积累过多，积累率升高，就要挤压消费，包括个人消费和社会消费。当投资规模过大，积累率过高，对消费挤压过重，就会引起积累与消费之间比例关系的失调。第三个方面，建设与生产之间的比例关系。固定资产投资要在一个较长时间内占用社会的人力、物力、财力，而不能提供有效的用品。如果它所占用的物质力量过多，就要挤压当前的正常生产，激化能源、交通和原材料方面的紧张，并影响有用产品的形成，引起建设与生产之间比例关系的失调。中华人民共和国成立以来，为了使我国在原有十分薄弱的基础上富强起来，客观上需要进行大规模经济建设，但随着每次投资规模持续扩大，物质力量不足的矛盾就越来越突出，逐步引起国民经济各方面重大比例关系的严重失调，造成整个社会经济生活的紧张和混乱，这时，就要进行调整。经过调整，国民经济重大比例关系趋于合理，又可以重新开始下一次的大规模投资。从这个角度看，我国固定资产投资的周期性具有一定的客观性。

第三，我国是发展中的社会主义国家，社会主义制度本身还有待于进一步完善，特别是在经济管理体制和管理水平方面，我们还缺乏足够的经验。从主观条件上说，在进行大规模投资的时候，我们在指导思想上应该保持清醒的头脑，避免冒进，在宏观管理上应该实施有效的控制，避免大上大下。然而，我们没有很好地做到这一点。从这个角度看，我国固定资产投资周期性中的大起大落包含着工作的失误，又具有一定的主观性。

## 三　把握固定资产投资的周期性

目前，我国正在进行以城市为重点的整个经济体制改革，经济生活必然会出现一系列的新情况，这会对固定资产投资的周期性及其特点带来新的影响，从而需要我们随着时间的推移和各种情况的变化，审时度势，在实践中继续探索，不断丰富和校正我们的认识，更好地把握投资的周期性变化。

但是，总的来说，前述我国固定资产投资以四五年为一周期的情况，今后还不容易一下子改变，还可能持续一段时间。这主要是因为，首先，要实现到 20 世纪末我国国民经济发展的宏伟目标，还必须不断地进行大规模的投资；其次，我们虽然经过了几个五年计划的建设，但物质力量不足的问题尚不能一下子解决，大规模的投资还必然要受到国民经济各项重大比例关系的制约；再次，在以城市为重点的整个经济体制改革的进行中，要发挥各种手段和各种经济杠杆的作用，实施有效的宏观调节与控制，尚需一个过程。

在今后几年内，如果不出现其他重大变动，按照前述周期性，固定资产投资的低谷年份大体上将出现于 1986 年和 1991 年左右。这只是一个粗略的预测。只要我们不断地认识和把握固定资产投资的周期性，就会在这种周期性的运动波面前减少盲目性，增强自觉性，主动去驾驭它，并利用它来为我们服务。具体说就是：

其一，当着正号年份，即可以比上一年增加投资的年份开始的时候，不要一下子上得过猛而失去后劲。

其二，当着正号年份持续的时候，每年都应适当地留有余地，使投资高峰不要过于陡峭，以减小振幅，使正号年份持续时间延长，以扩展周期。

其三，当着负号年份，即比上一年减少投资的低谷年份将要到来的时候，应及时地收缩，主动地使投资波下降。

其四，当处于低谷年份的时候，要有效地进行控制和调整，不要一下子降得过猛，既使低谷不过度下垂，又使调整期尽量缩短。

其五，推进经济体制改革和各项改革，提高经济计划、管理、预测、决策的科学水平，充分发挥各种手段和各种经济杠杆的作用，实现有效的宏观调节和控制。

（原载《经济研究》1986 年第 2 期）

# 论中国经济增长的速度格局

## 一 中国经济当前所处的位置:一个新的景气上升期的开端

当前,中国经济增长的速度格局及其影响因素的变化,成为国内外各界关注的一大热点。首先,我们对我国这一轮 8 年的经济增长率波动(1991—1998 年)和未来中短期内(比如说 8 年左右)经济的总体速度格局作一分析与估测,落脚点在于:弄清当前中国经济所处的位置。

我国这一轮的经济增长率波动,是 1990 年越过谷底后,从 1991 年的回升开始的。以年度 GDP 增长率来考察,1991 年、1992 年这两年,是经济增长率的上升期;1993—1998 年这 6 年,是经济增长率的回落期(1998 年 GDP 增长率暂以 8% 计算)。这一回落期与中华人民共和国成立以来历次波动中的回落期相比,呈现出一个极其鲜明的新特点,即经济增长率在高位上平稳地长时间下滑。以下五个指标反映出这一特点(详见表 1 和图 1,图 1 中阴影部分为经济增长率的回落期):(1)回落期的时间长度:6 年。1953—1990 年,在我国历次波动中,经济增长率的回落期,即下滑时间最短的 1 年,最长的 4 年,平均为 2.5 年。而这次的下滑时间最长。(2)回落期的年平均增长率:10.5%,仅次于 1985—1986 年的回落期,而高于其他各次回落期。(3)回落期的波幅(高峰年份与谷底年份经济增长率的最大落差):6.2 个百分点,在历次波动中最小。(4)回落期的年平均下滑速度(回落期的波幅除以相

应的年数）：1 个百分点，小于历次波动。（5）回落期的最深谷位
（谷底年份的 GDP 增长率）：8%，仅次于 1986 年的 8.8%。

表1　　　　　　　　中国 GDP 增长率的历次波动

| 波动序号 | 整个波动的起止年份 | 回落期的年份 | ①回落期的时间长度（年数） | ②回落期的年平均增长率（%） | ③回落期的波幅（百分点） | ④回落期年平均下滑速度（百分点） | ⑤回落期的最深谷位（%） |
|---|---|---|---|---|---|---|---|
| 1 | 1953—1957 | 1957 | 1 | 5.1 | 9.9 | 9.9 | 5.1 |
| 2 | 1958—1962 | 1959—1962 | 4 | −7.1 | 48.6 | 16.2 | −27.3 |
| 3 | 1963—1968 | 1965—1968 | 4 | 4.0 | 24.0 | 6.0 | −5.7 |
| 4 | 1969—1972 | 1971—1972 | 2 | 5.4 | 15.6 | 7.8 | 3.8 |
| 5 | 1973—1976 | 1976 | 1 | −1.6 | 10.3 | 10.3 | −1.6 |
| 6 | 1977—1981 | 1979—1981 | 3 | 6.9 | 6.5 | 2.2 | 5.2 |
| 7 | 1982—1986 | 1985—1986 | 2 | 11.1 | 6.4 | 3.2 | 8.8 |
| 8 | 1987—1990 | 1988—1990 | 3 | 6.3 | 7.8 | 2.6 | 3.8 |
| 9 | 1991—1998 | 1993—1998 | 6 | 10.5 | 6.2 | 1.0 | 8.0 |

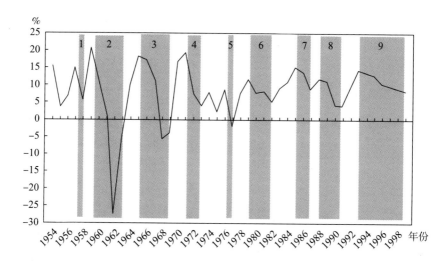

图1　中国 GDP 增长率的波动曲线（1953—1998 年）

1998 年上半年，GDP 增长率为 7%；1—7 月，工业增加值增长率为 7.8%。要使全年 GDP 增长率达到 8%，尚需做出很大的努力。从全国固定资产投资来看，3 月起，逐月平稳增长，与去年同期相比，第 1 季度增长 10.3%，6 月上升到 16.3%，7 月又上升到 22.8%。从金融方面看，到 7 月末，广义货币 M2 比去年同期增长 15.5%，比上月末加快 0.9 个百分点；狭义货币 M1 比去年同期增长 10.5%，比上月末加快 1.8 个百分点；流通中现金 M0 比去年同期增长 10%，比上月末加快 3.4 个百分点；金融机构各项贷款余额增长 15.8%，为近 5 个月来的最高值。

到目前已很明显的是：中央所采取的种种扩大内需的启动政策正逐渐显现其效果，这必将使今后几个月的经济增长由下滑而转向回升。由此，我国的经济增长将进入一个新的景气上升期。怎样利用经济波动的这一有利态势，推动我国经济未来的持续、快速、稳定增长，是摆在我们面前的一个大问题。我们在启动经济和确保 1998 年 8% 的增长目标时，不能仅仅着眼于这一年的 8% 究竟能不能达到，而要针对一个新的景气上升期的到来，针对我国跨世纪的经济增长，作出通盘的、新的战略考虑。为此，需要弄清：在我们处于新的景气上升期的开端时，这一开端的起始条件或背景条件发生了哪些重大变化？怎样理解这些重大变化？这些重大变化将对我国今后的经济增长带来什么影响？除了这些"已变"因素外，还有哪些"未变"的重大因素在起作用？

## 二　经济增长率长时间下滑的原因

1993—1996 年，我国成功地实现了"软着陆"。但随后，1997 年、1998 年，经济增长率继续下滑，逼近我国现阶段经济增长适度区间（8%—10%）的下限；1998 年上半年，还越过了适度增长区间的下限。影响经济增长率长时间下滑的一些因素，亦成为新的景气上升期开端时起始条件的一部分。弄清长时间下滑的原因，有利于我们认识新起点的大背景。

造成经济增长率长时间下滑的原因，主要有五大因素，其中，前四个因素（一个国际因素，三个国内因素）属于我国经济增长大环境的变化，第五个因素是周期性因素。

第一，国际大环境的变化——东亚金融危机。

1997年7月，震撼世界的东亚金融危机爆发。应对这场来势凶猛的金融危机，各国都缺乏经验。这场金融危机将国家经济安全问题提到了首位。在这种从未遇到过的异常的国际经济大变动的形势下，当时，我们首先面临的任务是防范金融风险，稳定国内经济。因此，下大剂量启动经济的问题不可能提上1997年下半年的议程。1998年，这场金融危机对整个世界经济和对我国经济的影响越来越显现，不仅其影响的深度和广度超过人们最初的预计，而且国际金融动荡的局面到目前尚未停止，而还在继续之中。国际经济大环境的这一变化，不仅是我国经济增长近期下滑的原因之一，更重要的是，它向我们指明：在未来的一段时期中，我们在进一步扩展对外开放的同时，要把经济增长的立足点更多地植根于国内。

第二，国内市场大环境的变化——"买方市场"的形成。

如何看待"买方市场"的形成呢？首先，我们要充分肯定它的积极意义。经过改革开放以来20余年的努力，我国的综合国力或总供给能力有了显著的提高，我们告别了过去长期存在的短缺现象，初步形成了"买方市场"局面，这无疑是一项具有根本性意义的转折。

其次，我们也应看到，现在这种"买方市场"的形成，除了有总供给能力提高的因素之外，还有如下一些特定条件在起作用：（1）从人均收入水平看，当前的"买方市场"是在我国人均GDP尚未超过1000美元，仍属世界上低收入国家的情况下出现的。也就是说，这种"买方市场"是在低收入水平上的"买方市场"。（2）从居民收入的动向看，当前的"买方市场"是在几年来执行紧缩方针的宏观调控政策下，居民现期收入的增长和预期收入的增长均呈下降状态的情况下出现的。（3）从居民支出的动向看，当前的"买方市场"是在居民虽有大量储蓄，但主要将用于住房、社会保险、文化教育等支出的情况下出现的；同时，是在居民现有收入水平和消费水平上，一般消费品市场趋于阶段性饱和的情况下出现的。（4）从供给面看，当前的"买方市场"是在过去高速增长中盲目投资、重复建设，使一部分生产能力过剩，加之供给结构变化不适应需求结构变化的情况下出现的。上述（2）（3）两点，即居民收入动向和支出动向，隐含着一定的消费需求不足，从而对消费品生产以至整个经济增长起了一定的制约作用。消费需求的不足，既是前期经济增长率下滑的结果，又构成后期经济增长率进一步下滑的原因。

再次，"买方市场"不等于"过剩经济"。目前，有同志将我国告别短缺、初步形成"买方市场"的局面说成是中国经济进入了"过剩经济"时代，认为我国已发生了"从以短缺为经济常态到以过剩为经济常态的根本性转折"。我们认为，这种判断是不准确的。一般说来，市场状态可分为这样四种：第一种，短缺；第二种，供求基本平衡；第三种，供给略大于需求；第四种，过剩。第一种短缺状态，是原有计划经济下的常态。第二、三种状态是我们现在通常所说的正常"买方市场"，这是市场经济下由市场竞争机制和利润最大化原则所形成的常态。其中，第三种状态"供给略大于需求"，这个"略大于"是指，除满足有支付能力的有效需求外，还包括了必要的库存和预防不测事故的需要。如果说这个"略大于"的部分也属于供给大于需求的部分，或属于一种"生产过剩"，那么，正如马克思所说的："这种过剩本身并不是什么祸害，而是利益。"[1] 第四种状态才是我们常说的生产过剩。这是供给不正常地超过了需求的状态，属于马克思所说的"祸害"。这可以包括两种情况：一种是，在供给为一定时，需求相对不足；或者

---

[1] 《资本论》第二卷，人民出版社 1975 年版，第 526 页。

是，在需求为一定时，供给相对过剩。生产过剩的状态，并不是市场经济的常态，因为它不符合市场经济下的竞争机制和利润最大化原则。资本主义的经济危机经常表现为生产过剩，但经济危机并不是天天、年年发生的，也就是说，生产过剩也并不是资本主义市场经济的常态，而是周期性状态。所以，即使是发达的资本主义市场经济，也不能说成是"过剩经济"，更何况我国目前的"买方市场"是在前述种种条件下形成的，更不能说成是进入了"过剩经济"时代。综合以上所述，我们可以得出 5 个不等式：（1）走出短缺 ≠ 生产过剩；（2）买方市场 ≠ 生产过剩；（3）市场经济 ≠ 生产过剩；（4）生产过剩 ≠ 过剩经济；（5）买方市场 ≠ 过剩经济。

第三，国内体制大环境的变化——微观基础与金融体制的变化。

我国经济增长的体制环境已经发生了一些深刻的、重大的变化。这主要表现在两个方面：（1）微观基础的变化。企业转变经营机制，逐步成为独立的决策主体，其生产与投资决策已由市场导向和受到市场制约。（2）金融体制的变化。商业银行转变经营机制，其贷款决策也已由市场导向和受到市场制约。怎样看待体制上的这两个重大变化呢？首先，我们应该充分肯定这两大变化的积极意义和深远影响。它们对于抑制旧体制下的"投资饥渴"和盲目扩张冲动具有积极的作用。其次，我们也应该看到，企业和商业银行如何适应市场经济的新环境，如何在树立了防范风险意识的同时，培育起顶着"风险"上的企业家精神和银行家精神，培育起积极的创新意识和建立起相应的激励机制，尚需一个过程。因而，这两大变化在短期内对我国总需求的扩大，特别是投资需求的扩大，以及整个经济增长的回升，产生出一定的抑制作用。

第四，经济增长方式的变化——结构调整。

近几年来，我国转变经济增长方式，由过去片面追求高速度的数量型外延式扩张，开始了向注重质量和效益的内涵式增长的转变。为此，结构调整的力度不断加大。一者，从产业面看，主要是压缩第二产业中的一些部门和行业。二者，从企业面看，不仅国有企业在调整，而且前些年曾经相当高速发展的乡镇企业等也面临着结构调整和技术升级。三者，从地区面看，前些年曾经相当高速发展的东部沿海地区亦面临着结构调整和技术升级。结构调整的深化，一方面，有利于经济增长方式的转变，具有长远的意义；另一方面，也必然影响到经济增长的速度。

第五，周期性的宏观调控因素——"软着陆"的转换过程。

以抑制经济过热、挤压泡沫、治理通货膨胀为首要任务的"软着陆"，经过1993—1996年连续4年的努力，取得了成功。但4年的经济增长率的下滑，也产生了一定的下滑惯性。在实施"软着陆"的后期和"软着陆"成功之后，已采取的一些刺激国内需求的宏观调控措施，其力度有一个由小到大逐步展开与适度转换的过程；其政策手段的选择，开始时主要是靠货币政策，比如1996年以来中国人民银行5次降低金融机构存贷款利率等。在我国目前市场化程度虽比改革开放以前大大提高，但与一般标准相比还远远不够的情况下，主要靠利率杠杆来启动需求、刺激经济回升，则难以收到明显的效果。最近，有的研究提出，我国总体市场化程度已达60%。我们认为，这一估计不一定是恰当的。一来，商品市场、金融市场、其他要素市场的商品化程度是难以确定其权数的，因此，总体市场化程度要以百分比表示出来，尚需仔细研究。二来，金融市场在现代市场经济中占有核心的地位。而我国金融方面的市场化程度还远远低于商品方面的市场化程度。仅从利率杠杆尚不能灵敏地发挥其调控总需求的作用这一点来说，也不能对我国市场化程度估计过高。1998年以来，货币政策与财政政策相结合，加大了投资力度。但以增加固定资产投资为主的进一步扩大内需的措施，从其出台、到位和发挥出遏制、扭转经济增长率下滑趋势的作用，需要有一个时滞过程。

### 三　经济增长率长时间下滑的不利影响

有的同志提出，1999 年以及今后几年，经济增长率还可以适当下滑，这有利于充分利用市场约束来挤压泡沫、推进改革、调整结构。那么，这就提出了一个重要的问题：几年来的经济增长率下滑趋势是应该遏制和扭转，还是应该继续？是在经济增长率的继续下滑中，还是在经济增长率的稳健回升中挤压泡沫、推进改革、调整结构？

我们认为，经济增长速度过高，不利于企业改革和结构调整；经济增长速度长时间下滑，亦不利于企业改革和结构调整。这是因为企业改革和结构调整需要有一个良好的宏观经济环境。所谓"良好的宏观经济环境"，应该包括两个方面：一方面，是供给面的宏观环境；另一方面，是需求面的宏观环境。在我国，长期以来，由于在经济增长率波动的上升期，增长速度往往过高，需求环境较为宽松，而供给环境趋紧，企业正常生产所需要的原材料、能源、交通运输等的供给都十分紧张，供给面的短缺时常制约着我国经济的正常运行，所以，我们在讲为企业创造良好的宏观经济环境时，主要强调的是创造一个较为宽松的供给环境。而现在，在经济增长率的长时间下滑中，供给环境较为宽松，而需求环境趋紧，市场需求的制约作用逐渐突出起来。具体来说，经济增长率的长时间下滑会产生六种不良循环：（1）生产领域的不良循环。在社会再生产过程中，企业之间和部门之间具有一定的投入—产出关联效应。一些企业和部门，其生产增长的长时间下滑，会通过这种投入—产出关联效应而扩散，致使整个社会生产陷于下滑的连锁之中。（2）生产与消费之间的不良循环。生产增长的长时间下滑，影响到居民收入增长的下滑。现期和预期的居民收入水平及其增长，决定着消费需求的增长。居民消费占最终消费的 80% 左右，占国内总需求的 50% 左右。居民收入增长和消费需求增长的下滑，进一步影响到生产的下滑。（3）生产、消费与投资之间的不良循环。生产增长与消费增长的下滑，使生产资料市场和生活资料市场变得狭小，从而使投资和结构调整失去了方向。同时，随着生产增长的长时间下滑，企业的收益亦下滑，这就影响到企业自筹投资的来源。投资增长的下滑，又进一步影响到生产与消费增长的下滑。（4）金融领域的不良循环。如果经济增长率长时间地下滑，生产、消费、投资都陷入了下滑的不良循环之中，那么，企业的经营效益就难以提高。企业经营效益的下滑，通过企业间、企业与金融系统间的债务关联效应，不仅不会使旧的呆账盘活，而且也会生出新的呆账坏账来，从而使资金周转不畅。在一定的货币供给量下，资金周转的不畅进一步使社会总需求趋紧。（5）经济与财政之间的不良循环。经济增长率的长时间下滑，必然影响到财政状况。财政状况不佳，就不能对经济增长给予有力的支持。（6）就业的不良循环。经济增长率的长时间下滑，不能提供更多的就业职位。失业人员和下岗人员的增加，通过收入和支出的关联效应，影响到市场需求，进而又影响着经济增长。

以上种种不良循环，集中表现到一点：使社会总需求趋紧。在这种宏观环境下，是难以推进企业改革和结构调整的。我们应该努力遏制和扭转经济增长率长时间的下滑趋势，在促进经济增长率的稳健回升中进一步挤压泡沫、推进改革和调整结构。

## 四　若干"未变"因素

如前所述，目前我国经济增长的国内外环境已发生了四大重要变化（国际大环境的变化、国内市场大环境的变化、国内体制大环境的变化、经济增长方式的变化）。与此同时，我们不应忘记，还有一些重要因素尚未发生变化，或尚未发生根本性变化。这些因素亦将对我国未来经济增长中的速度格局产生重大影响。这里，主要提出值得重视的四大"未变"因素：

一是基本发展因素。目前，我国人均 GDP 水平仍很低，我国的经济增长仍处于工业化的进程之中。从这一大背景出发，在未来的中短期内（8 年左右），我国的潜在经济增长率仍不会发生大的变化。改革开放以前，在 1953—1978 年的 26 年里，我国 GDP 年平均递增率为 6.1%；改革开放以后，1979—1991 年这 13 年中，我国 GDP 年平均递增率为 9%，1979—1998 年这 20 年中，为9.7%。从我国现有的供给能力来说，在未来几年内，经济的适度增长区间仍可继续保持在 8%—10%，以 9% 为中线，这可以视为我国现阶段的潜在经济增长率。在这里，我们有必要区分短期的现实经济增长率与中长期的潜在经济增长率。短期的现实经济增长率是由需求面决定的，即在一定的供给条件下由投资需求、消费需求、出口需求等变量组成的总需求函数所决定的；而中长期的潜在经济增长率则是由供给面决定的，即由一定时期内的资本、劳动力、技术进步，还可以包括能源、原材料等变量组成的总供给函数所决定的。"八五"期间（1991—1995 年），我国 GDP 年平均递增率为 12%，这是由短期内过高的总需求所推动的，这显然是一个过高的难以持久的现实经济增长率。今后，我们在实现"两个根本性转变"（经济体制转变和经济增长方式转变）的过程中，要降低的是这个过高的现实经济增长率，而潜在经济增长率在未来几年内尚不会降低。目前的启动，就是要使我国经济的运行从现在处于适度增长区间的下限边缘（7%—8%），逐步推进到适度增长区间的中、上限（9%—10%）。

二是人口与就业因素。近几年来，我国人口多、就业压力大的情况更加突出。因此，使经济在适度增长区间的中、上限运行，有利于缓解劳动力就业压力。如果经济增长率在目前 7%—8% 的水平上继续下滑，失业问题将会超出社会可承受度。

三是地域因素。我国地域辽阔，有着巨大的潜在国内市场，产业结构的梯度推移有着广阔的空间。这是东亚一些国家所没有的自然大优势，也是我国潜在经济增长率可以在一个较长时期内维持较高水平的原因之一。

四是旧体制的扩张冲动因素。在我国市场化的程度仍然不高，经济体制改革的任务还任重道远的情况下，旧体制所固有的扩张冲动仍不可忽视。比如，如果我们单独依靠财政政策（无偿拨款）来启动经济，那么，各地方、各部门争投资与争项目的情况又会重演。

## 五　我国经济跨世纪的增长与波动轨迹

综上所述，在新的景气上升期的开端，一些"已变"因素中，有的因素（国际大环境的变化、国内市场大环境的变化、国内体制大环境的变化、经济增长方式的变化）将会对经济增长率起到一定的抑制作用，这其中包含有抑制盲目扩张、抑制泡沫经济产生、提高经济增长质量的积极作用；一些"未变"因素中，有的因素（基本发展因素、人口与就业因素、地域因素）又对经济增长率有着支撑作用。总的来看，对我国未来几年经济增长速度格局的把握，仍应以我国现阶段的适度增长区间为准。那么，就经济增长率的波动来说，在未来的一轮波动中，即跨世纪的经济增长中，应努力实现一个什么样的波动轨迹呢？

在 1953—1990 年我国经济增长率的 8 次波动中（见图 1），波动轨迹表现出两个突出的特点：一是"大起大落"，即在波动的空间幅度方面，经常超出适度增长区间的上、下限，峰位很高，谷位亦很低。8 次波动中，上升期振幅（谷—峰落差）平均为 15.9 个百分点，回落期振幅（峰—谷落差）平均为 16.1 个百分点。二是"短起短落"，即在波动的时间长度方面，上升期很短，回落期亦很短。8 次波动中，上升期平均为 2.25 年，回落期平均为 2.5 年。

在 1991—1998 年的第 9 轮波动中，波动轨迹有新变化。一是由过去的"大起大落"变为"大起缓落"，峰位仍很高，但谷位已上升。这轮波动中，上升期振幅为 10.4 个百分点，回落期振幅为

6.2 个百分点（1998 年经济增长率暂以 8% 计算）。二是由过去的
"短起短落"变为"短起长落"。这轮波动中，上升期为两年，回
落期为 6 年。

总结我国自己的历史经验教训，并借鉴国外的有益经验，在跨
世纪的未来几年中，我国经济的增长与波动应努力实现一个新的良
好轨迹：一是由过去的"大起大落"和"大起缓落"转变为"缓
起缓落"，使经济增长率在 8%—10% 的适度区间内缓起缓落，使
波动轨迹向着在较高而适度增长水平上的平滑化、微波化的方向
"变形"，也就是使过去那种峰谷反差鲜明、年度间起伏很大的波
动轨迹，变形为峰谷模糊、年度间起伏较小的波动轨迹。二是由过
去的"短起短落"和"短起长落"转变为"长起短落"，使景气
上升期延长，回落期缩短。美国在 1959—1969 年的 11 年中、
1983—1990 年的 8 年中、1992 年以来的 7 年中，三次出现过这种
良好的波动轨迹。日本在 1955—1970 年的 16 年中、中国台湾地区
在 1963—1973 年的 11 年中，新加坡在 1965—1984 年的 20 年中，
也都出现过这种波动轨迹。正如邓小平同志所说："从国际经验来
看，一些国家在发展过程中，都曾经有过高速发展时期，或若干高
速发展阶段。"[1]

## 六　启动经济要有新思路

通盘考虑我国经济的跨世纪增长，目前在启动经济中，启动的
路径成为一个十分重要的问题。总思路是：将寻找新的经济增长
"点"，改为寻找新的经济增长"区"，以"区"带"面"，寓
"点"于"区"（"点"指行业，"区"指区域，"面"指全国）。
比如说，借助长江抗洪抢险之势，以长江流域作为新的经济增长
区，集中加大长江流域整治与开发的力度，以此促进新的经济增长

---

[1]　《邓小平文选》第三卷，人民出版社 1993 年版，第 377 页。

点的形成，带动我国经济跨世纪的增长。这样做的理由是：

其一，20 世纪 80 年代初期至 90 年代初期，我国经济的高速增长不是以"点"带"面"，而是以"区"带"面"、寓"点"于"区"的。

改革开放以来，我国经济的高速增长，就是以东部沿海的四个经济特区（深圳、珠海、汕头、厦门），五个省份（广东、福建、江苏、浙江、山东），后来又陆续加进海南、上海所带动的。邓小平同志在"南方谈话"时曾说过："回过头看，我的一个大失误就是搞四个经济特区时没有加上上海。要不然，现在长江三角洲，整个长江流域，乃至全国改革开放的局面，都会不一样。"[①] 可以说，邓小平同志指出了在开发沿海特区、沿海省份和上海之后，由沿海向内地推移的具体路径：以上海为龙头，向整个长江流域推进，带动全国。现在，我们在启动经济时，正是实施邓小平同志这一战略设想的大好时机。我国地域辽阔，借助江河领域，使经济增长由东向西推移，使东中西部发展相连接，这是东亚一些国家所没有的自然大优势。在我国 20 世纪 80 年代初期至 90 年代初期的高速增长中，政府并没有人为地去号召或"引导"全国居民购买彩电、冰箱、洗衣机等家用电器，而家用电器这个行业"点"，却随着东部沿海地带的发展和全国居民收入水平的提高，自然而然地成为新的经济增长点。这就是说，在新的经济增长点形成的过程中，政府的有关政策措施可以起到积极的促进与推动作用；但新的经济增长点的形成，归根到底是经济发展阶段的客观产物，是与一定的居民收入水平相对应的客观结果。在没有居民收入水平相应提高的情况下，人为地去寻找新的经济增长点，是难以奏效的。即使是推行消费信贷，也需要有居民收入水平的相应提高作为经济后盾，否则，消费信贷只会扩大收入的差距，因为只有高收入者才能借得起消费信贷。

其二，以长江流域作为新的经济增长区来启动全国经济，可以

---

① 《邓小平文选》第三卷，人民出版社 1993 年版，第 376 页。

有机地做到几个"相结合"。

（1）短期启动与长期发展相结合。长江流域的整治与开发，是浩大的复杂的系统工程，在已有的开发方案和已有的建设基础上，以3年作为启动，先从沿江的公共基础设施建设、沿江中小城镇建设、江道与两岸的整治（以欧洲莱茵河、多瑙河为榜样）开始，有选择、现易后难地分段实施。这样，在当前既起到启动全国经济的作用，又与推动我国经济跨世纪的增长相衔接。

（2）投资启动与消费启动相结合。在第一批沿江整治与开发地区的中小城镇（不是大城市），率先实行工资结构的改革，使年工资收入与购买住房、小轿车形成一个合理的比例，并同时实行住房与小轿车的消费信贷，以此带动住宅业与汽车业的发展。目前，这在全国大面积做不到，而可从长江流域开发中的局部地区先做起，既可立即见效，又起到试点作用。

（3）大面积解决就业问题与经济启动相结合。采用市场机制，吸引下岗干部和下岗职工流向长江流域，参加长江流域的整治与开发，这样可以大规模地解决就业问题。

（4）"点"启动与"区"启动相结合。以长江流域作为新的经济增长区，所带动的范围与力度，远远超过仅由几个行业"点"所能带动的范围与力度。如果仅从行业"点"来启动的话，"点"选少了，启动力度不够；"点"选多了，又会"撒了胡椒面"。

（5）政府主导作用与市场机制作用相结合。在长江流域的整治与开发区内，率先进行各种经济体制的改革，完全实行新体制，既有利于发挥政府的主导作用，又有利于推进改革和发挥市场机制的作用。

（6）国资与民资、财政融资与信贷融资、内资与外资相结合。大规模的投资资金，可采取多种形式，从政府、金融机构、民间、国外筹集，并借此推动我国资本市场的发育与发展。

（7）一般技术与高新技术相结合。长江流域的开发，既有利于推进我国高新技术的发展，又有利于推进一般技术由东向西的梯度转移。

（8）建设与环保相结合。在根治长江的同时，将长江流域建成我国美丽的大型旅游区。

*（原载《经济研究》1998 年第 10 期）*

# 对美国"新经济"的考察与研究[*]

"新经济"（New Economy）概念，在美国兴起，随后迅即在世界范围内广泛传播与使用。在中国，"新经济"一词也正在被越来越多地使用起来。究竟什么是"新经济"？在中国经济增长率从1993年到1999年连续下滑七年，而现在已呈现新转机的情况下，为了使中国经济顺利地进入一个新的增长期，我们可以从"新经济"中借鉴什么？带着这些问题，我们于2000年5—6月赴美进行了考察。[①]

## 一 "新经济"提出时的宏观大背景

首先，我们把"新经济"放在第二次世界大战后美国经济增长与波动的宏观大背景下来考察。不了解这一大背景，就难以了解为什么"新经济"概念刚一提出，就在美国引起了强烈的争论。

---

[*] 合作者：李实。

[①] 在此之前，1999年11月5日，中国社会科学院外事局在对外学术交流课题化管理试点工作中，批准经济研究所设立了研究项目——"美国宏观经济最新动态研究及其对中国的启示"。这次考察，是该项研究工作的一个重要内容。与此同时，中国社会科学院重大课题正在启动，这次考察也是本院重大课题"国内外宏观经济理论与政策的前沿跟踪和比较研究"的一个组成部分。这次赴美，我们走访了五大城市——华盛顿、纽约、波士顿、芝加哥、旧金山；访问了六个机构——美国总统经济顾问委员会、美国联邦储备系统、美国财政部、美国全国经济研究局（NBER）、世界银行、国际货币基金组织；拜访了九座大学的教授——乔治·华盛顿大学、乔治·梅森大学、哥伦比亚大学、纽约市立大学、哈佛大学、麻省理工学院、芝加哥大学、斯坦福大学、加州大学戴维斯分校；参观了硅谷。

　　图 1 绘出了 1948—1999 年美国经济增长率的波动曲线①。图中下方 1—9 的数字标明第二次世界大战后历次的衰退。从图 1 可以看到，"二战"后美国经济的增长与波动可以分为五个阶段：

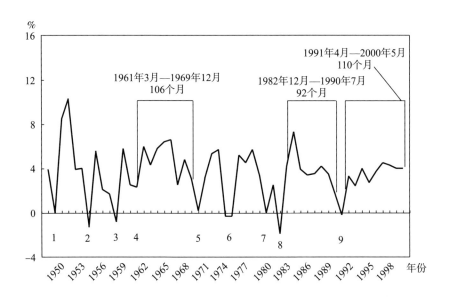

**图 1　美国经济增长率波动曲线（1950—1998 年）**

　　第一个阶段："二战"后至 1961 年。这是"二战"后的经济恢复时期。这一阶段的特点是：经济衰退的次数比较密集。1949—1961 年的 13 年中，就发生了 4 次衰退（波谷分别为 1949 年 10 月、1954 年 5 月、1958 年 4 月、1961 年 2 月②），平均 3 年多就有一次衰退。

　　第二个阶段：1961 年 3 月—1969 年 12 月。这一阶段的特点是：出现了"二战"后第一次长达 106 个月（8.8 年）的繁荣。

　　第三个阶段：1970—1982 年。这一阶段的特点是：经济出现

---

　　①　1949—1959 年为 GNP 增长率，按 1982 年价格，《总统经济报告》1991 年。1960—1999 年为 GDP 增长率，按 1996 年价格，《总统经济报告》2000 年。

　　②　美国全国经济研究局（NBER）。

了滞胀局面，经济衰退的次数再度密集。在这 13 年中，也发生了 4 次衰退（波谷分别为 1970 年 11 月、1975 年 3 月、1980 年 7 月、1982 年 11 月），同样平均 3 年多就有一次衰退。而且，1982 年的衰退是"二战"后最严重的一次衰退，经济增长率为 – 1.9%，与上一次的衰退（1980 年）仅相隔两年时间。这一阶段，是"二战"后美国经济最为困难、最为狼狈的一个时期。

第四个阶段：1982 年 12 月—1990 年 7 月。这一阶段的特点是：出现了战后第二次的长达 92 个月（7.7 年）的繁荣。

第五个阶段：1991 年 4 月—2000 年 5 月。这一阶段具有以下三个特点，即反映宏观经济运行状况的三条重要曲线发生了新的变化。

第一个特点：经济波动曲线的变化。经过 1990 年 8 月—1991 年 3 月一个短暂的衰退之后，美国经济又出现了战后第三次的长达 110 个月（9.2 年）的繁荣。这是一条打破历史纪录的超长增长曲线。在美国，自 1854 年开始有经济周期记录以来，到现在，146 年间共经历了 31 个周期，其中，扩张期超过 80 个月的，只有 4 次，除以上"二战"后的 3 次外，还有一次是 1938 年 7 月—1945 年 2 月，历时 80 个月（6.7 年）。

第二个特点：菲利普斯曲线的变化。与 20 世纪 90 年代经济高增长并存的，是低失业和低通胀，这使反映失业率与通货膨胀率相互关系的菲利普斯曲线，在 1992—1998 年这一线段发生了新的变化。图 2 显示[①]，随着失业率的下降，通胀率不是提高，而是下降了。这与图 3 所显示的美国 60 年代标准的菲利普斯曲线（失业率下降，通胀率上升），以及 70 年代滞胀时期的菲利普斯曲线（失业率上升，通胀率亦上升）相比，发生了新的变化。

---

① 资料来源：城市消费价格上涨率，1954 年前，《总统经济报告》1991 年；1955 年后，《总统经济报告》1999 年，2000 年。失业率，《总统经济报告》1999 年，2000 年。

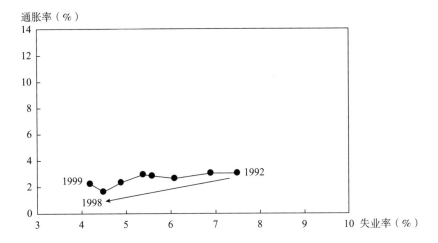

**图2　美国20世纪90年代的菲利普斯曲线**

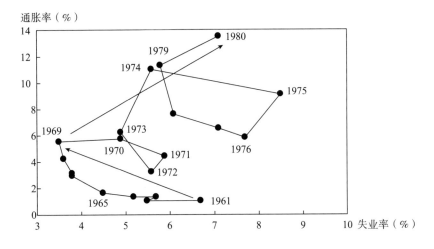

**图3　美国20世纪60年代和70年代的菲利普斯曲线**

　　第三个特点：股票市场价格指数曲线的变化。与20世纪90年代经济高增长并存的，还有股票市场价格指数曲线的迅猛上升。图4绘出了1966—1999年道—琼斯指数曲线。我们看到，1966—1983年的18年间，道—琼斯指数一直维持在1000点水平。1983—1995年，道—琼斯指数上升到4000点。而1995—1999年，道—琼斯指数便突破了万点大关。

道—琼斯指数

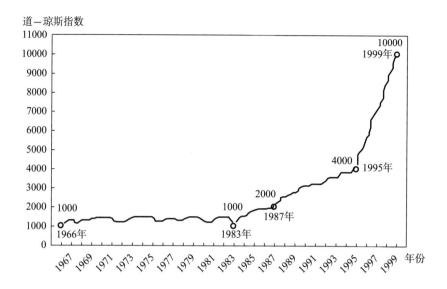

图4　1967—1999 年道—琼斯指数曲线

　　"新经济"概念就是在 20 世纪 90 年代美国三条重要经济曲线及所涉及的四大重要经济变量（经济增长率、失业率、通货膨胀率和股价指数）发生了新变化的这种大背景下提出来的。

## 二　美国人眼中的"新经济"

　　在美国，不同的业界，不同的人士，对"新经济"有不同的理解和看法。

　　1. 新闻媒体："新经济"的提出与争论

　　20 世纪 90 年代中期，面对三条经济曲线和四大经济变量正在呈现出的新的变化趋势，在社会上特别是新闻媒体上，便开始出现诸如"新经济"、"新范例"（New Paradigm）、"新模式"（New Model）等词汇，其核心含义是美国经济已进入了一个"长期繁荣"（Long Boom）的新时代。这个"长期繁荣"可持续数十年。对于三条经济曲线的变化，则认为：经济周期已经消除、通货膨胀已经死亡、股市将继续繁荣。可见,"新经济"概念的提出,一开始,主要是针对美国90年代的经济增长,也就是说,其含义主要是侧重经济层面,其适用范围也仅限于美国。

美国经济在20世纪90年代运行良好,出现了一些前所未有的新特点,这是事实。然而,要说美国经济从此进入了一个"长期繁荣"的新时代,则不免带有盲目乐观、夸大其词的"吹牛"成分。因此,"新经济"之类的概念刚一提出,就引起了争议。争议的主要问题是,对于美国经济来说,90年代究竟是一个长期繁荣的开始,还是仅仅是一个扩展了、延长了的周期?通货膨胀是否已经死亡?股市是否存在泡沫?等等。

到1997年7月,也正好是亚洲金融危机爆发的时候,在美国,"新经济"的呼声又达到了一个高峰。这是由美国一家科技性杂志 Wired 所推动的。这家杂志发表了一篇题为"长期繁荣"的封面长文章,把"长期繁荣"称作基于技术的新范例。文章说,全球经济将在从未有过的规模上开始繁荣,世界经济将每12年翻一番。长期繁荣将由技术方面的5个波所推动:个人计算机,电信,生物技术,超微技术,可替代能源。到这时,"新经济"的主要含义转向了技术层面,主要是指一系列新的技术革命,其适用范围也由美国扩展到全世界。

持不同看法的人提出:"新经济"概念总是存在于一部分美国人之中,这通常是由繁荣或狂热所引起的,诸如19世纪横跨美国大陆的铁路建设,20世纪20年代的牛市,以及60年代的"伟大社会"那种乐观主义,等等。有人提示,1929年6月,美国一家有名的杂志宣称:最近五年来,我们正处于一个"新的产业时代"(New Industrial Era),正在取得产业上和经济上的进步,这不仅是跳跃式的,而且是以神奇般的规模。话音刚落的4个月后,1929年10月,美国股市就发生了大崩溃,整个经济陷入了1929—1933年的大萧条。再有,在美国60年代的繁荣中,1968年10月,同是这家杂志又宣称:最近十年来,经济上所发生的结果表明,我们正处于一个"如果不是说新的，也是一个不同的时代"，传统的思想、标准的市场分析方法已不再与现实的世界同步。话音刚落，美国股票价格就发生了长达 6 年的下降，以实际值计算的股票价格下跌了 60%，美国经济陷入了 70 年代的滞胀困境。

到 1997 年 11 月，面对社会上的种种争议，*Business Week*（《商业周刊》）杂志主编谢泼德（Stephen B. Shepard）在该刊发表了一篇题为《新经济：其真实含义是什么?》的文章。这篇文章首先挤压了"新经济"概念中的"吹牛"成分，首先回答"新经济"不是什么。该文指出："新经济"并不意味着经济周期已经消除，并不意味着通货膨胀已经死亡，并不意味着股市摆脱了调整而永远上升，也并不意味着亚洲金融危机不再影响美国。然后，该文指出："新经济"是指近几年来正在发生的两大趋势：一是经济的全球化，二是信息技术革命。

到目前，"新经济"的含义仍不确定。归纳起来，主要有"窄""宽"两种含义："窄"的含义是指美国经济 20 世纪 90 年代的持续增长；"宽"的含义则指兴起于美国、扩展于世界的新技术革命。在"宽"的含义中，又有专指当前的信息技术革命，把"新经济"称为"信息经济""数字经济""网络经济"等；也有泛指包括正在逐步兴起的生物技术革命在内的一系列新的技术革命。此外，"知识经济"概念先于"新经济"概念而出现。什么是"知识经济"，尚有不同理解。有人把"知识经济"理解为基于知识的经济，意思是说知识在经济发展中的作用越来越大。在这种理解下，也将"新经济"称为"知识经济"。也有人把"知识经济"理解为继农业社会、工业社会之后的一种独立的、新的社会经济形态。在这种理解下，就不把"新经济"称为"知识经济"，因为到目前为止，还没有人把"新经济"视为一种独立的、新的社会经济形态。

2. 政府部门："新经济"概念在官方正式报告中尚未见使用，但在克林顿 2000 年 4 月 5 日召开的"白宫新经济会议"上已公开使用与讨论

据了解，在 2000 年 2 月发表的美国《总统经济报告》中，还没有使用"新经济"概念，而使用的是"破纪录的扩张"一词（record – breaking expansion）。在 1999 年的《总统经济报告》中，就政策方面，使用的是"新的经济战略"一词（new economic strategy）。

值得注意的是，2000 年 4 月 5 日，美国总统克林顿极其隆重地召开了一次专门会议，名为"白宫新经济会议"，从早上 9 点 25 分，一直开到下午 5 点 33 分。会议所列出的与会者名单达 147 人，包括政府高级官员、经济学家、企业家、投资公司高级专家等。美国联邦储备委员会主席格林斯潘、财政部长萨默斯、总统经济顾问委员会主席贝利等均参加了会议。克林顿没有对"新经济"给出明确的定义，从其讲话看，主要包括两层含义：一是指美国正处于其历史上最长的经济扩张之中和正处于经济转变之中，这个经济转变就像工业革命一样具有深远意义；二是指信息革命正在改变着人们的工作、学习、生活和交往方式。会议一开始，克林顿就提出所要集中讨论的"新经济"中的三大问题：一是如何保持经济的扩张势头？二是如何把新经济所带来的利益扩展到其他的人？三是什么事情将可能出错，如何避免？随后，他强调新经济仅仅是开始，他又提出一系列具体问题供讨论：①经济增长速度有没有极限，我们今天是不是有了更高的极限，或者速度极限不再存在？②如何衡量技术对当前经济的影响？③未来经济增长的源泉是什么？④如何消除贫富差距，美国的贫穷地区和所有的发展中国家能否跳越发展阶段，能否跟上尖端技术？与发展中国家的其他迫切需要如健康、教育、提高农业生产率等相关的信息技术，具有何等重要意义？在与会者的发言中间，克林顿又提出 3 个问题：①新经济是否改写了生产率和经济周期的规则？②是否可避免工资推进型的通货膨胀？

③政府是否在削减债务方面出了错？在讨论中，有专家提出：如果把新经济定义为由互联网推动的经济，那么，美国正在迅速进入新经济，但还只是处于向新经济转变的初级阶段。新经济在开始改写商务的和经济的规则，但要下结论说这些规则将被完全改写，则为时尚早。

此外，在政府一些有关机构的研究报告中，有的使用了"新经济"一词。如达拉斯地区联邦储备银行，其1999年的年度报告，就题为《新范例》，并专门列出了一张关于"新经济"的统计表，包含与计算机、软件、互联网、电子商务等有关的四个技术层面的内容。

3. 经济理论界："新经济"尚未形成一个学术界普遍认可的、具有严格定义的理论概念；而有关的专题研究则正在进行

就我们目前所了解和所掌握的一些资料来看，1997—2000年，美国新版与再版的一些权威性经济学教科书中，还没有使用"新经济"这一概念。美国著名经济学家、与萨缪尔森合著《经济学》教科书的诺德豪斯在"白宫新经济会议"上说：学生们经常问，美国是否处于新经济中？我说绝对是。它是这样一种新经济：它改变了数字，但没有改写常规的教科书。即使最快的计算机，也不能撕毁常规的教科书。

就学术性的研究论文来说，有的开始使用"新经济"概念，有的则未直接使用，而是就"新经济"所涉及的一些内容、一些专题进行研究，诸如，美国经济20世纪90年代以来超常增长的宏观经济环境条件（政策条件、制度条件等）以及世界经济环境条件，技术进步对生产率提高的测量，第二次世界大战后美国经济3次持续增长的比较，经济周期波动的微波化，菲利普斯曲线变形，等等。这些新问题，正在被美国经济理论界和有关研究机构作为重要的新课题，展开了广泛的研究。

4. 不同年龄的人：年轻人较感兴趣，而年长者不以为然

"新经济"概念由于它一开始提出时所带有的"吹牛"成分，

在一些人中，特别是在年纪较长的人士中，大多不以为然。特别是互联网的发展，使纳斯达克等股票市场迅速兴起和发展起来，由此也使股市泛起了"泡沫"。于是，在一些人们心中，往往把"新经济"等同于"互联网泡沫"。而从事互联网工作和投资于互联网股票的，大多是年轻人。老年人一般对计算机操作不甚熟练，更不愿意去冒股市风险。我们在与一些年长者交谈中，一提及美国"新经济"，他们往往浮现出不屑一顾的微笑。

总的来看，在美国，无论各界人士是否赞成与使用"新经济"这一概念，也无论使用者对其有怎样不同的理解，但有着共同的一点，即人们越来越感觉到新的技术革命特别是目前的信息技术革命，正在对社会经济生活产生着新的影响。

## 三 "新经济"究竟"新"在哪里？

在中国，从媒体上看，最近，"新经济"一词几乎每天都在铺天盖地而来。看来，"新经济"一词在中国比在美国还"吃香"。这一方面是因为，"新经济"概念引入中国时，主要是侧重于信息技术革命层面的含义，而没有它一开始在美国提出时所含的那种所谓"长期繁荣"的"吹牛"成分；另一方面是因为，中国经济增长率在连续 7 年下滑之后，正迫切希望进入一个新的增长期，想从"新经济"中借鉴一切有用的东西。这些都是好的方面。我们应该充分估计当前的信息技术革命以及生物技术等一系列新技术革命将会对中国经济发展带来的巨大机遇和严峻挑战。但是，我们也应注意，如果在中国的报刊上，也把"新经济"加进非科学的、耸人听闻与玄乎其玄的"吹牛"成分，那就会把事情弄糟。比如，"新经济"会带来一系列新变化，经济理论需要对这些新变化作出新的研究和分析。但是，如果将此无限扩大，说成是"新经济的出现改写了自凯恩斯以来整个西方经济学的基本结论"，说"新经济是一场全新的竞赛，有着与以往完全不同的游戏规则"，等等（严启发，2000），则也不免陷入了夸大其词。

我们可以把"新经济"理解为"由新技术革命所推动的经济发展与增长"。这种理解是一种较宽的理解。经济史上的一些重大技术革命，如铁路、电力、汽车等，都曾推动了经济的发展与增长，因此，都可以称作"新经济"。在美国，我们就见到一本书，名为《美国历史上的新经济》。那么，当前的"新经济"，即以信息技术革命为主的"新经济"，究竟"新"在哪里？我们如何更好地去认识它、把握它、借鉴它？美国的"新经济"也正在发展中、变化中，特别是美国这一轮的经济增长究竟能持续多久，都还在观察之中。就美国已经发生的情况来看，"新经济"的"新"主要表现在以下几个方面：

1. 就技术层面和微观层面来考察，新经济"新"在它是一个创新的"蜂聚"时期，一大批新兴的高科技中小企业应运而生，迅速崛起

著名经济学家熊彼特曾经指出（熊彼特，1991），创新是经济变动的一个重要因素，而创新的发挥作用只是"蜂聚"在某些时间里。他特别指明，"创新"不同于"发明和试验"，因为"发明和试验"本身对于经济生活不产生任何影响。熊彼特所说的"创新"，是指能对经济生活产生影响的"生产手段的新组合"。他指出，这种"新组合"包括 5 种情况：①采用一种新产品，或产品的一种新特性；②采用一种新生产方法，或新商业方法；③开辟一个新市场；④控制一种新的原材料供应来源；⑤实现一种新组织，包括造成一种垄断地位，或打破一种垄断地位。

当前正在推动经济发展与增长的信息技术革命，主要是以计算机和互联网的发展为主线（下一阶段的新技术革命可能是生物技术革命）。这一信息技术革命，首先经历了一个技术发展的长过程。在从"二战"结束时起，经过 20 世纪 50 年代、60 年代，直到 70 年代的三十多年里，技术本身的发展尚未达到创新"蜂聚"的程度。"二战"结束时，现代电子计算机开始问世。在此后的三

十多年里，计算机本身的发展经历了一个从大型到微型、从慢速到高速、从专用到通用、从低性能到高性能、从高价格到低价格的不断更新与不断升级的演进过程。到 70 年代末和 80 年代初，个人计算机的问世，是信息技术发展过程中的一个重大的"革命性"转变。由此，使 80 年代出现了一个以个人计算机发展为中心的创新"蜂聚"时期。80 年代被称为信息技术发展的"PC 时代"。在此基础上，90 年代又进到了一个以互联网发展为中心的创新高峰期。互联网的发展，是整个信息技术发展过程中的又一个更重大的"革命性"转变。90 年代被称为信息技术发展的"互联网时代"。

20 世纪 80 年代和 90 年代这两个创新"蜂聚"时期（也可以连起来视为一个创新"蜂聚"时期），比起历史上铁路、电力、汽车等的创新情况，规模与影响更加空前。特别突出的是，一大批高新技术的中小企业迅速诞生与崛起。这首先与信息技术产业本身的特点有关。一者，信息技术产业的产业链很长，其相关产品的生产可以分解出许多更细的、独立的新行业。由计算机整机的生产，分解出集成芯片的独立生产（芯片业）；由计算机硬件的生产，又分解出各种软件的独立生产（软件业）；由单个计算机的生产，又分解出与互联网有关的硬件、软件的独立生产及服务（互联网业）；由互联网的发展，又分解出新的商业形式（电子商务），等等。二者，这些新分出的独立行业，一般不需要巨大的建筑厂房和机器设备，新企业很容易创建，特别是由互联网而产生了一种新的虚拟企业形式。三者，计算机与互联网的应用性极广，且易于操作，购置成本低，使其迅速大众化、普及化、社会化，迅速渗透到或融合到国民经济的各个部门包括传统工业与商业部门，由此，产生了巨大的需求，推动了大批新兴中小企业的产生与发展。80 年代，特别是 90 年代，信息技术的创新"蜂聚"，要比熊彼特当年所概括的更加丰富多彩，更加惊心动魄。

2. 就市场运作层面来考察，新经济"新"在它使竞争空前加剧

首先，企业间的竞争空前加剧。有人说，在"新经济"下，

一个"创意"（idea）就可以使人在一夜间暴富。这种说法只抓住了现象的皮毛。一些新兴高科技企业，在特定的环境下，的确是在其股票初始上市的第一天，其股价急速攀升，其财富猛增，看似"一夜暴富"。然而，一方面，这些新兴高科技企业，在其上市前，都经历了一个十分艰苦的风险创业过程。有的靠"创意"正确，而创业成功；更有大量的则因"创意"失误，而遭到失败。成功者，留下了姓名；而大量失败者，则不为人所知。"新经济"下的竞争，实际上从"创意"开始，就进入了"你死我活"的大浪淘沙过程。另一方面，新兴企业股票上市后，更是竞争激烈。一个公司的新产品，若站住了脚，这个公司便会兴旺发达起来；但若其新产品很快被其他公司性能更好的新产品所取代，则它立即面临"死亡"的威胁。在"新经济"下，企业间的并购、重组异常激烈。一个新兴企业，昨日还是明星，今日很可能就被淘汰出局。美国报载：2000 年 1—3 月，在纳斯达克股票市场新上市的企业有176 家，然而，新下市的企业也有173 家。截至1999 年年底，纳斯达克股票市场连续三年来，新下市的企业数超过了新上市的企业数。近三年来，在纳斯达克股票市场下市企业为727 家，使下市企业总数达到4829 家。企业间的竞争方式，不仅是打价格战，而更重要的是打创新战、速度战、质量战、服务战。

其次，人才的竞争空前加剧。新技术的创新浪潮，正如熊彼特当年所说，将造就出一批"企业家"。他说："我们把新组合的实现称为'企业'；把职能是实现新组合的人们称为'企业家'。"他指出，在创新"蜂聚"时期，"新企业成群出现"，"企业家成群出现"（熊彼特，1991）。在这些"实现新组合的人们"成群出现的过程中，高科技人才的竞争是十分激烈的。一些新的创业者，或新企业中的骨干人员，是从原有企业中分离出来的。而新企业的成功，很可能导致原有企业的"灭亡"。在"新经济"下，对高科技人才的需求不断扩大，美国政府放宽了移民政策，从印度、中国、俄罗斯等大批引进人才，以充实其"人才库"。据报道：美国1999

年签发的 H－1B 签证达 11.5 万，其中，印度占 46%，中国大陆占 10%。在加州"硅谷"工作的高科技人员中，33% 以上是外国人。在美国计算机领域，具有博士学位的高科技人员中，50% 以上是外国人。

最后，国际市场的竞争空前加剧。经济的全球化促进了"新经济"的发展；"新经济"的发展又进一步加速了经济全球化的进程。从技术本身的特性来说，互联网是无国界的。以互联网为技术基础的现代国际金融与电子商务，以其以秒计算的速度，加剧着国际竞争。在经济全球化和信息化背景下的国际竞争中，美国无疑处于极其有利的地位。各国，特别是发展中国家，如何加速自己国家"新经济"的发展，如何在新的国际竞争环境下维护自己的利益，是极为重要的问题。

3. 就资金层面来考察，新经济"新"在融资方式的创新

熊彼特在分析创新的实现，即"生产手段的新组合"时，特别提出了"钱从哪里来"的问题。他强调指出，"新组合"的实现把资本这个新的特殊要素引进经济过程，从而除了消费品市场和生产品市场之外，还会有一个使人感兴趣的第三市场，那就是资本市场；"新组合"创造了并且滋养了这个市场（熊彼特，1991）。

在信息技术革命的创新"蜂聚"时期，大批高新技术的中小企业之所以能够诞生和崛起，与资本市场上融资方式的创新是分不开的。这主要有两大方面：一是在这些高科技中小企业的创业期，新兴的风险资本的投资起到了极其重要的作用；二是在这些高科技中小企业的成长期，即其开始上市，新兴的纳斯达克股票市场起到了极其重要的作用。一个高科技中小企业，在其创业与成长的过程中，一般有四部分人在起着关键性的作用：一是企业家，即创业者或技术创新者；二是专业的管理者；三是风险资本家；四是投资银行家。这四部分人有机地结合在一起，共同策划发展战略，作出决策，并以商业史上前所未有的速度提出雄心勃勃的创业与发展计划。

据有关资料，美国风险资本公司为其风险投资所筹集到的资金，在 20 世纪 70 年代末至 90 年代初，每年在 30 亿—50 亿美元；而在最近 6 年中，风险资本急速膨胀，仅 1999 年就高达 250 亿美元（另一资料为 500 亿美元）。过去，风险资本进入实业，至少要花 5 年时间；而现在却连一年都不到。新公司从初创到公开上市的平均周期，在十年前大约为 6 年，而现在缩短为 2—4 年。

纳斯达克股票市场为"不规范"的高科技中小企业的上市与发展提供了有力的支持。特别是近几年来网络股的上市，在资金充裕、信心充足等有关因素具备的条件下，网络公司股票初始发行的首日溢价平均为 65%，最高的达 470%（而美国股市历年来一般公司的首日溢价平均为 12%）。这其中，也必然夹带着生出"泡沫"。目前，纳斯达克股票市场正处于调整期，网络公司也处于与实业相结合并优胜劣汰的调整过程之中。

在融资方式的创新方面，值得一提的是，一些金融机构创造了一种新的服务。比如，一个股票购买者想用自己的 10 万美元去买股票，他可以到开办新服务的金融机构去买股票。该金融机构同时提供给他同等数额的贷款（10 万美元）。这样，股票购买者就可以有 20 万美元去买股票。股票购买者何乐而不为！当股价上升时，股票购买者与该金融机构皆大欢喜。而当股价下跌时，当这个股票购买者所买的股票价格下跌到 10 万美元时（暂不考虑借款利息问题），该金融机构就自动将这些股票卖出，以保住它所贷出的 10 万美元不蚀本。受损失的只是股票购买者。这种金融创新，一方面有利于新兴高科技企业的筹资；另一方面也放大了股市的振荡。

4. 就政府层面来考察，新经济"新"在政策与制度的创新

有人说，"硅谷不是计划的产物"，意指美国高科技的发展不是由政府事先计划出来的。这话不错，但并不完全。在"新经济"的发展中，政府的作用不是减弱了，而是更为重要了；政府的直接干预减少了，而政府的职能更集中于为市场机制更好地发挥作用、为保持经济的持续、稳定增长创造必要的政策与制度条件。

对于美国高科技迅速发展和经济高速增长的原因，世界银行发展经济研究部研究主管沙希德·尤苏夫（Shahid Yusuf）提纲挈领地向我们提出了 11 条：（1）由里根时期开始的减税。这对于推动民间投资具有重要作用。（2）金融市场的稳定性。以格林斯潘为主席的美国联邦储备委员会起到了重要作用。（3）政府在许多领域的解除管制（deregulation）。（4）金融体系的创新。如各种投资公司、基金等的活跃，为新兴产业的发展提供了资金支持。（5）对外来移民的开放性政策。这有助于人才的流入。（6）企业与研究机构之间的紧密联系。（7）冷战结束后，军事工业向商业与民用的转移。（8）计算机、互联网的广泛使用。（9）对外贸易的开放性。（10）R&D 的大量投入与效率的提高。（11）美国的海外投资不多，大多投资于国内。这与日本、韩国不同，日、韩大量进行海外投资，影响了国内产业的发展。以上 11 条，就有 8 条涉及政府的政策，包括财政政策、金融政策、解除管制政策、移民政策、军转民政策、外贸政策、科技政策等。"新经济"是这些政策综合作用的结果。

克林顿在 2000 年度的《总统经济报告》中，从政府政策的角度，将 20 世纪 90 年代美国经济的成功归因于经济政策的三大支柱：其一，财政约束，以利于降低利率和刺激商务投资；其二，投资于教育、医疗保健，以及科学和技术，以迎接 21 世纪的挑战；其三，打开国外市场，以便美国人能有更好的机会参与海外竞争。在 1999 年度的《总统经济报告》中，克林顿将这三大支柱称为美国政府"新的经济战略"。在 2000 年 4 月 5 日"白宫新经济会议"上，克林顿说，关于美国经济增长的原因，其答案不是单一的。他归结了四条，其中，起主导作用的有两条：一条是新经济的性质，它以技术为动力，以创意（ideas）为引导，根植于创新和进取心；二条是美国企业制度的力量。第三条，许多传统产业和工人提高了生产率。第四条，政府的上述三大政策也起到了重大作用，这些政策为"新经济"的繁荣创造了基础条件。

　　在访问美国总统经济顾问委员会时，该委员会的高级经济学家弗纳尔德（John G. Fernald）接待了我们。我们问道：20 世纪 60 年代，美国采取的是凯恩斯主义政策；80 年代，曾采用供给学派政策；那么现在主要采取的是什么学派的政策呢？弗纳尔德根据他的体会，回答说：我们现在既不面临 60 年代需求不足的问题，也不面临 80 年代供给结构的问题，因此，既不需要凯恩斯主义的需求刺激，也不需要供给学派来解决大的结构调整，我们现在主要采取的是哪一学派的政策，尚不好说，实际上是有什么问题，就解决什么问题。他说，在美国历史上，"新经济"很多，每次新技术革命都会提出新的政策问题，在政策上，我们不断面临着新挑战。在与加州大学戴维斯分校的一位教授座谈时，我们把访问美国总统经济顾问委员会时的上述问答向他作了介绍。他带点诙谐地说：现在美国经济运行良好，从各学派角度讲，他们都说是自己学派的胜利。

　　5. 就宏观经济层面来考察，新经济"新"在促进了经济周期波动的微波化

　　首先，信息技术革命促进了供求的良性互动。

　　信息技术革命以新供给创造了新需求，又以新需求推动了新供给，促进了社会总供求的良性互动，推动了经济的持续、稳定增长，从而延长了经济扩张期，减小了经济波动的幅度。信息技术革命以不断创新的新产品丰富了社会的总供给，有力地推动了社会总需求，包括投资需求与消费需求。在非住宅固定投资中，用于设备和软件的投资迅速增长。1991 年，因经济衰退的影响，用于设备和软件的投资下降了 2%；1992 年，其投资增长率上升到 7.4%；1993—1997 年，其投资增长率一直保持在 11% 左右的较高水平上；1998 年，更高达 15.8%；1999 年，在非住宅固定投资中，用于建筑物的投资下降了 2.7%，而用于设备和软件的投资仍增长了 12%。① 信息技术革命创造了新的就业岗位，总供给与总投资的增

---

　　① 《总统经济报告》2000 年。

长又进一步推动了就业的增加，也推动了股市的上升，从而增加了居民的即期收入和预期收入，扩大了消费需求。个人消费支出的年增长率由 1991 年的 0.1%，上升到 1999 年的 5.3%，其中，用于耐用商品的个人消费支出，其年增长率由 1991 年的 -6.6%，上升到 1999 年的 11.4%。① 投资需求与消费需求的旺盛，通过市场机制，又有力地推动了社会总供给的改善与提高。在供求良性循环的基础上，美国经济出现了破纪录的超常增长。

其次，信息技术革命缩短了供求之间的距离。

计算机与互联网的发展，使商品和服务的供给与需求在时间上、空间上缩短了距离，厂商并可根据用户的不同需要进行设计与生产，这样，使"买"与"卖"之间的脱节得以克服，使库存得以减少，甚或实现了零库存。这可以避免生产过剩或供给不足，有利于缩小整个经济的波动。

再次，信息技术革命推动了产业结构的优化和升级，特别是促进了现代第三产业的发展，增强了经济结构自身的稳定性。

一般来说，三次产业由于各自的生产与技术特点不同，而有着不同的波动特点。第一产业由于受自然条件的影响较大，其增长率较不稳定；以工业为主的第二产业，具有很强的突然跳跃式的扩张力和收缩力，其增长率的波动幅度最大；第三产业以服务为主，服务形态的"产"与"销"基本上是同步进行的，而且一般的对服务的需求本身波动较小，所以，其增长率的波动幅度较小。从经济史上看，当第二产业的比重上升时，整个国民经济波动的幅度会增大；而当第三产业的比重上升时，经济结构自身就增强了稳定性。1950 年以来，美国第一产业和第二产业的产值比重一直在下降，第三产业的产值比重一直在上升。到 1997 年，第一产业的产值比重下降为 1.7%，第二产业下降为 22.5%，而第三产业已上升为76.5%。在第三产业中，比重上升最快的是金融、保险与不动产

---

① 《总统经济报告》2000 年。

业，和服务业。金融、保险与不动产业的产值比重，1950—1980年，上升了 3.8 个百分点；而 1980—1997 年，又上升了 4.3 个百分点。服务业的产值比重，1950—1980 年，上升了 5.1 个百分点；而 1980—1997 年，又上升了 6.9 个百分点。[1]

### 参考文献

*Economic Report of President*, 1991, 1995, 1999, 2000.

Federal Reserve Bank of Dallas, *The New Paradigm*, 1999 Annual Report.

NBER, *US Business Cycle Expansions and Contractions*. www. nber. org. .

Perkins, Anthony B., and Perkins, Michael C.: *The Internet Bubble*. New York: Harper Collins Publishers, 1999.

Schwartz, Peter, and Peter Leyden: "The Long Boom: A History of the Future, 1980 – 2020." *Wired*, July 1997.

Shepard, Stephen B.: "The New Economy: What It Really Means." *Business Week*, Nov. 17, 1997.

Schumpeter, Joseph A. （熊彼特）:《经济发展理论》，中译本，商务印书馆 1991 年版。

White House Conference on The New Economy, www. whitehouse. gov.

杜辉:《"新经济"不可套搬》,《经济参考报》2000 年 6 月 21 日第 5 版。

严启发:《新经济：起因·特征·挑战》,《经济日报》2000 年 7 月 4 日第 9 版。

（原载《经济研究》2000 年第 8 期）

---

[1]　根据《总统经济报告》1995 年、《总统经济报告》1999 年计算。

# 中国经济走势分析(1998—2002)<sup>*</sup>

——兼论以住宅金融创新为突破口实现城乡就业联动

## 一 2001 年在世界经济增长减缓中，中国经济 "一枝独秀"

2001 年，世界经济增长的特点是，增速明显减缓，特别是一些发达国家同步陷入经济衰退或经济下滑之中。在这种背景下，中国经济仍保持了 7.3% 的增长速度。如果将各国经济增长率作一个简单的直观的比较，那么，中国经济的增长是"一枝独秀"。表 1 给出了中国与世界上 12 个有关国家和地区近 6 年来（1996—2001年）GDP 增长率的情况。

先来看一下欧美和日本等发达国家的情况。美国在 2001 年结束了自 1854 年有经济周期记录以来历史上最长的一次经济扩张，也就是结束了 20 世纪 90 年代长达 10 年的经济扩张（1991 年 3月—2001 年 3 月，共历时 120 个月），陷入经济衰退。全年经济增长率由上一年的 4.1% 降到 1%。日本经济在 20 世纪 90 年代一直处于低迷状态。在亚洲金融危机的冲击下，1998 年日本经济增长率降到 -1%，1999 年和 2000 年刚刚略有一点正增长，2001 年又陷入负增长，为 -0.4%。德国经济的增长在 1996—2000 年呈现升势，但 2001 年增速由上一年 3% 的高峰降为 0.5%。英国经济的增

＊ 合作者：汪利娜、常欣。

长在 1996—2000 年间较为平稳，但 2001 年增速亦有所下降，为 2.3%。

表1　　　　　　　世界有关国家和地区 GDP 增长率　　　　单位:%

| 年份<br>国家和地区 | 1996 | 1997 | 1998 | 1999 | 2000 | 2001 |
|---|---|---|---|---|---|---|
| 美国 | 3.6 | 4.4 | 4.3 | 4.1 | 4.1 | 1.0 |
| 日本 | 3.6 | 1.8 | -1.0 | 0.7 | 2.2 | -0.4 |
| 德国 | 0.8 | 1.4 | 2.0 | 1.8 | 3.0 | 0.5 |
| 英国 | 2.6 | 3.4 | 3.0 | 2.1 | 2.9 | 2.3 |
| 韩国 | 6.8 | 5.0 | -6.7 | 10.9 | 8.8 | 2.6 |
| 新加坡 | 7.5 | 8.4 | 0.3 | 5.9 | 9.9 | -2.9 |
| 中国台湾 | 5.7 | 6.8 | 4.7 | 5.4 | 6.0 | -2.2 |
| 中国香港 | 4.5 | 5.0 | -5.1 | 3.0 | 10.5 | -0.3 |
| 泰国 | 5.9 | -1.4 | -10.8 | 4.3 | 4.4 | 1.5 |
| 印度尼西亚 | 8.0 | 4.5 | -13.1 | 0.8 | 4.8 | 3.2 |
| 印度 | 7.1 | 4.9 | 6.0 | 6.8 | 6.0 | 4.4 |
| 俄罗斯 | -3.4 | 0.9 | -4.9 | 5.4 | 8.3 | 5.8 |
| 中国 | 9.6 | 8.8 | 7.8 | 7.1 | 8.0 | 7.3 |

资料来源: IMF, *World Economic Outlook*, December 2001.

从我国周边国家和地区的情况看，韩国在亚洲金融危机中，1998 年经济增长率猛降到 -6.7%，1999 年和 2000 年正在恢复中，2001 年又降为 2.6%。新加坡在亚洲金融危机中，1998 年经济增长率下降到 0.3%，1999 年和 2000 年亦正在恢复中，2001 年出现了负增长，增速降为 -2.9%，比亚洲金融危机时下降得还要严重。中国台湾地区的经济在亚洲金融危机时并没有受到太大影响，而2001 年却陷入严重的经济衰退之中，经济增长率为 -2.2%。中国香港地区的经济在经受了亚洲金融危机之后，刚刚有所恢复，2001 年又呈现负增长，全年为 -0.3%。泰国在亚洲金融危机中首当其冲，1998 年经济增长率猛降到 -10.8%，1999 年和 2000 年刚刚略有恢复，2001 年又呈下降之势，经济增长率为 1.5%。印度尼西亚在亚洲金融危机中也是"重灾区"，1998 年经济增长率猛降为 −13.1%，1999 年和 2000 年亦刚刚略有恢复，2001 年又趋下降，经济增长率为 3.2%。

再看两个不同类型的国家，印度和俄罗斯。印度在 1996—2000 年经济增长很不错，保持在 6% 左右的水平上，但 2001 年增速也降为近几年来的最低点，为 4.4%。俄罗斯经济近两年来已有恢复，1999 年和 2000 年经济增长率分别达到 5.4% 和 8.3%，但 2001 年又降为 5.8%。

我们把几个有代表性的国家和地区（美国、日本、德国、新加坡、中国台湾）的经济增长率的波动曲线与中国经济增长率的波动曲线放在同一张图上进行比较（见图1），可以清楚地看到，2001

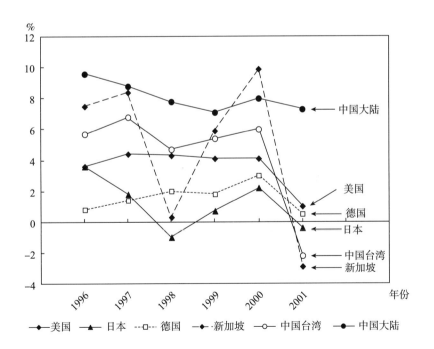

图1　中国等国家和地区 GDP 增长率

年这些国家和地区的经济增长率均呈明显的下落之势，而中国经济的增长却处于相对高位的平稳状态，这就是"一枝独秀"在曲线图上的表现。需要明白的是，从经济学的角度看，各个国家和地区的经济处于不同的发展阶段，因此不能简单地将各个国家和地区的经济增长率作直接的比较。以上的对比分析主要是说明有关国家和地区经济增长率的波动态势问题。就中国经济自身的情况看，我们认为，仍存在一些值得重视的问题。这需要进一步考察近几年来中国经济增长的特点。

## 二 近几年来中国经济增长的特点

近几年来，中国经济的增长表现出如下特点：

1. 从经济增长的总体态势来看，近几年来（1998—2001 年），中国经济的增长止滑趋稳，保持了连续的稳定性

中国 GDP 增长率，1998 年为 7.8%，1999 年为 7.1%，2000 年为 8%，2001 年为 7.3%。中国经济的增长已连续四年平稳地运行于 7%—8% 的区间（见图 2）。这四年的平均增长率为 7.55%（见图 2 中的虚线）。对比 20 世纪 90 年代以来的情况看，中国经济增长在 1992 年达到 14.2% 的高峰后，从 1993 年到 1999 年，连续七年处于平缓的下滑之中。在扩张性财政政策的推动下，2000 年中国经济的增长开始扭转下滑趋势，略呈回升。如果仅就 1998—2001 年这四年的情况来看，中国经济的增长已逐渐止滑趋稳，平稳在 7%—8% 的位势上。从目前的情况看，2002 年，中国经济的增长仍可保持在 7% 左右的平稳位势上。

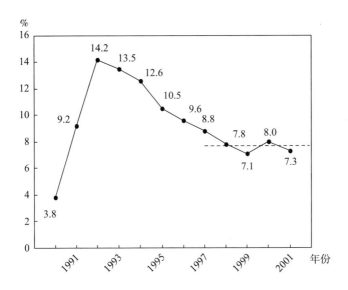

图2　中国 GDP 增长率（1990—2001 年）

2. 从经济增长的需求结构来看，近几年来（1998—2001 年），外需的贡献呈下降趋势，内需的贡献逐步上升，特别是 2001 年外需的贡献呈现为负值，经济增长完全靠内需拉动；在内需中，近几年来（1995—2001 年），消费与投资的比例关系正在改善，但尚未处于良性状态

2001 年，在 GDP 增长率 7.3% 中，初步估算，国内最终消费的贡献为 4.4 个百分点，国内资本形成（即国内总投资，包括固定资本形成总额与存货增加）的贡献为 3.6 个百分点，国内需求的贡献共为 8 个百分点，而净出口的贡献为 -0.7 个百分点（见表2）。应当提醒注意的是，在表2的计算过程中，均采用 1994 为基期的不变价格，而不是采用当年价格。若以当年价格计算，1999 年和 2000 年净出口对经济增长的贡献已为负值。

对比近几年的情况看，1997 年净出口对经济增长的贡献高达 3.6 个百分点。而 1998 年以来，净出口对经济增长的贡献一直呈下降趋势。2000 年下降到 0.015 个百分点，几乎为零，2001 年下

表2　　　　　　　　　　中国经济增长的需求结构　　　　　　　单位:%

| 年份 | GDP 增长率 | 最终消费贡献 | 资本形成贡献 | 国内需求贡献 | 净出口贡献 |
|------|-----------|-------------|-------------|-------------|-----------|
| 1995 | 10.5 | 4.0 | 6.9 | 10.9 | -0.4 |
| 1996 | 9.6 | 5.1 | 3.3 | 8.4 | 1.2 |
| 1997 | 8.8 | 3.3 | 1.8 | 5.2 | 3.6 |
| 1998 | 7.8 | 3.2 | 2.3 | 5.5 | 2.3 |
| 1999 | 7.1 | 5.4 | 0.9 | 6.3 | 0.8 |
| 2000 | 8.0 | 5.1 | 2.9 | 8.0 | 0.015 |
| 2001 | 7.3 | 4.4 | 3.6 | 8.0 | -0.7 |

　　资料来源:1995—2000 年,根据历年《中国统计年鉴》《中国统计摘要》的有关数据计算,2001 年为估计数。计算中均以 1994 年价格为不变价格。

降到 -0.7 个百分点。由此看出,1997 年亚洲金融危机以来,特别是 2001 年美国等世界主要发达国家同步陷入经济下滑,对中国经济增长产生了一定的影响。1998 年以来,内需对经济增长的贡献呈上升趋势。由 1997 年的 5.2 个百分点,上升到 2000 年和 2001 年的 8 个百分点。这表明,近几年来中国所采取的扩大内需的政策取得了效果。在内需中,最终消费对经济增长的贡献由 1997 年、1998 年的 3 个百分点,上升到近三年的 4—5 个百分点;国内资本形成对经济增长的贡献由前几年的下降趋势(由 1995 年的 6.9 个百分点,下降到 1999 年的 0.9 个百分点),转为近两年来的上升(2000 年、2001 年分别上升为 2.9 个和 3.6 个百分点)。

　　我们再看内需中投资与消费的比例关系。图 3 给出了 1952—2000 年根据现价计算的最终消费率和总投资率的波动曲线。1993 年,总投资率上升到 43.5%,这是历史上的最高点,超过了 1959 年的 42.8%。1993 年,相对应的最终消费率为 58.5%。1994 年,最终消费率降到 20 世纪 60 年代以来的最低点,为 57.4%,仅比历史上的最低点,即 1959 年的 56.6% 高 0.8 个百分点。近几年来,最终消费率逐渐上升,总投资率逐渐下降,投资与消费的比例关系正在改善。值得指出的是,并非投资率越高和消费率越低,经济增长率就越高。连续几年的高投资率和低消费率，是难以维持经济持续高速增长的。从历史数据看，相对较高的消费率和相对较低的投资率，也可对应较高的经济增长率。比如，1982—1984 年，最终消费率保持在 65% 以上（分别为 66.3%、66.2%、65.5%），总投资率保持在 35% 以下（分别为 32.1%、33%、34.5%），相对应的经济增长率分别为 9.1%、10.9% 和 15.2%。就每一个年度看，经济增长率的高低，与总投资率和最终消费率的高低并不一一对应。总投资率和最终消费率的比例关系是为经济的增长提供一个中长期环境。就我国目前的发展状况看，从经验数据出发，较好的投资与消费的比例关系似以保持 35% 左右的总投资率和 65% 左右的最终消费率相搭配为宜。

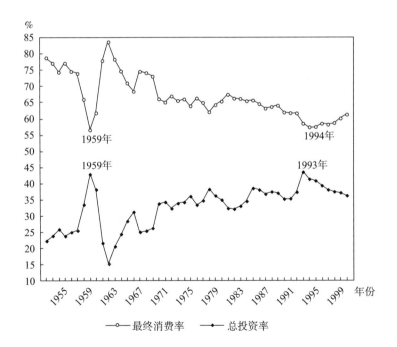

**图 3　最终消费率与总投资率曲线（1955—1999 年）**

资料来源：《中国国内生产总值核算历史资料》，历年《中国统计年鉴》。

3. 从经济增长中的物价走势来看，近几年来（1998—2001年），物价总水平处于较低位势，轻度通货紧缩的局面尚未完全扭转

2001 年，居民消费价格总水平比 2000 年仅略有上升，为 0.7%；而商品零售价格总水平比上年略有下降，为 -0.8%。对比 20 世纪 90 年代以来的情况看（见表 3），1994 年居民消费价格上涨率达到高峰，为 24.1%。在治理通货膨胀的过程中，物价总水平不断下降。从 1998 年开始，出现了轻度的通货紧缩。到 2001 年，无论从年度居民消费价格和商品零售价格情况看，或从 2001 年月度居民消费价格的数据看，轻度通货紧缩的局面尚未完全扭转。

表3　　　　　　　　中国物价上涨率（年度及月度）

| 年度 | 居民消费价格上涨率（%） | 商品零售价格上涨率（%） | 月度 | 居民消费价格上涨率（%） |
|------|------|------|------|------|
| 1990 | 3.1 | 2.1 | 2001 - 01 | 1.5 |
| 1991 | 3.4 | 2.9 | 2001 - 02 | 1.6 |
| 1992 | 6.4 | 5.4 | 2001 - 03 | 1.1 |
| 1993 | 14.7 | 13.2 | 2001 - 04 | 1.2 |
| 1994 | 24.1 | 21.7 | 2001 - 05 | 0.7 |
| 1995 | 17.1 | 14.8 | 2001 - 06 | - 0.5 |
| 1996 | 8.3 | 6.1 | 2001 - 07 | - 1.0 |
| 1997 | 2.8 | 0.8 | 2001 - 08 | - 0.9 |
| 1998 | - 0.8 | - 2.6 | 2001 - 09 | 0.0 |
| 1999 | - 1.4 | - 3.0 | 2001 - 10 | 0.3 |
| 2000 | 0.4 | - 1.5 | 2001 - 11 | 0.1 |
| 2001 | 0.7 | - 0.8 | 2001 - 12 | 0.2 |

资料来源：1990—2000 年数据，历年《中国统计年鉴》。2001 年及其月度数据参见网站 www.cei.gov.cn。

4. 从经济增长中的就业状况来看，近几年来（1998—2001年），城镇国有与集体单位从业人员呈明显减少趋势

20 世纪 90 年代以来，城镇从业人员总数虽然在不断增加，但

就每年新增就业人数来说，在 90 年代中期的三年，1994—1996 年，平均达到 740 万人的规模之后，近几年来却在下降，2000 年仅为 260 万人（见表4）。就城镇从业人员经济类型的结构看，国有单位从业人员在 1995 年达到最高点之后，呈现下降趋势，1998 年比上年减少 1986 万人，1999 年和 2000 年又分别减少 486 万人和 470 万人，2001 年 1—9 月与上年同期相比又减少 475 万人。城镇集体单位从业人员 1992 年以来也一直呈下降趋势，1998 年比上年减少 920 万人，1999 年和 2000 年分别减少 251 万人和 213 万人，2001 年 1—9 月与上年同期相比又减少 201 万人。城镇其他从业人员，包括股份合作单位、联营单位、有限责任公司、股份有限公司、港澳台商投资单位、外商投资单位、私营和个体等的从业人员，1992 年以来却一直呈上升趋势，在 1999 年达到 10730 万人，开始超过城镇国有与集体单位从业人员之和，成为城镇就业的主渠道。

表4　　　　　　　中国城镇从业人员数（期末数）　　　　单位：万人

| 年份 | 总数 | 1. 国有单位 | 2. 集体单位 | 3. 城镇其他 | 总数比上年增减 | 1. 国有单位比上年增减 | 2. 集体单位比上年增减 | 3. 城镇其他比上年增减 |
|------|------|------|------|------|------|------|------|------|
| 1990 | 16616 | 10346 | 3549 | 2721 | | | | |
| 1991 | 16977 | 10664 | 3628 | 2685 | 361 | 318 | 79 | − 36 |
| 1992 | 17241 | 10889 | 3621 | 2731 | 264 | 225 | − 7 | 46 |
| 1993 | 17589 | 10920 | 3393 | 3276 | 348 | 31 | − 228 | 545 |
| 1994 | 18413 | 11214 | 3285 | 3914 | 824 | 294 | − 108 | 638 |
| 1995 | 19093 | 11261 | 3147 | 4685 | 680 | 47 | − 138 | 771 |
| 1996 | 19815 | 11244 | 3016 | 5555 | 722 | − 17 | − 131 | 870 |
| 1997 | 20207 | 11044 | 2883 | 6280 | 392 | − 200 | − 133 | 725 |
| 1998 | 20678 | 9058 | 1963 | 9657 | 471 | − 1986 | − 920 | 3377 |
| 1999 | 21014 | 8572 | 1712 | 10730 | 336 | − 486 | − 251 | 1073 |
| 2000 | 21274 | 8102 | 1499 | 11673 | 260 | − 470 | − 213 | 943 |

资料来源：历年《中国统计年鉴》。

5. 从经济增长的地区结构来看，2001 年，工业生产增长较快的主要是东部和中部的一些省区，而固定资产投资增长较快的主要是西部的一些省区

2001 年 1—12 月累计的工业增加值比上年同期增长率，全国为 9.9%。在前 13 位的地区中，主要是东部和中部的一些省区市，如吉林、上海、山东、北京、湖南、天津、湖北、广东、浙江、江苏、福建等；而 2001 年 1—11 月累计的固定资产投资比上年同期增长率，全国为 16.3%，在前 13 位的地区中，则主要是西部的一些省区，如西藏、贵州、内蒙古、青海、宁夏、重庆、新疆、四川等（见表5）。这表明，中国工业生产的增长主要仍靠东、中部地区，而在西部大开发战略指引下，西部地区投资的增长明显加快。

表5　　　　　　　　　2001 年各地区工业和投资增长情况

| 序号 | 地区 | 工业增加值累计增长率（%）（2001 年 1—12 月） | 地区 | 固定资产投资累计增长率（%）（2001 年 1—11 月） |
|---|---|---|---|---|
| 1 | 吉林 | 15.1 | 西藏 | 110.1 |
| 2 | 上海 | 14.9 | 贵州 | 52.7 |
| 3 | 山东 | 14.8 | 内蒙古 | 43.1 |
| 4 | 北京 | 13.8 | 江西 | 32.9 |
| 5 | 湖南 | 13.8 | 浙江 | 29.0 |
| 6 | 天津 | 13.0 | 湖南 | 28.4 |
| 7 | 四川 | 13.0 | 青海 | 27.5 |
| 8 | 内蒙古 | 12.9 | 宁夏 | 24.0 |
| 9 | 广东 | 12.8 | 山西 | 23.2 |
| 10 | 湖北 | 12.8 | 重庆 | 21.6 |
| 11 | 浙江 | 12.5 | 新疆 | 20.1 |
| 12 | 江苏 | 12.0 | 北京 | 20.0 |
| 13 | 福建 | 11.8 | 四川 | 19.5 |

资料来源：参见网站 www.cei.gov.cn。

6. 从政府的宏观调控角度来看，近几年来（1998—2001年），一直实行扩张性的财政政策和稳健的货币政策

1998年以来，为了应对国际金融动荡，世界经济下滑以及国内需求不足状况，中国政府采取了扩张性的财政政策。1998—2001年，中央政府累计发行特别建设国债超过5000亿元人民币。2000年，国家财政债务收入达4180.1亿元人民币，占GDP的比重为4.7%。中央财政赤字（不含债务收支）占GDP的比重，2000年为2.8%，2001年为2.58%（国际上通常的警戒线为3%）。

在采取扩张性的财政政策的同时，为了防御金融风险，中国政府采取了稳健的货币政策。M0（流通中现钞）的增长率，近两年来明显下降（见表6）。狭义货币M1（M0+企业单位活期存款+农村存款+机关团体部队存款）的增长率，近两年来亦呈下降趋势。广义货币M2（M1+企业单位定期存款+自筹基本建设存款+个人储蓄存款+其他存款）的增长率，近4年来（1998—2001年）一直处于15%以下。我们认为这样的增长率显然有些过低。

表6　　　　　　　　　各层次货币供应量增长率　　　　　　单位:%

| 年份 | M0 | M1 | M2 |
| --- | --- | --- | --- |
| 1991 | 20.2 | 24.2 | 26.5 |
| 1992 | 36.4 | 35.9 | 31.3 |
| 1993 | 35.3 | 38.8 | 37.3 |
| 1994 | 24.3 | 26.2 | 34.5 |
| 1995 | 8.2 | 16.8 | 29.5 |
| 1996 | 11.6 | 18.9 | 25.3 |
| 1997 | 15.6 | 22.1 | 19.6 |
| 1998 | 10.1 | 11.9 | 14.8 |
| 1999 | 20.1 | 17.7 | 14.7 |
| 2000 | 8.9 | 15.9 | 12.3 |
| 2001 | 7.1 | 12.7 | 14.4 |

资料来源：历年《中国统计摘要》。2001年数据参见网站 www.cei.gov.cn。

### 三 中国经济增长的中长期问题

综合以上对近几年来中国经济增长特点的分析，我们看到，最为显著的情况是，中国经济的增长率已连续 4 年保持在 7%—8% 的平稳水平上。这一方面表明，近几年来，在抵御国际经济和金融冲击，以及克服国内需求不足的过程中，中国政府所采取的扩张性财政政策和稳健的货币政策取得了成效，这的确来之不易；但另一方面也表明，在中国目前的经济发展阶段，仅仅保持 7%—8% 的经济增长水平，并不能有效地解决就业问题，如城镇下岗职工的再就业问题和大量农村剩余劳动力的转移问题。这是中国经济增长中的一个突出的中长期问题。从经济理论角度看，这里涉及怎样认识潜在经济增长率问题。在中国目前的经济发展阶段，潜在经济增长率究竟有多高？7%—8% 的经济增长率是不是低于潜在经济增长率？

所谓潜在经济增长率是指，在一定的经济发展阶段，即在既定的技术和资源条件下，在实现充分就业和不引发加速通货膨胀的情况下，一国所能达到的可持续的最高经济增长率。对于潜在经济增长率问题，国际经济学界也存在着争议。比如，在 2000 年 4 月 5 日美国白宫新经济会议上，针对美国经济 20 世纪 90 年代后半期的高速增长，对于美国是否存在经济增长的速度极限问题就存在着以下三种不同意见（Whitehouse，2000）：第一种意见认为，经济可以在一个较长的时期内持续高速增长，而不存在什么速度极限。美国得克萨斯大学加尔布雷思教授提出，传统经济理论所说的经济增长的速度极限实际上并不存在。他说："如果存在增长的上限，或失业的下限，或扩张的极限，那么实际情况是，没人知道它们在哪。"他主张不要受什么增长极限的约束，而要积极地推进经济增长。第二种意见认为，经济增长的速度极限是存在的，但在不同时期可以提高。美国耶鲁大学诺德豪斯教授提出，就美国 20 世纪 90 年代后期经济增长的实际情况看，总体的长期经济增长速度极限已被提高。他说："我们无法确切地知道这个速度极限是多少或它将持续多久，但显而易见的是，它比我们原先想象的要高。"第三种意见认为，在经济周期波动中，现实的经济增长率时而高于、时而低于潜在增长率；而就长期趋势而言，在一定的经济发展阶段中，潜在经济增长率不会改变。美国 Evercore 合伙公司的奥尔特曼先生提出，美国在过去 3 年里的经济增长超过了潜在增长率。在过去的 40 年里，也曾经历过这样的波动，但生产率的长期趋势线并没有改变。我们尚不知道，美国较高的生产增长率能否持续。

现在，美国历史上最长的经济扩张期，即 20 世纪 90 年代长达 10 年的扩张期已经结束。这表明，经济增长的速度极限是存在的。但对于一个中长期，比如说 5—10 年的时间来说，在不同的情况下，下一个 5—10 年的经济增长率水平比上一个 5—10 年，可以降低，也可以提高。

经济学家们普遍认为，确切地判定潜在经济增长率是一个困难的问题。就中国目前的情况看，由于正处在经济体制和经济发展的转型时期，潜在经济增长率究竟是多少，还难以给出一个确切的数字。但从近几年来所存在的通货紧缩趋势和所存在的大量城乡剩余劳动力的情况看，7%—8% 的经济增长率应该说是低于潜在经济增长率的。特别是中国是一个人口大国，劳动力人口占世界总量的 26%，这本身就是一种持久的就业压力。而目前时期内的国有企业改革、行政事业单位精简机构，以及产业结构调整和升级，加大了城镇就业压力。而作为一个农业人口占有很大比重的发展中国家，中国的农业所释放出的庞大剩余劳动力向非农产业和城镇的转移是我们所面临的最大就业压力。还值得注意的是，"入世"初期将形成的对农业等产业的就业冲击，使农村劳动力转移和城镇就业面临更大压力。

这是不是说，为了解决城乡就业问题，我们就可以像原先计划经济体制下曾经有过的那样，通过计划机制和软预算约束，单纯地去追求经济增长的高速度呢？否。我们认为，中国目前仍处于工业化的中期阶段，消费需求正处于由"吃、穿、用"向"住、行"升级，由物质需求向服务需求和精神需求升级的阶段。在多渠道、多行业、多种所有制类型、多种方式扩大就业的同时，需要抓住与消费结构升级相关联的重大产业或行业，通过新的市场机制，加速其发展，以大规模地解决城镇就业问题和农村劳动力的转移问题。由此，也就带动了整个经济的增长。与消费结构升级相关联的重大产业或行业包括：①住宅建筑业和相应的房地产业，②以信息技术为代表的高新技术产业和相应的通信等服务业，③交通工具制造业和相应的运输服务业，以及④教育、医疗保健、文化娱乐、生活服务等其他各类服务业。其中，住宅建筑业和相应的房地产业更值得关注。在美国、日本、中国香港等许多国家和地区工业化的进程中或经济高速增长时期，住宅建筑业和相应的房地产业的发展对经济增长和扩大就业都起到了持久的、重要的作用。在美国，住宅与汽车、钢铁一起，长期被称作三大支柱产业，特别是住宅又被称作"永恒的产业"。据现有数据资料，在美国，私人住宅投资占私人固定投资的比重，20世纪60年代初，高达35%以上；私人住宅投资占总投资（私人固定投资与政府投资之和）的比重达25%以上。在60年代中期至90年代中期长达30年的时期里，私人住宅投资占私人固定投资的比重一直保持在28%左右；私人住宅投资占总投资的比重一直保持在23%左右。90年代后半期，私人住宅投资占私人固定投资的比重保持在25%—26%；私人住宅投资占总投资的比重保持在21%左右。在中国，20世纪80年代初，城镇住宅投资占全社会固定资产投资的比重曾为16%；而80年代中后期至90年代初，这一比重下降到11%—12%；1992—1998年，这一比重上升到13%—16%；1999—2000年这一比重为17%。这里，并非将中国的住宅投资与美国作简单的类比（中国与美国处于不同的经济发展阶段），而是在于说明，住宅业在中国的发展潜力是很大的，它可以成为解决就业问题、推动产业结构升级、促进经济增长的重要动力源泉。

目前，我国城乡就业存在着某种对立状态，农村剩余劳动力进城与城镇下岗职工及待业人员的就业存在着一定的冲突。住宅业的发展有利于实现城乡就业联动。一方面，住宅业是劳动密集型产业，它的发展既可为城镇居民，也可为农村劳动力转移增加新的就业机会。另一方面，住宅业的产业关联度很高，可以带动其他产业的发展，从而进一步增加城乡就业机会。住宅业的发展可以带动建材、冶金、纺织、化工、机械、交通、邮电通信、家电家具、园林绿化、商业、服务业等许多行业的发展。在日本，住宅投资的诱发系数为 1.9993。在我国，据有关部门测算，住宅投资的诱发系数为 1.5—1.7，也就是说，每投入 100 元的住宅投资，可产生出150—170 元的相关产业需求。再一方面，动态地说，农民进城打工，提高了收入和购买力，可以进一步扩大市场和增加就业。所以，住宅业的发展，对于创造城镇就业机会，吸纳农村剩余劳动力，实现城乡就业联动，具有特殊重要的作用。

发展住宅业，需要解决钱从哪里来的问题。住宅业的特点是：对购买者来说，一次性的资金投入大；对建筑商和贷款者来说，资金的回收期限长。目前，在我国，住宅金融还很不发达，特别是对大部分居民而言，虽有购买住房或使居住水平升级的愿望，但又受到收入水平和收入累积过程的制约。这就需要借鉴国外的有益经验，在政府的支持下，通过发挥市场机制的作用，特别是加大市场化的金融制度创新的力度，融通资金，推动住宅业的发展。所谓加大市场化的金融制度创新的力度是指，一方面，以低利率、多样化的金融产品，积极发展个人住房抵押信贷；另一方面，通过住房抵押贷款证券化，将资本市场的长期资金引入住宅市场。具体来讲，由政府发起设立住房抵押贷款证券化的公司（根据国外经验，可由政府独资，亦可用股份制），发行各种债券或证券等金融产品，向众多的机构投资者（包括保险公司、养老基金等金融机构）和证券市场上广大的个人投资者募集资金。住房抵押贷款证券公司可以通过收购银行的抵押贷款，向银行注入资金；亦可逆向操作，向银行出售抵押贷款，吸收银行的充裕资金。这样，通过一系列转换，将原先期限长、流动性差的住房抵押贷款，转化为期限不同、流动性强的证券，并由全社会的投资者共同参与融资活动，从而加快住宅业的发展。在许多金融市场发达的国家，住房抵押贷款证券在整个证券市场上占有十分重要的地位。比如，在美国，就发行规模来说，住房抵押贷款证券是仅次于联邦财政债券的第二大债券。为了发展住宅业，在推进住宅金融制度创新的同时，还要相应做到：简化税费，规范土地批租，有效降低住房价格；以科技进步为核心，加快住宅产业的现代化；积极培育和完善住宅市场体系，包括住宅二级市场和租赁市场，盘活住宅存量，促进住宅商品的交换，以满足不同收入群体多层次的住房消费需求，并带动整个住宅业的良性发展，等等。

　　总括以上分析，我们得出如下逻辑思路：①扩大就业问题，包括城镇人员就业与农村劳动力向城镇转移，是下一步中国经济增长中需要解决的一个突出问题；②这主要靠城镇产业结构的调整与升级来拉动；③而城镇产业结构的调整与升级又要靠城镇消费结构的升级来拉动；④住宅业的发展是城镇消费结构升级的一个重要内容；⑤在提高和培育居民购买力的过程中，金融创新特别是住宅金融创新又是关键的一环；⑥通过住宅金融创新，推动城镇住宅业的发展和我国城市化的进程，可以做到以城带乡，以乡促城，实现城乡就业联动；⑦由此，推动中国经济实现新一轮的快速增长。

### 参考文献

刘国光、王洛林、李京文主编：《2002 年：中国经济形势分析与预测》，社会科学文献出版社 2002 年版。

IMF，2001，World Economic Outlook，December.

Whitehouse，2000，http：//www. pub. whitehouse. gov.

（原载《经济研究》2002 年第 4 期）

# 我国五次宏观调控比较分析

改革开放以来，我国政府根据经济运行态势和体制环境不同，共进行了五次紧缩型的宏观调控（见图1），时间段分别是：①1979—1981年；②1985—1986年；③1989—1990年；④1993年下半年—1996年；⑤2003年下半年—2004年（此前，1998—2002年为扩张型的宏观调控）。与前四次宏观调控相比，第五次宏观调控在各方面都具有新的特点。正确认识当前宏观调控的新特点及其新思路、新机制，对于我们全面贯彻中央一系列决策具有重要意义。

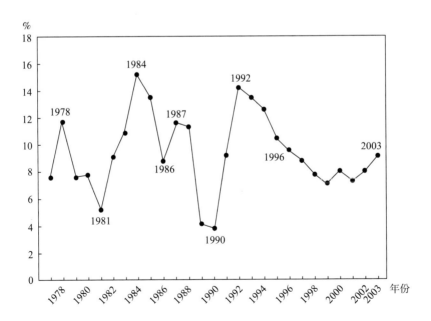

**图1　中国经济增长率波动曲线**

## 一　调控时所针对的经济运行态势不同

在前四次宏观调控中，首先，当时针对的都是经济波动中已经出现的超过11%的"大起"高峰。1978年经济增长率达11.7%，1984年达15.2%，1987年、1988年达11.6%和11.3%，1992年达14.2%。其次，当时针对的都是经济的全面过热或总量过热。第一次的经济过热，起初表现为投资过热和国民经济重大比例关系严重失调，随后财政用于消费的支出大幅增加，形成大量财政赤字，导致国民收入超分配。第二次至第四次经济过热，都是投资需求和消费需求的双膨胀，社会总需求超过总供给。再者，前四次宏观调控都要治理严重的通货膨胀。1980年全国商品零售价格上涨率达6%（这是改革开放以来物价上涨的第一个高峰，也是1962年之后到当时的最大涨幅），1985年达8.8%（这是改革开放以来物价上涨的第二个高峰），1988年达18.5%（这是改革开放以来物价上涨的第三个高峰），1993年达13.2%和1994年达21.7%（这是改革开放以来物价上涨的第四个高峰，也是中华人民共和国成立以来物价上涨的最高峰）。改革开放以来物价上涨的四个高峰，一个比一个高（见图2）。总之，前四次的经济"大起"，每次都是到难以为继时，才不得不进行被动的调整。

第五次宏观调控针对的不是经济增长率已经超过11%的大起（2003年经济增长率为9.1%），而是为了防止经济出现"大起"，防止"大起"导致"大落"；针对的不是已经出现的全面过热或总量过热，不是投资和消费需求双膨胀，而是部分行业投资的局部过热；针对的不是已经出现的严重通货膨胀，而是物价上升的压力开始显现。总之，第五次宏观调控对于过热的部分行业来说，是及时的调控；而对于整个经济运行的全局来说，则是见势快、动手早、未雨绸缪、防患于未然的主动调整。

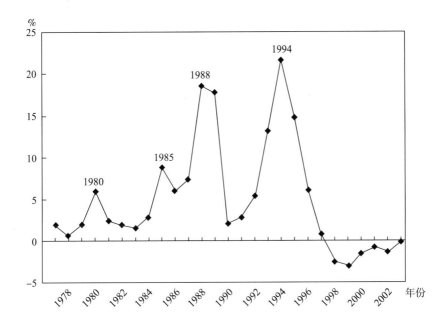

**图2　中国商品零售价格上涨率**

## 二　调控时的经济体制基础不同

前四次宏观调控都发生在原有的计划经济体制逐步转型、但尚未"基本转型"的过程中，而第五次宏观调控则是在我国社会主义市场经济体制初步建立之后的第一次紧缩型宏观调控。在这次宏观调控中，利益主体的多元化充分表现出来，并折射到学术界和新闻媒体，形成各种声音的多元化。这无疑给宏观调控增加了很大的难度。事实上，在改革开放以来的五次宏观调控中，每次调控都需要统一认识，而每次统一认识都很不容易。特别是第五次宏观调控，统一认识的难度更大。

第一次宏观调控针对的是1978年的经济过热。在同年12月召开的具有伟大历史意义的党的十一届三中全会上，提出全党工作重心转移到社会主义现代化建设上来。并提出，国民经济中一些重大的比例失调状况还没有完全改变过来，基本建设必须积极地而又量力地循序进行，不可一拥而上。转年，1979 年 3 月，李先念、陈云同志就财经工作写信给党中央，明确提出，现在国民经济比例失调的情况相当严重，要有两三年的调整时期。同月，中央政治局会议决定，用三年时间进行国民经济调整。1979 年 4 月，召开专门讨论经济问题的中央工作会议，正式提出用三年时间对整个国民经济进行调整，实行新八字方针，即调整、改革、整顿、提高（1961年时提出的八字方针是：调整、巩固、充实、提高）。然而，在1979 年、1980 年两年中，从中央到地方对调整的认识并不统一，贯彻执行不力。基建总规模没有退下来，地方和企业财权扩大后盲目上项目，财政大量赤字，货币发行过多。为此，1980 年 12 月，党中央再次召开工作会议，邓小平同志尖锐地指出："一九七八年十二月党的十一届三中全会以后，陈云同志负责财经工作，提出了调整方针，去年四月中央工作会议对此作出了决定。但因全党认识很不一致，也很不深刻，所以执行得很不得力。直到现在，这种情况才有了变化。"① 这次中央工作会议决定，在经过 1979 年和 1980年两年调整之后，1981 年对国民经济进行进一步的大调整。至此，改革开放以来的第一次国民经济调整才得以有效进行。

第二次宏观调控针对的是 1984 年的经济过热。同年 11 月，国务院发出通知，要求各地各部门严格控制财政支出，控制信贷投放。转年，1985 年 3 月，《政府工作报告》提出，加强和完善宏观经济的有效控制和管理，坚决防止盲目追求和攀比增长速度的现象。但这一年过热局面没有控制住，许多地方和单位仍在盲目上项目、铺摊子。为此，1986 年 3 月通过的"七五"计划，分为前两年和后三年两个阶段。前两年进行调整，着重解决固定资产投资规模过大、消费基金增长过猛的问题。然而，在 1986年第一季度工业生产增长速度回落之后，许多人认为经济增长出

① 《邓小平文选》第二卷，人民出版社 1994 年版，第 354 页。

现滑坡，强烈要求放松银根，刺激经济增长；加之 1986 年是"七五"计划的第一年，各地加快发展的积极性很高。在各种压力下，1986 年所进行的宏观调控没有到位，潜伏着进一步引发新的过热的可能性。

第三次宏观调控针对的是 1987—1988 年的经济过热。当时，国家预算内的基本建设投资得到一定控制，但预算外投资规模的膨胀远远没有控制住，而且愈演愈烈。1988 年 9 月党的十三届三中全会正式提出，把明后两年改革和建设的重点突出地放到治理经济环境和整顿经济秩序上来。但 1989 年不少地方和部门对治理整顿的必要性缺乏认识，使宏观调控的很多措施没有得到有效贯彻。1989 年 11 月党的十三届五中全会通过《中共中央关于进一步治理整顿和深化改革的决定》，进一步提出用三年或者更长一些时间基本完成治理整顿任务。至此，改革开放以来的第三次国民经济调整才得以有效地进行。

第四次宏观调控针对的是 1992 年到 1993 年上半年的经济过热。1993 年 6 月，发布了《中共中央、国务院关于当前经济情况和加强宏观调控的意见》，采取 16 条措施，正式开始了以整顿金融秩序为重点、治理通货膨胀为首要任务的宏观调控。在调控过程中，学术界围绕宏观调控是以治理通货膨胀为首要任务，还是以继续加快增长、扩大就业为先，曾一度展开争论。有同志也曾提出这样的观点：两位数以上的通货膨胀不可怕，两位数以上的经济增长才过瘾。同时，一些地方和企业要求放松银根的呼声也不断。但宏观调控排除了种种干扰，经过三年多的努力，到 1996 年成功地实现了"软着陆"，为抵御随后爆发的亚洲金融危机打下了良好的基础。

第五次宏观调控，一是因针对的不是全面过热和已经严重的通货膨胀，而是见势快、动手早、防患于未然的调控；二是因市场经济下利益主体多元化，中央政府与各级地方政府、宏观调控部门与其他部门、中央银行与商业银行及证券公司、过热行业与非过热行业、上游产业与下游产业、国有企业与民营企业、大型企业与中小型企业、沿海与内地以及高中低收入者之间，形成了复杂的利益格局，各有不同的利益和声音；所以，在经济形势的判断上和怎样进行宏观调控上，经济界展开了一场 20 多年来最为激烈的争论。有人称"这是一场规模空前的博弈"。看来，在市场经济下进行宏观调控特别是见势快、动手早的调控，出现激烈的争论，今后也难以避免。

## 三　调控时所采取的主要方式和手段不同

1. 关于调控的实施方式

在第一次到第三次宏观调控时，在最初作出调整国民经济决定的头一两年内，在实施上存在着犹豫不决、贯彻不力的问题；随后，才进行坚决的大规模的调整。在第四次宏观调控时，汲取了前三次的教训，在作出治理整顿的决定后，在实施上表现出雷厉风行的特点。第五次宏观调控因是见势快、动手早的调控，所以采取的方式是渐进式的，由冷静观察、温和预警、到逐步加大力度，注意准确地把握调控的时机、节奏和力度，对看准了的问题采取果断有力的措施。

2. 关于调控的紧缩面

在第一次宏观调控中的最后一年（1981 年），以及第三次宏观调控中的最后一年（1990 年），都是对投资和消费实行力度较大的全面紧缩，使经济增长率较大幅度地迅速回落（1981 年经济增长率回落到 5.2%，1990 年回落到 3.8%）。1993 年 6 月开始的第四次宏观调控，亦是对投资和消费实行全面紧缩，但为"适度从紧"，货币政策和财政政策均为"适度从紧"，使经济增长率从两位数的高峰平稳地、逐步地回落到 10% 以内的适度增长区间。第五次宏观调控不是全面紧缩，而是适时适度，区别对待，不"急刹车"，不"一刀切"。货币政策由前几年的"稳健"

逐步转向"适度从紧"，财政政策由前几年的"积极"逐步转向"中性"。注重做到"四个既要、又要"：既要严格控制部分行业过度投资盲目发展，又要切实加强和支持经济发展中薄弱环节；既要坚决控制投资需求膨胀，又要努力扩大消费需求；既要着力解决当前的突出问题，又要着眼长远发展；既要从宏观上把该管的管住管好，又要充分发挥市场机制的作用。总之，这次宏观调控不是使经济增长率从两位数的高峰大幅度地回落和"着陆"，总体上看，经济还在适度增长区间内（8%—10%）运行，既不是"硬着陆"，也不是"软着陆"，而是通过适当的控速降温，使经济在适度增长区间内既平稳又较快地可持续发展，努力延长经济周期的上升阶段。

3. 关于调控的手段

一般来讲，经济调节有三大类型：完全市场调节型、完全政府调节型、市场调节加政府调节型。就政府调节即政府的宏观调控来讲，一般有三大手段：经济手段、法律手段、行政手段。经济手段，是指政府运用各种经济杠杆（如价格、利率、税率、汇率等），通过市场机制，间接地对市场主体的经济活动进行调控。法律手段，是指政府运用各种有关的法律法规和国家有关的政策规定，通过法制力量，对市场主体的经济活动进行调控。行政手段，是指政府运用行政机构的权力，通过强制性指令，直接对企业或个人的经济活动进行调控。第一次至第三次宏观调控，主要采用的是行政手段。如行政性财政政策，强制控制财政支出（消减投资支出和控制消费支出）；行政性货币政策，强制控制信贷投放；对经营不善、长期亏损的国有企业，停止财政补贴，停止银行贷款；对落后的小企业进行整顿和关停并转等。第四次宏观调控时，已改变过去单纯依靠行政手段的做法，开始注重运用经济手段和法律手段。如开始运用利率、存款准备金率、公开市场业务等市场性货币政策进行调控。第五次宏观调控，从一开始就注重了采用经济手段和法律手段，同时也辅之以必要的行政手段。目前我国社会主义市场经济体制刚刚建立，经济运行中既带有转型之前原有计划经济体制下的一些特点（如一些地方政府的盲目扩张冲动、一些企业投资实际上只负盈不负亏的软预算约束等），又带有市场经济体制下的一些特点（如企业所有制的多元化、企业行为的市场化等），还带有不成熟市场经济的一些特点（如企业行为的非法制化、非理性化等）。在这种情况下，在宏观调控中综合运用经济手段、法律手段和行政手段，对症施策，确保宏观调控取得预期效果，是必然的选择。无疑，随着社会主义市场经济体制的不断完善，随着市场经济本身的不断成熟，以及随着法制建设的推进，宏观调控将会更多地采用经济手段和法律手段。

## 四　调控时对外经济联系程度不同

在前四次宏观调控时，国际上均不太关注。而第五次宏观调控，引起国际上的广泛关注。这是因为随着改革开放的深入发展，我国的对外经济联系已日益扩大。2003 年与 1992 年相比，我国进口规模由不到 1000 亿美元（806 亿美元），扩大到 4000 多亿美元（4128 亿美元），增加了约 4 倍；外商在我国的实际直接投资额由 100 亿美元左右（110 亿美元），扩大到 500 多亿美元（535 亿美元），也增加了 4 倍；我国的国家外汇储备由不到 200 亿美元（194 亿美元），扩大到 4000 亿美元（4033 亿美元），增加了约 19 倍。2003 年，我国成为世界第三大进口国。从总量上看，我国的进口额只占世界总额的 3.4%；但从增量上看，我国的进口增量约占全球进口增量的 1/3 以上。海外有关机构、投资者和新闻媒体，对中国经济是否过热，怎样进行宏观调控，特别是这次宏观调控的效果将会如何，也引起了广泛的争论。就这次宏观调控的效果将会如何来说，海外的争论可分为两大派：乐观派和悲观派。乐观派认为，这次采取降温措施要比十年前经济过热时早得多，结果会使当前的经济增长持续更长的时间，为延长经济周期提供了重要基础。悲观派则主要是担心，如果宏观调控造成经济的急剧减速，形成"硬着陆"，将会对世界经济特别是周边国家和地区产生冲击。《亚洲华尔街日报》指出，"乐观者还是多于悲观者"。

（原载《经济学动态》2004 年第 9 期）

# 新世纪　新知识　新概念

## ——荐最新出版《现代经济辞典》

历经六个春秋的研磨，《现代经济辞典》问世了。这部辞典由中国社会科学院经济研究所集体编写，江苏人民出版社2004年12月出版，并于2005年1月8日在首都人民大会堂举行了隆重的首发式。这部辞典从1998年年底开始启动，由策划、创意、撰写、审改、校核，直到2004年年底印制完成，共历时六年整。这部辞典是编写者与出版社通力合作，以六年之辛苦，镂而不舍，一丝不苟，精心打造的一部重头力作，使我们在新世纪有了一部新语词多、大众化、综合性的经济辞典。这部新辞典的问世将为推进我国改革开放和现代化建设事业，推进我国经济学的繁荣与发展，奉献出自己的一分力量。

这部辞典的一个突出特点，就是"新"。在我国改革开放和现代化建设的进程中，在世界科学技术飞速发展和经济全球化加快的过程中，新知识、新概念层出不穷。这部辞典致力于吸收这些方面的新语词（新的语句和词汇）；同时，对过去常用的一些语词，也根据理论和实践的新发展，对其内涵进行了新扩展和新界定。这部辞典所收录的语词，不仅仅限于国内外经济学理论，而是扩大到现实经济生活的方方面面。词条总量达6212个，总字数为242万字。从词条的专题索引看，涵盖了以下20个方面的内容：（1）经济改革；（2）经济发展；（3）宏观经济；（4）产业经济；（5）城市经济；（6）农村经济；（7）区域经济；（8）微观经济；（9）企业管理与营销；（10）财务与会计；（11）人力资源；（12）证券与期货；

（13）银行与保险；（14）房地产；（15）财政与税收；（16）国际经济；（17）中外经济史；（18）中外经济思想；（19）经济学一般概念；（20）经济数量分析。

这部辞典的新语词或有新意的语词主要可归纳为以下六类：

1. 在我国改革开放和现代化建设中，特别是近几年来所出现的一些新语词。本辞典首先注重收录充分反映我国改革开放以来在理论和实践的双重探索中，在建立与完善社会主义市场经济体制的历程中，坚持走中国特色社会主义道路的新语词，注重收录有益于认识和把握社会主义市场经济发展规律的新语词。如："三个代表"、中国特色社会主义、以人为本、全面协调可持续的发展观、新型工业化道路、学习型社会、循环经济、混合所有制经济、出资人职责、农村税费改革、土地承包经营权流转、三条保障线、两个确保、城市低保、宏观经济调控、宏观调控目标、国债借债率、国债偿债率、国债负担率、公债依存度、"走出去"战略等。如在"中国特色社会主义"这一词条中，首先给出了其定义："在社会主义初级阶段具有中国特色的社会主义的经济、政治和文化的总称。"并指出："这是以邓小平为代表的中国共产党人，在总结中华人民共和国成立以来正反两方面经验的基础上，在研究国际经验和世界形势的基础上，在改革开放的崭新实践中提出的我国自己的建设道路。"然后，分别解释了中国特色社会主义经济、中国特色社会主义政治、中国特色社会主义文化的内涵。再如，20世纪80年代初以来，在对我国经济体制改革目标的探索过程中，曾提出过5个具有影响的提法，从"计划经济为主、市场调节为辅"，到"有计划的商品经济"，再到"国家调节市场、市场引导企业"，到"计划经济与市场调节相结合"，最后到1992年党的十四大正式提出我国经济体制改革的目标是建立"社会主义市场经济体制"。本辞典在"计划经济为主、市场调节为辅"这一词条下，系统地说明了这个探索过程，并分设了"有计划的商品经济""国家调节市场、市场引导企业""计划经济与市场调节相结合""社会主义市场经济体制" 4 个分词条。在改革开放以来的探索过程中，也曾经出现过一些有争议的新语词，如"过剩经济"。有学者提出，20 世纪 90 年代中期，我国进入了过剩经济时代。这一提法在当时颇为流行，而有的学者则不同意这种论断。本辞典在"过剩经济"这一词条中给出了这些不同观点，以反映学术界的争论，并有利于读者去分析和思考。

2. 市场经济方面的新语词。主要包括股票市场、债券市场、银行金融、房地产、现代企业管理和市场营销等方面的语词。如：QFII（合格境外机构投资者）、QDII（合格境内机构投资者）、金融监管、ST 股票、PT 股票、创业板市场、做市商、道琼斯中国指数、风险资本、风险基金、储蓄实名制、现代物流业等。

3. 由世界科学技术的迅猛发展而带来的一些新语词。如：信息技术革命、新经济、信息经济、数字经济、基因经济、国民经济信息化、国家创新体系、知识创新工程、摩尔定律、纳米技术、"八六三"计划（国家高技术研究发展计划）、"九七三"计划（国家重点基础研究发展计划）等。

4. 随着我国对外开放的不断扩大而经常使用的一些新语词。如：经济全球化、国际标准产业分类、WTO 基本原则、中国加入WTO 议定书、反倾销协定、补贴与反补贴措施协定、保障措施协定、服务贸易总协定、与贸易有关的知识产权协定、纺织品与服装协定、信息技术协定、Q 条款、201 条款、301 条款、最优货币区等。

5. 由国际上经济理论研究的新前沿和新发展所带来的一些新语词。如：静态博弈、动态博弈、阶段博弈、合作博弈、非合作博弈、内生增长理论、资产组合理论等。还有反映 2004 年度诺贝尔经济学奖最新获得者基德兰德和普雷斯科特主要研究贡献的"动态一致性""动态不一致性""实际经济周期学派"等词条。同时，本辞典设置了"西方经济学流派""经济周期理论""企业管理理论"等综合性词条，对其内容进行了梳理。在"西方经济学流派"

词条中，按 5 个时期，分别介绍了各种流派：（1）15—17 世纪的重商主义；（2）17 世纪下半期至 19 世纪上半期的古典经济学；（3）19 世纪 70 年代由边际革命开始而形成的新古典经济学；（4）20 世纪 30 年代由凯恩斯革命开始而形成的凯恩斯主义；（5）20 世纪 70 年代后兴起的、以主张经济自由主义为特征的各种经济学理论流派。在"经济周期理论"词条中，首先介绍了马克思和恩格斯对资本主义社会中经济周期所进行的系统研究和论述；然后，将 200 多年来西方经济学中的经济周期理论梳理为 30 种流派进行了介绍。在"企业管理理论"词条中，介绍了从"泰勒制"到现代的"企业再造理论"等 16 种流派。

6. 对以往的一些老语词，随着时间的推移而扩充了其内容，或重新进行了梳理。如："经济"这一词条给出了 7 种含义。"资本"这一词条区分了其社会形式和物质内容，区分了其所含的生产关系和价值增值的一般数量关系。"劳动力"词条给出了 4 种含义。"资产"词条既给出了国民账户体系中对资产的详细分类，又给出了企业财务会计中对资产的详细分类。"赤字"细分了常规赤字、基本赤字、操作性赤字、结构性赤字、充分就业预算赤字、周期性赤字等。在"通货膨胀"词条中，将通货膨胀按其程度分为：温和的通货膨胀、急剧的通货膨胀、恶性通货膨胀。按其是否可以预期分为：预期的通货膨胀、非预期的通货膨胀、完全可预期的通货膨胀、非完全可预期的通货膨胀。按通货膨胀时所有的价格是否平衡上升分为：平衡的通货膨胀、不平衡的通货膨胀。按通货膨胀的不同成因分为：需求拉动型通货膨胀、成本推动型通货膨胀、结构性通货膨胀。在成本推动型通货膨胀中，按不同的成本因素又分为：工资推动型通货膨胀、原材料推动型通货膨胀、进口推动型通货膨胀、价格推动型通货膨胀。按通货膨胀的表现形式分为：隐蔽型通货膨胀、公开型通货膨胀。对一些疑难的老词条，如"铸币税""通货膨胀税"等给出了清晰的界定和解释。对"欧洲联盟""巴塞尔协议""大中小型企业划分标准"等词条，按照最新情况给出了解释。

此外，这部辞典还设置了 4 种实用性很强的资料附录：（1）中国改革开放以来经济大事记（1978—2004）；（2）中国主要经济法律法规简介（1990—2004）；（3）孙冶方经济科学奖获奖作品及作者（1984—2002）；（4）历届诺贝尔经济学奖获得者简介（1969—2004）。

辞典的编撰是一项艰难繁杂的工程，由于我们的能力和经验有限，特别是对一些新语词的解释尚属首次，意在探索，因此，本辞典一定会存在许多缺点和不足。我们期望广大读者和专家提出宝贵意见，以便再版时修订。经济生活在不断向前发展，新语词会不断出现，一些老语词也会与时俱进地变化，我们希望这部辞典每隔若干年修订一次，长久地出版下去。

（原载《经济研究》2005 年第 2 期）

# 实现经济周期波动在适度高位的平滑化<sup>*</sup>

## 一 十个经济周期概述

所谓"经济周期波动在适度高位的平滑化",是指经济在适度增长区间内保持较长时间的平稳增长和轻微波动,使经济周期由过去那种起伏剧烈、峰谷落差极大的波动轨迹,转变为起伏平缓、峰谷落差较小的波动轨迹。

中华人民共和国成立以来,从 1953 年起开始大规模的工业化建设,到现在,经济增长率(GDP 增长率)的波动共经历了 10 个周期(见表 1 和图 1)。从 1953 年到 1976 年"文化大革命"结束,经历了 5 个周期。其中,曾有三次大起大落,每次"大起",经济增长率的峰位都在 20% 左右(1958 年为 21.3%,1964 年为 18.3%,1970 年为 19.4%)。每个周期内,经济增长率的最高点与最低点的峰谷落差,在第 2 个周期内最大,达 48.6 个百分点。1976 年粉碎"四人帮"之后和 1978 年改革开放以来,又经历了 5 个周期。其中,在已有的 4 个周期内,经济增长率的峰位降到 11%—15%(1978 年为 11.7%,1984 年为 15.2%,1987 年为 11.6%,1992 年为 14.2%),峰谷落差在 6—7 个百分点。如果我

———————————

\* 与张晓晶、张平合作,获第 12 届(2006 年度)孙冶方经济科学奖。本文是中国社会科学院重大课题"战略机遇期的经济社会发展——未来 5—10 年经济增长源泉、战略选择与政策支持"的子课题"未来中国经济周期波动研究"的成果之一。该重大课题总负责人:王洛林;该子课题负责人:刘树成。

们以 1978 年为界，1953—1977 年与 1978—2004 年相比，即改革开放前后相比，经济增长率的平均值（简单算术平均）由 6.5% 上升到 9.5%，上升了 3 个百分点；最大值即最高峰位由 21.3% 下降到 15.2%，下降了 6.1 个百分点；最小值即最低谷位由 -27.3% 上升到 3.8%，上升了 31.1 个百分点；反映波动幅度的标准差由 10.5 个百分点下降到 2.9 个百分点，下降了 7.6 个百分点。可见，中国经济周期波动在改革开放前后呈现出不同的特点。改革开放前，其突出特点是大起大落，且表现为古典型周期（即在经济周期的下降阶段，GDP 绝对下降，出现负增长）。改革开放后，中国经济周期波动的主要特点为波幅减缓，并由古典型转变为增长型（即在经济周期的下降阶段，GDP 并不绝对下降，而是增长率下降）。总地看，改革开放以来中国经济周期波动呈现出一种新态势：峰位降低、谷位上升、波幅缩小。

表 1　　　　　　　　　中国历次经济周期

| 周期序号 | 起止年份 | 峰位经济增长率（%） | 谷位经济增长率（%） | 峰谷落差（百分点） | 上升阶段的年数（年） |
|---|---|---|---|---|---|
| 1 | 1953—1957 | 1956 年 15.0 | 1957 年 5.1 | 9.9 | 2 |
| 2 | 1958—1962 | 1958 年 21.3 | 1961 年 -27.3 | 48.6 | 1 |
| 3 | 1963—1968 | 1964 年 18.3 | 1967 年 -5.7 | 24.0 | 2 |
| 4 | 1969—1972 | 1970 年 19.4 | 1972 年 3.8 | 15.6 | 2 |
| 5 | 1973—1976 | 1975 年 8.7 | 1976 年 -1.6 | 10.3 | 2 |
| 6 | 1977—1981 | 1978 年 11.7 | 1981 年 5.2 | 6.5 | 2 |
| 7 | 1982—1986 | 1984 年 15.2 | 1986 年 8.8 | 6.4 | 3 |
| 8 | 1987—1990 | 1987 年 11.6 | 1990 年 3.8 | 7.8 | 1 |
| 9 | 1991—2001 | 1992 年 14.2 | 1999 年 7.1 | 7.1 | 2 |
| 10 | 2002—2004（正在进行） | 2003 年 9.5<br>2004 年 9.5 | | | 3 |

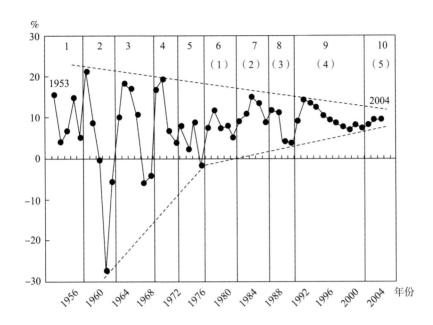

图1　中国 GDP 增长率波动曲线

2002 年，经济增长率回升到 8.3%，开始进入新一轮周期。①
2003 年、2004 年、2005 年上半年，经济增长率均为 9.5%。2005
年全年，预计为 9% 或略高。这样，中国经济连续保持了三年
9%—9.5% 的适度高位平稳增长，这在中华人民共和国成立以来还
是从未有过的。克服经济的大幅起落，实现经济周期波动在适度高
位的平滑化，是人们一直所盼望的。那么，在未来 5—8 年的中期
内，中国经济周期波动将会出现什么新特点呢？这是本文所要探讨
的主题。总的看法是：未来 5—8 年，中国经济周期波动有可能出
现两个新特点：一是在波动的位势上，有可能实现持续多年的适度
高位运行，潜在经济增长率将在 9% 左右；二是在波动的幅度上，
有可能实现进一步的平滑化，使经济波动保持在 8%—10% 的适度
增长区间内。以上两个特点之所以说是"有可能"，一方面是因为

————————

① 也有学者认为，中国新一轮经济周期可从 2000 年算起。

其中包含着一定的客观因素，有着良好的发展机遇；另一方面是因为未来还存在着许多不确定性因素，还面临着许多新挑战。因此，我们不能盲目乐观，而要增强忧患意识，紧紧抓住机遇，妥善应对挑战。

## 二　理论起点

为分析未来中国经济周期波动的态势，我们先确立分析的理论起点。

马克思曾经明确指出：在商品经济中，卖与买的脱节"包含着危机的可能性，但仅仅是可能性。这种可能性要发展为现实，必须有整整一系列的关系，从简单商品流通的观点来看，这些关系还根本不存在"[①]。在马克思所说"整整一系列的关系"中，具有物质性和本源性的，是机器大工业的产生和发展。马克思把"经济周期"称为"现代工业特有的生活过程"。他指出："现代工业这种独特的生活过程，我们在人类过去的任何时代都是看不到的，即使在资本主义生产的幼年时期也不可能出现。"[②] 马克思分析说，所使用的固定资本的价值量和寿命，以及与此相适应的每个特殊的投资部门的产业和产业资本的寿命，会发展为持续多年的寿命，"可以认为，大工业中最有决定意义的部门的这个生命周期现在平均为十年。但是这里的问题不在于确定的数字"[③]。马克思还说："直到现在，这种周期的延续时间是十年或十一年，但绝不应该把这个数字看作是固定不变的。"[④]

在 20 世纪头 30 年，熊彼特提出了以技术创新为核心的自维持内生周期理论，试图同时解释经济的长期波动和中短期波动。他指

---

①　《资本论》第一卷，人民出版社 1975 年版，第 133 页。
②　同上书，第 694 页。
③　《资本论》第二卷，人民出版社 1975 年版，第 207 页。
④　《资本论》第一卷，人民出版社 1975 年版，第 695 页注 1。

出："我们称之为经济周期的这样一种波浪式运动是伴随工业变动的"，"有可能从历史上将每个经济周期与一个特定工业或少数几个工业联系起来，这个工业或这几个工业是在工业中处于领先地位，并且好像是运用这个火炬，到后来成为燎原之火，遍及于更加广阔的地面"。他说："在每一个实例中，有可能指出造成经济上升波动和调整过程的个别工业和个别创新。"（熊彼特，1991）熊彼特将技术创新与产业变动相结合，但在他的分析中，对于产业变动的原因以及经济周期波动的传导，只是单纯地在技术创新层面中去寻找，而没有与消费结构升级相联系，没有与需求制约、资源制约等约束条件相联系。

1929—1933 年的大危机和大萧条之后，凯恩斯主义以刺激总需求为核心的宏观经济学诞生和发展起来。但在"二战"后，直至 20 世纪 70 年代的几十年中，传统的宏观经济学将经济的增长与周期、趋势与波动、长期与短期问题割裂开进行研究，即把经济的长期增长趋势与短期周期波动二者割裂开进行研究，对二者分别给予解释，分别分析二者各自的影响因素。这被称为传统的"两分法"研究。其中，研究经济增长理论的学者，着重研究经济的长期增长问题，而不考虑经济的短期波动，将决定经济长期增长的动力主要归为三大因素——人口增长、资本积累、技术进步。而研究经济周期理论的学者，只分析去掉长期趋势后（称为"去趋"）的波动部分，而不研究趋势部分，不研究技术进步，将技术进步因素归入平滑的（线性的）、确定性的（非随机的）、外生的趋势项，假设它对经济波动不起作用。

在经济周期理论研究中，在总体分析框架方面，已逐渐由"自维持周期模式"，即认为每次繁荣都包含下一次衰退的种子，而每次衰退又包含下一次繁荣的种子，转向"冲击—传导机制"分析框架，即把经济周期波动的形成归因于冲击因素与传导机制的作用（Blanchard and Fischer，1989）。所谓冲击因素是指，使经济运行偏离其正常轨道的推动或扰动力量。但是，对于冲击的类型或来源，各学派又有不同的认识。如凯恩斯主义和新凯恩斯主义强调总需求冲击（包括货币冲击）；而货币主义强调货币冲击（名义冲击）的短期效应是经济波动的冲击源，认为在长期货币是中性的；理性预期学派强调经济波动源于未预见到的货币冲击，认为在理性预期下，无论是长期还是短期，货币都是中性的，这为后来实际经济周期学派强调"实际冲击"（即与名义冲击相对的实际因素的冲击）埋下了伏笔。从不同的角度，冲击还可分为正向冲击（推动经济增长的冲击）和反向冲击（阻碍经济增长的冲击）、持久冲击和暂时冲击、可预见冲击（或确定性冲击）和随机冲击、国内冲击和（国际）外部冲击等。所谓传导机制是指，具有一定结构特征的经济系统，对冲击作出反应的过程。这种反应可以是放大、或是缓冲、或是阻止冲击的作用。决定传导机制的因素主要包括经济系统的制度结构特征、产业结构特征、需求结构特征、资源结构特征等方面的因素。但不同的经济学家，对传导机制的确切性质，亦有不同的看法。

　　20世纪80年代以后，现代经济周期理论试图把对经济的长期增长趋势与短期周期波动二者的研究由割裂走向整合，试图同时解释它们。实际经济周期学派在"冲击—传导机制"框架下，把技术冲击从原来对经济波动不起作用的长期趋势中拿了出来，作为形成经济波动的冲击源。这样，实际经济周期学派将经济波动的冲击因素归为供给面的技术冲击（实际冲击），这与凯恩斯主义和新凯恩斯主义强调总需求冲击不同，也与货币主义和理性预期学派分别强调货币冲击（名义冲击）的短期效应或未预见到的货币冲击不同。实际经济周期学派以技术冲击为核心，将形成经济波动的焦点集中在外生的、随机性的技术冲击上，认为在竞争经济条件下，技术冲击的动态影响是大多数宏观经济波动的原因。此后，内生增长理论发展起来，同样强调技术因素的重要性，并将技术进步内生化。这样，实际经济周期学派和内生增长理论又从不同角度回到了熊彼特理论。但实际经济周期学派没有将技术冲击与产业变动相联系，而是强调随机冲击；内生增长理论在技术进步的原因和经济周期波动的传导机制方面，与熊彼特一样，没有与消费结构升级相联系，没有考虑需求制约、资源制约等约束条件。这样，实际经济周期学派和内生增长理论并没有把长期增长趋势与短期周期波动二者很好地结合起来同时给予解释。

为了分析未来中国经济周期波动的态势，我们从中国国情出发，根据马克思的论述，并综合借鉴熊彼特理论和现代经济周期理论的有关分析思路，着重阐明中国本轮经济周期冲击因素的特点，包括其类型特点、形成特点和作用特点。其类型特点是正向技术冲击，即以房地产和汽车为代表的产业结构升级；其形成特点是由消费结构升级所推动，而消费结构和产业结构的升级，又是中国人均收入水平提高和工业化、城镇化、市场化进程加快的结果；其作用特点是同时产生经济的长期增长趋势与短期周期波动，具体表现为高位增长与强幅波动的双重特点。这样，可将经济的长期增长趋势与短期周期波动统一起来进行分析，既可说明未来推动中国经济高位增长的一个重要客观因素（以房地产和汽车为代表的产业结构升级），又可说明为应对强幅波动的新挑战，防止经济的大起大落，仍需不断加强和改善宏观调控。

## 三　正向技术冲击

2002 年中国经济增长进入新一轮周期。新一轮周期的经济推动力即正向技术冲击是以房地产和汽车为代表的产业结构升级，而产业结构升级又是由消费结构升级所推动的。消费结构升级的突出表现是：居民消费结构由满足温饱需求的"吃、穿、用"阶段，向满足小康需求的"住、行"阶段升级；由百元级的小型耐用消费品向千元级的中型耐用消费品升级之后，又向着万元级、特别是数十万元级的大型耐用消费品升级。由此推动了产业结构的升级，直接推动了房地产和汽车产业的发展，进而又带动了各种相关产业，特别是基础产业的发展。这一发展态势符合发展中国家消费结构和产业结构升级的一般规律。从中国 20 世纪 70 年代末以来的情况看，消费结构和产业结构的升级可以分为四个阶段：

第一个阶段：20 世纪 70 年代末至 80 年代初。这一阶段，有代表性的领先增长行业是手表、自行车、缝纫机和收音机，即被称为"三转一响"的"四大件"。如：手表年产量的增长率在 1977—1981 年，由 21% 一路上升到 29%，随后增势下降（见图 2，图 2 至图 7 的资料来源，均根据历年《中国统计年鉴》相关数据计算）。自行车年产量的增长率在 1977—1982 年，由 11.2% 一路上升到 37.9%，随后增势下降（见图 3）。缝纫机年产量的增长率在 1979—1982 年达 20%—35%，随后出现负增长（见图 4）。

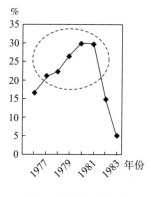

图 2　手表年增长率

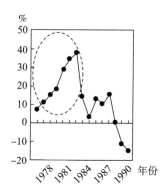

图 3　自行车年增长率

第二个阶段：20 世纪 80 年代中、后期。这一阶段，有代表性的领先增长行业让位于彩电、音箱、洗衣机、电冰箱，即被称为家用电器"新四大件"。如：彩电年产量在 1982 年上到 29 万台，1984 年突破 100 万台，1988 年又突破 1000 万台；彩电年产量的增长率在 1982—1988 年（除 1986 年外）达 54%—225%，随后增势下降（见图 5）。家用电冰箱年产量在 1982 年上到 10 万台，1985 年突破 100 万台，1988 年达 758 万台；家用电冰箱年产量的增长率在 1982—1988 年达 55%—190%，随后增势下降（见图 6）。

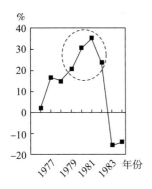

图4　缝纫机年增长率

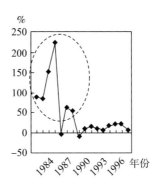

图5　彩电年增长率

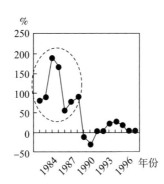

图6　冰箱年增长率

　　第三个阶段：20世纪90年代初、中期。这一阶段，有代表性的领先增长的带头行业转向房地产和轿车。就房地产来说，因缺少房地产方面较长的时间序列资料，这里以全社会固定资产投资中的房屋建筑施工面积为例，1991—1996年，从其绝对量看，每年平均以新增1.6亿平方米的规模增长；从其增长率看，每年平均增长9.5%，随后增势下降。轿车在1992年产量超过10万辆，1993—1997年平均每年增长25%，随后增势下降。

　　第四个阶段：21世纪初期。2002年起，房地产和轿车的发展进入了一个新时期。就房地产方面来说，仍以全社会固定资产投资中的房屋建筑施工面积为例，2002—2004年，从其绝对量看，每

年平均以新增 3.3 亿平方米的规模增长；从其增长率看，每年平均
增长 10.7%。若以房地产开发投资中的房屋建筑施工面积来考察，
2001—2004 年，则每年平均增长 20% 左右（见图 7）。轿车年产量
在 2002 年突破 100 万辆，2003 年又突破 200 万辆；其年产量增长
率，2002 年达 55.2%，2003 年又高达 89.7%，2004 年增速有所调
整，为 11.7%。与此同时，城市建设、IT 产业等也进入了一个新
的发展时期。

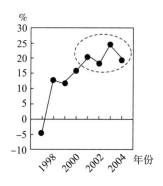

**图 7　房屋建筑施工面积年增长率**

　　从 2002 年起，以房地产和汽车为代表的消费结构和产业结构
的升级，是中国人均收入水平提高和工业化、城镇化、市场化进程
加快的结果。房地产和轿车在 20 世纪 90 年代初、中期曾有一个发
展，但由于当时人均 GDP 水平还较低，尚处于 400—700 美元之
间，所以只有一个初步的发展。2000 年，中国人均 GDP 水平达到
800 多美元，2003 年突破 1000 美元，这就进一步推动了房地产和
汽车的发展。与此同时，90 年代中、后期以来，城镇化进程出现
一个加速之势，城镇化率（城镇人口占总人口的比重）到 2004 年
上升到 41.8%。此外，由福利分房到住宅商品化，以及消费信贷
的启动等市场化的住房制度和金融制度改革，再加上 1997 年以来
居民购买力的积蓄等，都推动了以房地产和汽车为代表的消费结构

和产业结构的升级。

## 四　经济的增长与波动

以房地产和汽车为代表的产业结构升级对经济增长与波动的作用具有两重性特点：一是高位增长，二是强幅波动。

1. 高位增长

以房地产和汽车为代表的产业结构升级对整个经济增长具有广泛的和持久的推动力。以房地产为例。房地产投资的周期较长，其产业关联度很高，所带动的产业链很长。在房地产投资与钢铁、水泥、有色金属、化工产品等原材料及电力之间，以及进一步与金属矿石、非金属矿石、煤炭、石油等矿产品之间，产生相互推动的产业循环。就汽车产业来说，与其直接相关的产业有合成材料工业、轮胎制造业、钢铁工业（以薄钢板和钢带等汽车用钢为主）、机械工业中的机床工业（特别是数控机床）、石油开采及加工业、仪器仪表产业等，此外还有围绕汽车发展起来的服务业群体，如高速公路、加油站、快餐、汽车修理等。

同时，中国正处于人均 GDP 超过 1000 美元，工业化和城镇化进程加快的时期，对房地产（特别是住宅）和汽车的潜在需求很大，会进一步促进它们的发展。从住宅的潜在需求看，据有关专家估算（王国刚，2005），在未来 20 年（到 2025 年左右），现有城镇家庭（1.55 亿户）以每户 100 平方米计算，需要住宅 155 亿平方米，而目前城镇住宅存量为 90 亿平方米，二者差距为 65 亿平方米，20 年内每年需要建设住宅 3.25 亿平方米；如果加上未来 20 年城镇人口以每年 0.8 个百分点增加，到时城镇家庭约 2.61 亿户，以每户 100 平方米计算，需要住宅 260 亿平方米，与目前城镇住宅存量 90 亿平方米相比，缺口达 170 亿平方米，20 年内每年需要建设的住宅上升为 8.5 亿平方米；如果再加上城镇拆迁、危房改造等，则每年需要建设的住宅应在 10 亿平方米左右。而近几年，全国城镇每年新建住宅面积只有 5 亿—6 亿平方米，远不能满足需要。

从轿车的潜在需求看，据有关专家估算（福格尔，2001），美国从 1910—1970 年对轿车的收入弹性为 2.6，如果今后中国的人均收入以每年 6% 的速度增长，同时中国收入增长对轿车需求的弹性也和美国上述时期相同的话，到 2015 年，中国每年将购置 1000 万辆轿车，而目前中国轿车的生产能力只有每年 150 万辆（2002—2003 年的平均产量）。这就意味着，在未来 15 年中，中国轿车的生产能力需要增加 6 倍。如果中国年均 6% 的经济增长能够持续到 2024 年，轿车收入弹性不变的话，到时中国对轿车的需求将达到 4500 万辆，相当于目前全球轿车保有量和购买量。尽管就现实的发展看（出于资源、能源、环境等方面的考虑），中国未来轿车保有量恐怕会小于这个预测数，但其潜在需求的巨大是可以肯定的。

总之，从房地产和汽车这两个产业自身的产业链特点及未来潜在需求看，蕴含着较为持久的经济增长潜力。

2. 强幅波动

需要引起我们重视的是，以房地产和汽车为代表的产业结构升级对整个经济具有高位增长作用的同时，它们还具有强幅波动的特点。这是因为以房地产和汽车为代表的产业结构升级这一技术冲击因素，在其传导过程中会具有放大效应或过度扩张效应，随后会遇到各种因素的制约，如需求制约，特别是资源制约等。

房地产和汽车的投资与生产在其传导过程中之所以会具有放大效应或过度扩张效应，是因为：其一，产业内的独立循环。房地产和汽车的产业关联度很高，在其投资和生产过程中，与原材料、能源、矿产品等投资和生产之间所产生的相互推动的产业循环，具有产业内相对独立的内部循环性。在这个相对独立的内部循环中，会形成"面多加水，水多加面"的滚动扩张。其二，需求的夸大。房地产和汽车的投资与生产不仅是根据其现期需求，而且是根据其预期需求进行的。在其现期需求和预期需求中，甚至还会包含投机需求。在其需求旺盛的情况下，市场会充满乐观的预期，由此，对房地产和汽车的实际需求会被夸大。这时，在高价格、高利润的驱使下，会进一步推动房地产和汽车的投资与生产的盲目过度扩张。其三，金融的推波助澜。在市场前景看好的情况下，金融企业为获取自身的赢利，会从金融角度支持房地产和汽车，以及与它们相关产业的投资和生产的过度扩张。

这种过度扩张，随后会遇到各种因素的制约，主要有：

其一，需求制约。对房地产和汽车的有购买力的实际需求，是与人们一定的高收入水平、一定的收入积累、一定的信贷支持和自身负债能力，以及一定的相配套的基础设施条件（诸如社区服务设施、道路、停车场等）为基础的。在一定时期内，人们的收入水平、收入积累和负债能力是有限的；金融企业从其自身获利出发，对经济风向的变动最为敏感，信贷条件是最易变化的；同时，相关的基础设施条件也不是一下子能满足的。因此，对房地产和汽车的购买热潮具有一定的阶段性，而不可能像中国 20 世纪 80 年代对百元级、千元级的小型和中型耐用消费品的购买那样一浪紧接一浪地排浪式进行。而一旦房地产和汽车的需求发生阶段性变化，将造成房地产和汽车在短期内的产能过剩，导致其投资与生产的剧烈波动，同时也带动各相关产业的连锁波动，形成"一荣俱荣、一损俱损"的局面。美国 20 世纪 20 年代房地产和汽车的大发展，及其后 1929—1933 年的大危机和大萧条，最好地说明了这一问题。

在美国，20 世纪 20 年代被称为"大繁荣的 20 年代""富有生气的 20 年代""狂热的 20 年代"。在当时的人们看来，这是一个新的和永无止境的繁荣纪元。首先是工业和建筑业的广泛扩张，这基本上是以汽车制造、电气设备制造和房屋的大量建筑为基础的；其次是铁路以及运输设备的扩充；另外还有企业合并、收购的浪潮。实体经济领域的扩张和繁荣给美国带来了实惠。在物价水平保持基本稳定的情况下，工业生产几乎翻一番，人均实际收入也有了很大程度的提高。这个时候，人们普遍乐观。对美国经济增长前景的过分信任出现了所谓"投资于美国"（invest in America）的口号。大量外资涌入美国，不仅进入制造业，更多的是进入证券市场。海外资金的大量流入进一步推动了投机狂潮，强化了虚拟经济的繁荣。而所有这些，也为随后的大危机和大萧条埋下了伏笔。当时，房地产建筑业和汽车制造业成为美国经济繁荣的两大支柱。就房地产来说，在第一次世界大战期间，民用建筑被大大削减，战后对新建住房的需求之大，几乎达到怎么扩建也满足不了的地步。1921年，城市和乡村的新建住宅为44.9万幢，而1925年跃升了1倍，达93.7万幢，并引起了狂热的房地产投机活动。就汽车制造业的大发展来说，1923年，美国第30任总统柯立芝上台时曾宣称，要让每户美国家庭的锅里都有一只鸡，每家的车库里都有两辆汽车。从1921年到1929年，私用车从年产146.8万辆增加到445.5万辆，增加了2倍；商用车从年产14.8万辆增加到88.2万辆，增加了5倍。私用车的拥有量，1920年为813万辆，当时人口为10571万人，平均每13个人1辆；到1929年，私用车的拥有量达2312万辆，当时人口为12200万人，平均每5.3人1辆。房地产建筑业和汽车制造业的发展又推动了钢铁、石油、化工、公路建设等一系列工业和交通部门的发展。与此同时，20世纪20年代也是美国消费信贷大发展的时期。消费信贷为住宅与汽车的发展提供了强大的支撑力。当时，在美国国内市场出售的汽车、家具及各种家庭耐用消费品，大部分是按赊销的办法推销的。汽车业的迅猛发展也得益于实行分期付款。最先实行赊销的是通用汽车公司，在20年代，其销售量增长了667%，市场份额由1921年的13%上升到1929年的32%。但预支的社会购买力产生了巨额的私人负债。随着消费者债务负担的不断增加，对住宅与汽车的购买开始下降。住宅建筑在1925年、1926年达到登峰造极的地步之后，开始下降；汽车工业也在1927年以后急剧衰落。房地产建筑业和汽车制造业的衰落，成为1929—1933年大危机和大萧条的前奏曲（菲特、里斯，1981；米切尔，2002；余志森，2002）。美国20世纪20年代消费结构与产业结构升级变化的这一历史过程，有助于我们认识中国本轮经济周期冲击因素的特点，从中吸取强幅波动的教训。

其二，资源制约。房地产和汽车的投资与生产的扩张，产生了对各种原材料、能源、矿产资源和土地资源等的高消耗，还有相应的对环境的高污染。这其中有许多资源对一国或一个地区来说是稀缺资源，同时也是不可再生资源。当其中某种重要资源的供给缺乏弹性或完全无弹性时，整个产业链的运转将难以进行。当国内资源不支撑而需要依靠进口的情况下，大量的进口将会使国际收支状况恶化，同样会阻止国内经济增长。日本在1955—1973年近二十余年的经济高速增长中，大量依赖石油的进口。每当投资旺盛、经济增长加速时，就因大量进口而产生国际贸易收支的严重赤字。在这二十余年中，曾五次（1957年、1961年、1963年、1967年、1973—1975年）因大量进口所产生的国际贸易赤字而不得不进行紧缩性的经济调整。

在各种资源当中，特别是土地资源，涉及农业和粮食问题。对于中国这样一个人口大国来说，房地产投资和整个投资规模的过快增长所造成的土地资源的过度占用，是难以承受的。除各种自然资源外，房地产和汽车的投资与生产的扩张，以及所带动的整个投资规模的过快增长，还使用了大量的信贷资金资源。据专家估计，中国每年房地产开发投资中，大量资金来自银行信贷，包括房地产开发企业从银行直接得到的房地产开发贷款、流动资金贷款，以及通过卖"期房"而间接得到的居民购房消费贷款。这就容易积累银行的潜在金融风险。

一般说来，在市场经济下，在消费结构由"吃、穿、用"向"住、行"升级，工业化和城镇化进程加快的时期，即工业化中期，是经济波动幅度最大的时期（刘树成，1996）。上面所提到的美国在20世纪20年代到30年代初所发生的大繁荣和随后的大危机、大萧条，就是处于美国工业化中期阶段的事情。中国现在正值工业化和城镇化进程加快时期，客观上说，正是经济波动幅度加大的时期。

综合以上分析，在未来5—8年的中期内，中国经济的高位增长包含着一定的客观因素，以房地产和汽车为代表的产业结构升级对整个经济增长具有广泛的和持久的推动力；但是，与此同时所具有的强幅波动特点，却是对经济平稳运行的一种新挑战。为了既保持经济的适度高位增长，又避免强幅波动，必须加强和改善宏观调控，决不能以为工业化和城镇化进程加快就可以自然而然地使经济快速而平稳地增长。

## 五 不断加强和改善宏观调控

### 1. 全面贯彻落实科学发展观

科学发展观是我们党在新世纪对社会主义现代化建设指导思想的新发展，是全面建设小康社会和推进现代化建设始终要坚持的重要指导思想。我们一定要全面贯彻落实科学发展观，充分利用体制和制度手段、法律法规手段，大力促进粗放型经济增长方式向节约型经济增长方式的转变，大力促进以增强自主创新能力为中心环节的产业和产品的结构调整，提高经济增长质量，切实把经济社会发展转入全面协调可持续发展的轨道。以房地产和汽车为代表的消费结构和产业结构的升级，是今后一段较长时期内经济增长的重要推动力，但房地产和汽车业的发展不仅要"量需而行"，而且要"量力而行"，也就是说要充分考虑资源的可承受度，有节奏地推进。

### 2. 把握好潜在经济增长率与适度经济增长区间

潜在经济增长率与适度经济增长区间的测算和把握，是正确分析经济波动态势和实施宏观调控的重要基础。所谓潜在经济增长率是指，在一定时期内，在各种资源正常限度地充分利用，且不引发严重通货膨胀的情况下，所能达到的经济增长率。潜在经济增长率表明一定时期内经济增长的长期趋势。现实的经济运行围绕潜在经济增长率上下波动。如果现实的经济增长率过高地超过了潜在经济增长率，则各种资源供给的瓶颈制约就会非常严重，经济运行就会绷得很紧，产业结构失衡，引发严重的通货膨胀，经济快速增长难以为继；反之，若现实的经济增长率大大低于潜在经济增长率，则失业问题不好解决，有可能带来通货紧缩，企业经营困难，国家财政收入减少，各项社会事业也难以得到发展。现实的经济增长率可在一定的、适当的幅度内围绕潜在经济增长率上下波动，既不引起资源的严重制约，也不引起资源的严重闲置，物价总水平保持在社会可承受的范围内，这一波动幅度可称为适度经济增长区间。

经济学家们普遍认为，确切地判定潜在经济增长率是一个困难的问题。不同的测算方法，所得出的结果不尽相同。同时，一定时期内潜在经济增长率的把握也还需要参考各种实际情况的变化。因此，潜在经济增长率不单纯是一个测算问题，其中也含有经验把握问题。就潜在经济增长率的测算来说，一般有三种方法：HP 滤波法、生产函数法、菲利普斯曲线法。

（1）HP 滤波法。这是在宏观经济分析中用来得到经济时间序列的长期趋势而广泛使用的一种方法。我们用 HP 滤波法，对 1978—2004 年中国 GDP 增长率进行平滑（由于采用的是年度数据，推荐使用的 λ 取值为 100），由此得到趋势增长率为一条曲线，其范围大体在 8%—10%（见图 8）。我们可以将这一区间视为以 9% 为中线的适度经济增长区间。

（2）生产函数法。运用该方法估算潜在增长率，面临以下问题：很多进入生产函数的变量，并不能找到现成的数据，而需要进行估算，比如资本存量、就业人口、人力资本等，对这些变量的估算本身就存在很大争议，因此结果也就很不一样。现有两个较有代表性的运用生产函数法估算 GDP 年均增长率的例子。一是林毅夫等（2003）的估计结果：2004—2014 年为 8.56%，2014—2024 年为 7.08%；二是王小鲁等（2000）的估计结果：2001—2010 年为 6.58%，2011—2020 年为 6.21%。这两个结果相差较多。有鉴于此，本文没有使用这一方法进行估算。

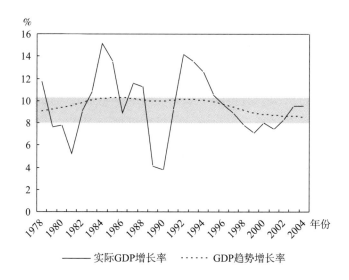

**图 8　1978—2004 年我国实际 GDP 增长率与 GDP 趋势增长率**

（3）菲利普斯曲线法。根据菲利普斯曲线方程，我们可以建立通货膨胀率与 GDP 增长率之间的关系。为避免伪回归，我们先对样本期 1980—2004 年的通货膨胀率（以居民消费价格 CPI 上涨率表示①）与 GDP 增长率分别进行单位根检验，均为平稳变量。于是，可以用最小二乘法（OLS）进行回归。可得回归方程：

$$CPI = 1.006 \times CPI(-1) - 0.412 \times CPI(-2) + 0.966 \times GDP - 6.558$$
$$(6.3891) \qquad (-2.6316) \qquad (3.4179) \quad (-2.1478)$$
$$R^2 = 0.71 \quad 调整\ R^2 = 0.67 \quad DW = 2.04 \quad F = 17.13$$

方程中，为简化起见，以 CPI 代表居民消费价格上涨率，CPI（-1）代表滞后一期的居民消费价格上涨率，CPI（-2）代表滞后两期的居民消费价格上涨率，GDP 代表国内生产总值增长率。上式括号内数字为 t 统计量。计量结果是令人满意的。回归方程的经济含义：其一，CPI 上涨率受其自身的影响。滞后一期（即上期）CPI 上涨率变动 1 个单位，导致当期 CPI 上涨率同向变动 1 个

---

① CPI 从 1985 年才公布，1985 年以前的以商品零售价格指数来代替。

单位，这很符合适应性预期假说；同时，滞后两期 CPI 上涨率变动
1 个单位，导致当期 CPI 上涨率反向变动 0.41 个单位。综合起来，
过去一期和两期 CPI 上涨率的变动 1 个单位，导致当期 CPI 上涨率
同向变动近 0.6 个单位。其二，CPI 上涨率受 GDP 增长率的影响。
GDP 增长率变动 1 个单位，导致当期 CPI 上涨率变动 0.97 个单位。
反映出 CPI 上涨率变动与 GDP 增长率变动的一致性。正因为如此，
我们就可以用 CPI 上涨率来衡量经济是否过热，即 GDP 的增长是
否过快。根据这个回归方程，可以算出不同稳态通货膨胀率水平下
的 GDP 增长率（见表 2）。所谓稳态，是指增长率保持不变。稳态
通货膨胀率，即没有加速通货膨胀。根据经验，社会可承受的通货
膨胀率水平在 5% 以下，相对应的 GDP 增长率为 8.9%。

**表 2** 不同稳态通货膨胀率水平下的 GDP 增长率 单位:%

| | 通货膨胀 → | | | | | | | | | | |
|---|---|---|---|---|---|---|---|---|---|---|---|
| 通货膨胀率 | 0 | 1 | 2 | 3 | 4 | 5 | 6 | 7 | 8 | 9 | 10 |
| GDP 增长率 | 6.8 | 7.2 | 7.6 | 8.1 | 8.5 | 8.9 | 9.3 | 9.7 | 10.2 | 10.6 | 11.0 |
| | 通货紧缩 → | | | | | | | | | | |
| 通货膨胀率 | −10 | −9 | −8 | −7 | −6 | −5 | −4 | −3 | −2 | −1 | 0 |
| GDP 增长率 | 2.6 | 3.0 | 3.4 | 3.8 | 4.3 | 4.7 | 5.1 | 5.5 | 6.0 | 6.4 | 6.8 |

综合上述分析，HP 滤波法得出以 9% 为中线的适度经济增长
区间 8%—10%，生产函数法（林毅夫等的估计）得出的潜在经济
增长率为 8.56%，菲利普斯曲线法得出的潜在经济增长率为
8.9%。如果我们以简单的平均递增法来计算 1978—2004 年 GDP
增长率的年均递增速度，则为 9.4%。以上 HP 滤波法计算的样本
期是 1979—2004 年，生产函数法（林毅夫等的估计）预测的时间
段是 2004—2014 年，菲利普斯曲线法的样本期是 1980—2004 年。
从改革开放以来的实践经验看，特别是从 20 世纪 90 年代以来的情
况看，当经济增长越过 9% 时，就会出现局部过热，引起煤电油运

和重要原材料的供给紧张；当经济增长冲出 10% 时，就会出现总体过热和严重的通货膨胀，导致经济的大幅起落；而当经济增长低于 8% 时，就会出现通货紧缩，就业压力明显增大。根据以上各种计算和实践经验，特别是以房地产和汽车为代表的产业结构升级对整个经济增长具有广泛的和持久的推动力，再考虑到资源约束，一定时期内有购买力的需求约束等因素，在未来 5—8 年的中期内，潜在经济增长率可把握在 9%，适度增长区间可把握在 8%—10%。

但是，若从未来得更长时期看，潜在经济增长率有可能会有所降低。这是因为：一者，消费需求的高质量化。随着人均收入的提高，消费需求将从"量"的提高上升到"质"的提高。对一般消费品的需求不再是"从无到有""从少到多"，而是"从有到好""从多到高"。这在客观上将会抑制未来一般消费品生产的增长速度。二者，资源约束的强化。随着前期经济的长时间高位增长，资源约束会越来越强，在客观上就要求加快经济增长方式的转变，不断提高资源利用效率，提高整个经济增长质量。三者，投资预算约束的硬化。随着经济体制改革的不断深化和经济市场化的推进，必然会使企业的软预算约束不断地"硬化"，企业需要为自己的投资行为真正负起责任。同时，在开放经济条件下，也为防止外部风险，需要不断矫正资源配置中的种种扭曲，如要素价格的扭曲、政府的隐性担保等。这些都会抑制投资冲动，减少投资的盲目扩张。四者，人口的老龄化。随着 2013 年之后中国开始逐步进入人口老龄化阶段，劳动年龄人口减少，老龄人口增加，这一方面会使整个国民储蓄下降，另一方面使老年抚养比上升，都会影响经济增长速度放缓。

3. 谨防新一轮经济过热和防范（国际）外部冲击

在前面对经济周期波动的冲击因素进行分类时指出，冲击还可分为持久冲击和暂时冲击。以房地产和汽车为代表的产业结构升级这一正向技术冲击，属于持久冲击。现在，要指出的是，就近期的一年至三年看，还存在着可能出现的、较大的正向暂时冲击。目前，从 GDP 增长率的季度数据看，中国经济正由 2003 年下半年至

2004 年上半年的局部过热和在适度增长区间（8%—10%）的上线区域运行（9.6%—9.9%），向适度增长区间的中线（9% 左右）回归，经济增长的位势并不低。就近期的一至三年看，有几件"大事"，如 2006 年开始实行第十一个五年规划，2007—2008 年党政换届，2008 年北京奥运会等，所有这些因素集中起来有可能推动经济增长的新一轮"大起"。以"换届"来说，改革开放以来，经济波动的几次"大起"，如 1983 年 GDP 增长率上升到 10.9%，1987—1988 年 GDP 增长率分别高达 11.6% 和 11.3%，1992—1993 年 GDP 增长率分别高达 14.2% 和 13.5%，也都含有"换届"因素的影响。经济的大起大落，要害在于"大起"。为了防止 2006—2008 年经济的"大起"，以及避免随后 2009—2010 年可能出现的"大落"，我们必须保持清醒的头脑，防患于未然，特别是防止各地借机追求政绩，大兴土木，大上项目。如果能够较好地调控 2006—2008 年可能出现的"大起"，那么就能为 21 世纪第二个十年的经济平稳增长创造良好的条件。

许多国家的经验表明，在国内经济发展态势良好和经济波动趋于平稳的情况下，防止（国际）外部冲击的负面影响是一个值得高度重视的问题。从外贸看，目前，中国的外贸依存度（进出口总额占 GDP 的比重）已经很高，由 1978 年的不到 10%（9.8%），上升到 1990 年的 30%，又上升到 2000 年的 44%，2004 年高达 70%。在出口方面，我们将面临越来越多的国际贸易摩擦问题；在进口方面，将面临国际上石油、矿产品、粮食等重要战略资源的价格与供给保障问题。因此，需要对外贸的高度依赖进行必要的调整，在促进进出口继续适度增长的同时，要注意防止外贸冲击对经济增长和波动所可能产生的负面影响。贸易增长应由关注贸易顺差转向贸易平衡，由关注贸易额转向提高贸易质量、增强国际竞争力和抗风险能力。从外资看，今后，外资流入除采用 FDI（海外直接投资）形式之外，更多地将采用非 FDI 形式。非 FDI 资本最为重要的特征，就是其"流动性"非常强。对投资者来讲，流动性强易于规避风险；但对于流入国来讲，受资本流动冲击的可能性增大。因此，我们在对外开放中，应加紧完善针对非 FDI 的监控体系，防止非 FDI 的大进大出对宏观经济和金融稳定的冲击。

4. 不断深化经济体制改革

通过深化经济体制改革，不断消除影响经济平稳较快增长的体制性机制性障碍。一方面，要继续深化国有企业改革和使民营企业健康发展，使政府更多地运用经济手段和法律手段所进行的宏观调控具有较好的微观基础。另一方面，要不断推进政府自身改革，推进政府职能转变。要树立正确的政绩观，转变发展观念，创新发展模式，提高发展质量，防止盲目攀比和片面追求经济增长速度。同时，通过深化改革，使宏观调控规范化、制度化、法制化。在什么情况下转换宏观调控的方向，在什么情况下加大宏观调控的力度，在什么情况下采取什么相应的调控措施，以及在规范市场准入和强化市场监管等方面，都应该建立和健全明确的政策规则，以增加宏观调控的透明度，使社会各方面都能有一个正确的预期，从而产生较好的调控效果。

在政府的宏观调控中，是要"政策规则"，还是要"相机抉择"，在国际学术界，20 世纪 60 年代至今，也一直存在着争论。在宏观调控中，所谓相机抉择，是指政策制定者根据经济周期波动不同阶段中经济运行的不同态势，机动灵活地采取逆向调节政策。其目的是熨平经济波动，保持宏观经济运行的稳定性。这被比喻为"逆经济风向而行事"的政策。这是 20 世纪 60 年代，在美国，由凯恩斯主义者提出的宏观调控政策。但是，后来在实际政策制定中，这种反周期的相机抉择政策演变为不受任何约束的、任意的"纯粹"相机抉择政策。比如，在美国，在任的执政政府事先承诺要采取降低通货膨胀的政策，但后来在总统大选中，为了赢得大选，改而采取扩张性货币政策，以刺激生产和扩大就业；而在大选之后，通货膨胀显现出来，政府为了治理通货膨胀又改而采取紧缩性货币政策。这种纯粹的相机抉择政策，产生了政策的"时间不一致性"问题，人为地制造和加剧了经济波动，丧失了公众对政策制定者的信任。政策制定者事先承诺要做什么，与其后来实际上做了什么之间的不一致性，被称作政策的"时间不一致性"问题。在政策的"时间不一致性"情况下，当局政策的不确定性导致了市场参与者行为与预期的不确定性，而市场参与者行为与预期的不确定性又进一步影响了当局政策的不确定性。这样，市场参与者与当局之间形成了博弈，严重影响了宏观调控的效果。针对相机抉择政策所带来的问题，美国学术界提出要制定一种"政策规则"，以限制宏观调控政策的任意使用。所谓政策规则，是指政策制定者在决定宏观调控政策时应遵循的一种事先确定的规则。然而，在实际政策制定中，因为经济形势是不断变化的，不可能按照一个不变的规则行事。因此，美国联邦储备委员会在货币政策的制定和操作中，实际上不同程度地采用了政策规则和相机抉择的方法，也就是把一定的政策规则与相机抉择相结合，避免相机抉择的任意性和政策的时间不一致性，增强决策的透明度和可预见性。

目前，在中国宏观调控中，采取的是"双稳健"政策，即稳健的财政政策和稳健的货币政策。这是一种松紧适度的中性调控政策。在执行中，并不排除根据经济形势的具体变化或针对新出现的某些问题，而进行必要的调整或微调。但这种调整或微调也不宜频繁。总的来说，在经济形势没有发生大的变化时，应注意保持宏观调控基本政策的相对稳定。

### 参考文献

［美］菲特、里斯：《美国经济史》，辽宁人民出版社 1981 年版。

［美］福格尔：《全球经济增长及其对中国经济的影响》，《北京大学中国经济研究中心简报》2001 年第 47 期。

林毅夫、郭国栋、李莉、孙希芳、王海琛：《中国经济的长期增长与展望》，北京大学中国经济研究中心讨论稿，2003 年。

刘树成：《中国经济周期波动的新阶段》，上海远东出版社 1996 年版。

刘树成：《繁荣与稳定——中国经济波动研究》，社会科学文献出版社 2000 年版。

刘树成：《经济周期与宏观调控——繁荣与稳定 Ⅱ》，社会科学文献出版社 2005
　　年版。

［英］米切尔：《帕尔格雷夫世界历史统计·美洲卷（1750—1993 年)》第 4 版，
　　经济科学出版社 2002 年版。

王国刚执笔（中国社会科学院金融研究所住宅金融课题组）：《提高供给能力，
　　推进房地产市场健康发展》2005 年。

王小鲁、樊纲主编：《中国经济增长的可持续性》，经济科学出版社出版 2000
　　年版。

［美］熊彼特：《经济发展理论》，商务印书馆 1991 年版。

余志森主编：《美国通史·第 4 卷》，人民出版社 2002 年版。

Aghion, P. and Howitt, P., "Endogenous Growth Theory", The MIT Press, 1998.

Blanchard, O. J. and Fischer, S., "Lectures on Macroeconomics", The MIT
Press, 1989.

Greenspan, Alan, "Rules vs. discretionary monetary policy", Remarks At the 15th An-
niversary Conference of the Center for Economic Policy Research at Stanford Univer-
sity, Stanford, California, September 5, 1997.

Rebelo, Sergio, "Real Business Cycle Models: Past, Present, and Future", NBER
Working Paper 11401, 2005.

（原载《经济研究》2005 年第 11 期）

# 中国经济持续高增长的特点和
# 地区间经济差异的缩小[*]

## 一 问题的提出

改革开放近三十年来，中国经济发展取得了举世瞩目的成就。2001 年度诺贝尔经济学奖获得者、美国斯坦福大学胡佛研究所高级研究员斯彭斯，曾在《华尔街日报》上连续发表两篇文章（Spence，2007a，2007b），研讨中国经济的持续高增长问题。一篇文章的题目是"国民财富：为什么中国增长得这么快？"；另一篇题目是"国民财富：是什么推动了高增长率？"。

斯彭斯在其第一篇文章的一开头就提出，发展中经济体的持续高增长是第二次世界大战后出现的新现象。他给"持续高增长"下了一个定义："高"是指 GDP 增长超过 7%；"持续"是指超过 25 年。按此定义，他指出，有 11 个发展中经济体实现了持续高增长（本文这里按进入持续高增长的先后排序）：新加坡、中国香港、中国台湾、韩国、泰国、马耳他（欧洲地中海）、阿曼（西亚南部）、印度尼西亚、博茨瓦纳（南非）、马来西亚和中国大陆。斯彭斯强调指出，中国是最新进入的一个人口最多、增长最快的案例。

———————————

\* 合作者：张晓晶。感谢中国社会科学院经济研究所赵志君和魏众研究员、吴延兵助理研究员、东北财经大学高铁梅教授等在本文计算中给予的热情帮助。

斯彭斯在其文章中着重分析了这 11 个经济体一些共同的特征，如都有一个功能良好的市场体系，高水平的储蓄和投资，人口跨地区和跨部门的流动性，微观层面上企业适应快速变化和抗风险能力的提高，以及经济全球化等，但没有分析中国经济持续高增长的特点。本文将对斯彭斯的文章进行补充和扩展分析，指出中国经济持续高增长的两个突出特点：一是与其他 10 个经济体相比，中国经济增长速度的位势较高，而波幅最小，即中国经济呈现出"高位—平稳"型增长；二是中国作为一个世界上人口最多、地域辽阔的发展中国家，国内各地区经济增长的基础条件差异很大，但在持续高增长中，地区间（省际）经济增长的速度差异呈现出明显的缩小趋势。各地区自身增长的稳定性的增强，构成了宏观总体稳定性增强的基础。

本文以下的结构安排是：第二部分将对中国经济持续高增长的第一个突出特点——"高位—平稳"型进行分析；第三部分将对中国经济持续高增长的第二个突出特点——地区间（省际）经济增长的速度差异明显缩小进行分析；第四部分是将对上述第二个特点的分析，进一步引申到对中国地区间（省际）人均 GDP 差异缩小的分析上，以期更好地了解中国经济增长所体现的丰富内涵；第五部分为小结及政策含义。

## 二　中国经济"高位—平稳"的国际比较

本文根据国际货币基金组织和有关方面的数据，整理出以上 11 个经济体在其持续高增长阶段各年份的 GDP 增长率及其平均值（算术平均值）、标准差、变异系数和持续高增长的年数（见表 1）。同时，绘出它们在其持续高增长阶段 GDP 增长率的波动曲线（见图 1，图 1 中因阿曼 1967 年和 1968 年 GDP 增长率畸高，分别高达 66.2% 和 82%，而图 1 纵坐标的上限为 35%，故这两年的数据在图中未完全显示出来）。

表1　　　　　　　11个经济体持续高增长阶段 GDP 增长率　　　　单位:%

| 年份 | 新加坡 | 中国香港 | 中国台湾 | 韩国 | 泰国 | 马耳他 | 阿曼 | 印度尼西亚 | 博茨瓦纳 | 马来西亚 | 中国大陆 |
|------|------|------|------|------|------|------|------|------|------|------|------|
| 1961 | 8.3 | | | | | | | | | | |
| 1962 | 7.0 | 14.2 | 7.9 | | | | | | | | |
| 1963 | 10.0 | 15.7 | 9.4 | 9.1 | | | | | | | |
| 1964 | -3.5 | 8.6 | 12.2 | 9.7 | | | | | | | |
| 1965 | 7.5 | 14.5 | 11.1 | 5.7 | 7.9 | | | | | | |
| 1966 | 11.1 | 1.7 | 8.9 | 12.2 | 12.2 | 10.8 | | | | | |
| 1967 | 11.8 | 1.7 | 10.7 | 5.9 | 7.8 | 6.9 | 66.2 | | | | |
| 1968 | 13.9 | 3.3 | 9.2 | 11.3 | 8.5 | 10.1 | 82.0 | 11.1 | | | |
| 1969 | 13.7 | 11.3 | 9.0 | 13.8 | 7.9 | 6.4 | 25.6 | 6.0 | 15.1 | | |
| 1970 | 13.7 | 9.2 | 11.4 | 8.8 | 10.5 | 12.6 | 3.3 | 7.5 | 14.9 | | |
| 1971 | 12.5 | 7.1 | 12.9 | 9.2 | 5.0 | 2.5 | 1.0 | 7.0 | 17.2 | 7.1 | |
| 1972 | 13.4 | 10.3 | 13.3 | 5.9 | 4.1 | 5.8 | 9.2 | 9.4 | 29.8 | 9.4 | |
| 1973 | 11.5 | 12.4 | 12.8 | 14.4 | 9.9 | 9.8 | -14.0 | 11.3 | 24.8 | 11.7 | |
| 1974 | 6.3 | 2.3 | 1.2 | 7.9 | 4.4 | 10.0 | 28.2 | 7.6 | 24.2 | 8.3 | |
| 1975 | 4.1 | 0.3 | 4.9 | 7.1 | 4.8 | 19.6 | 28.6 | 5.0 | -1.3 | 0.8 | |
| 1976 | 7.5 | 16.2 | 13.9 | 12.9 | 9.4 | 17.0 | 16.0 | 6.9 | 19.0 | 11.6 | |
| 1977 | 7.8 | 11.7 | 10.2 | 10.1 | 9.9 | 12.2 | 17.6 | 8.8 | 3.5 | 7.8 | 7.6 |
| 1978 | 8.6 | 8.5 | 13.6 | 9.7 | 10.4 | 11.2 | 17.7 | 7.8 | 19.5 | 6.7 | 11.7 |
| 1979 | 9.3 | 11.5 | 8.2 | 7.6 | 5.3 | 10.5 | 4.6 | 6.3 | 9.9 | 9.3 | 7.6 |
| 1980 | 9.7 | 10.2 | 7.4 | -1.5 | 4.6 | 7.0 | 6.1 | 9.9 | 12.0 | 7.4 | 7.8 |
| 1981 | 9.7 | 9.2 | 6.2 | 6.2 | 5.9 | 2.7 | 17.1 | 7.9 | 15.6 | 6.9 | 5.2 |
| 1982 | 7.1 | 2.8 | 3.5 | 7.3 | 5.4 | 0.1 | 11.5 | 2.2 | 12.6 | 5.9 | 9.1 |
| 1983 | 8.5 | 5.8 | 8.3 | 10.8 | 5.6 | 2.6 | 15.9 | 4.2 | 13.0 | 6.3 | 10.9 |
| 1984 | 8.3 | 10.0 | 10.7 | 8.1 | 5.8 | 0.8 | 13.9 | 7.0 | 8.7 | 7.8 | 15.2 |
| 1985 | -1.4 | 0.5 | 5.0 | 6.8 | 4.6 | 2.4 | 14.5 | 2.5 | 7.2 | -0.9 | 13.5 |

续表

| 年份 | 新加坡 | 中国香港 | 中国台湾 | 韩国 | 泰国 | 马耳他 | 阿曼 | 印度尼西亚 | 博茨瓦纳 | 马来西亚 | 中国大陆 |
|------|--------|----------|----------|------|------|--------|------|------------|----------|----------|----------|
| 1986 | 2.1 | 12.5 | 11.5 | 10.6 | 5.5 | 3.8 | 2.1 | 5.9 | 7.9 | 1.2 | 8.8 |
| 1987 | 9.8 | 13.4 | 12.7 | 11.1 | 9.5 | 5.7 | -4.0 | 4.9 | 12.3 | 5.4 | 11.6 |
| 1988 | 11.5 | 8.0 | 8.0 | 10.6 | 13.3 | 6.8 | 5.2 | 5.8 | 20.2 | 9.9 | 11.3 |
| 1989 | 10.0 | | 8.5 | 6.7 | 12.2 | 7.1 | 3.0 | 7.5 | 11.8 | 9.1 | 4.1 |
| 1990 | 9.2 | | 5.7 | 9.2 | 11.6 | 4.7 | 8.4 | 7.2 | 6.8 | 9.0 | 3.8 |
| 1991 | 6.6 | | 7.6 | 9.4 | 8.1 | 5.9 | 6.0 | 7.0 | 7.4 | 9.5 | 9.2 |
| 1992 | 6.3 | | 7.8 | 5.9 | 8.1 | 8.1 | 8.5 | 6.5 | 2.8 | 8.9 | 14.2 |
| 1993 | 11.7 | | 6.9 | 6.1 | 8.3 | | | 6.8 | 2.1 | 9.9 | 14.0 |
| 1994 | 11.6 | | 7.4 | 8.5 | 9.0 | | | 7.5 | 3.5 | 9.2 | 13.1 |
| 1995 | 8.2 | | | 9.2 | 9.2 | | | 8.2 | 4.5 | 9.8 | 10.9 |
| 1996 | 7.8 | | | 7.0 | | | | 7.8 | 5.7 | 10.0 | 10.0 |
| 1997 | 8.3 | | | 4.7 | | | | | 9.9 | 7.3 | 9.3 |
| 1998 | | | | -6.9 | | | | | 10.8 | | 7.8 |
| 1999 | | | | 9.5 | | | | | 7.2 | | 7.6 |
| 2000 | | | | 8.5 | | | | | 8.3 | | 8.4 |
| 2001 | | | | 3.8 | | | | | | | 8.3 |
| 2002 | | | | 7.0 | | | | | | | 9.1 |
| 2003 | | | | | | | | | | | 10.0 |
| 2004 | | | | | | | | | | | 10.1 |
| 2005 | | | | | | | | | | | 10.4 |
| 2006 | | | | | | | | | | | 11.1 |
| 平均值 | 8.635 | 8.626 | 9.030 | 7.998 | 7.894 | 7.522 | 15.162 | 7.017 | 11.466 | 7.604 | 9.723 |
| 标准差 | 3.769 | 4.812 | 3.063 | 3.762 | 2.634 | 4.671 | 19.944 | 2.082 | 7.180 | 3.059 | 2.775 |
| 变异系数 | 0.436 | 0.558 | 0.339 | 0.470 | 0.334 | 0.621 | 1.315 | 0.297 | 0.626 | 0.402 | 0.285 |
| 持续年数 | 37 | 27 | 33 | 40 | 31 | 27 | 26 | 29 | 32 | 27 | 30 |

资料来源：1979 年之前，IMF，*International Financial Statistics*，1983，1985，1996，1997；《2000 年本地生产总值》（中国香港）；《台湾统计资料手册·1997》。1980 年之后：*World Economic Outlook Database*，April 2007。

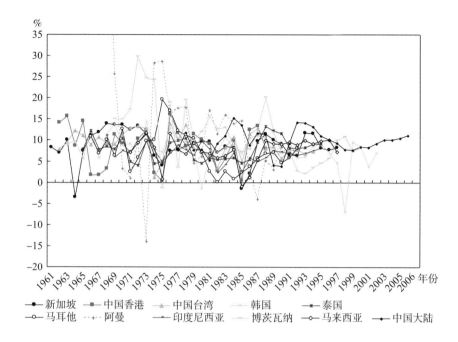

**图1　11个经济体GDP增长率曲线**

　　图1中的粗黑曲线是中国1977年至2006年GDP增长率的波动曲线。按照斯彭斯的"持续高增长"定义（GDP增长率持续超过7%），中国经济进入持续高增长阶段可从1977年算起，即从1976年粉碎"四人帮"、结束"文化大革命"之后算起。最早进入持续高增长阶段的是亚洲"四小龙"：新加坡、中国香港、中国台湾和韩国。它们在20世纪60年代初进入持续高增长阶段。接着，60年代中后期，泰国、马耳他、阿曼、印度尼西亚和博茨瓦纳5个国家先后进入持续高增长阶段。70年代初，又有马来西亚进入持续高增长阶段。然而，1989年至2002年，除中国外，其他10个经济体已先后结束了持续高增长阶段，进入相对较低的增长阶段。持续高增长年份最长的是韩国，为40年；其次是新加坡，为37年。持续高增长年份最短的是阿曼，为26年。中国经济持续高增长已达30年，该趋势尚未结束。

在这 11 个经济体中，增长速度最高的前三位是阿曼、博茨瓦纳和中国。按持续高增长阶段经济增长率的平均值由高到低的排序看（见表 2），阿曼最高，达 15.16%；博茨瓦纳次之，为 11.47%；再次就是中国，为 9.72%。虽然阿曼和博茨瓦纳经济增长的速度很高，但其波动的幅度很大。阿曼在 1967 年和 1968 年 GDP 增长率曾分别高达 66.2% 和 82%，随后，1973 年又猛降到 -14%，最高点和最低点之间的峰谷落差达 96 个百分点。博茨瓦纳在 1972 年 GDP 增长率曾高达 29.8%，随后，1975 年又降到 -1.3%，最高点和最低点之间的峰谷落差达 31.1 个百分点。表 2 列出了各国经济增长率的变异系数（经济增长率的标准差除以其平均值）由大到小的排序。变异系数越大，经济增长率的离差越大，波动幅度就越大；变异系数越小，经济增长率的离差越小，波动幅度就越小。阿曼和博茨瓦纳经济增长率的变异系数最大，排在前两位，分别为 1.315 和 0.626，而中国最小，排在最后一位，仅为 0.285。从国际比较中可见，中国经济持续高增长的一个突出特点是：增长速度的位势较高，而波幅最小，呈现出"高位—平稳"型。

表 2　　　　　　　　　　　　11 个经济体排序

| 经济体 | 按经济增长率的平均值排序 | 经济体 | 按经济增长率的变异系数排序 | 经济体 | 按人口排序（万人） | 经济体 | 按面积排序（平方公里） |
|---|---|---|---|---|---|---|---|
| 阿曼 | 15.162 | 阿曼 | 1.315 | 中国大陆 | 129608 | 中国大陆 | 9600000 |
| 博茨瓦纳 | 11.466 | 博茨瓦纳 | 0.626 | 印度尼西亚 | 21759 | 印度尼西亚 | 1812000 |
| 中国大陆 | 9.723 | 马耳他 | 0.621 | 泰国 | 6369 | 博茨瓦纳 | 580000 |
| 中国台湾 | 9.030 | 中国香港 | 0.558 | 韩国 | 4808 | 泰国 | 511000 |
| 新加坡 | 8.635 | 韩国 | 0.470 | 马来西亚 | 2489 | 马来西亚 | 329000 |
| 中国香港 | 8.626 | 新加坡 | 0.436 | 中国台湾 | 2277 | 阿曼 | 310000 |
| 韩国 | 7.998 | 马来西亚 | 0.402 | 中国香港 | 694 | 韩国 | 99000 |
| 泰国 | 7.894 | 中国台湾 | 0.339 | 新加坡 | 424 | 中国台湾 | 36000 |

续表

| 经济体 | 按经济增长率的平均值排序 | 经济体 | 按经济增长率的变异系数排序 | 经济体 | 按人口排序（万人） | 经济体 | 按面积排序（平方公里） |
|---|---|---|---|---|---|---|---|
| 马来西亚 | 7.604 | 泰国 | 0.334 | 阿曼 | 290 | 中国香港 | 1104 |
| 马耳他 | 7.522 | 印度尼西亚 | 0.297 | 博茨瓦纳 | 165 | 新加坡 | 1000 |
| 印度尼西亚 | 7.017 | 中国大陆 | 0.285 | 马耳他 | 40 | 马耳他 | 316 |

20 世纪 80 年代以来，美国等世界上一些市场经济发达国家也出现了经济增长稳定化或经济波动平滑化的趋势。美国学者（Weber，1997）曾将其称为经济波动的"微波化"（Waves to Ripples），近几年来又有学者（Kim and Nelson，1999；Owyang，Piger and Wall，2007）将其称为经济波动的"大缓和"（Great Moderation）。为什么会出现经济波动的"大缓和"呢？美国学者从不同角度探讨了其原因，主要可归结为以下七种观点[①]：（1）库存管理说。认为在现代信息技术推动下，采用了"准时化"（Just－in－time）的生产与库存控制策略，从产品设计、原材料采购、生产制造，到最后销售，一条龙式的准确和及时的管理，更好地适应市场需求的波动，有效地平滑了生产。（2）货币政策说。认为 20 世纪 80 年代以来，在沃尔克—格林斯潘相继担任美联储主席期间，货币政策得到很大改善。（3）金融创新说。认为美国金融市场放松规制及规制创新，更好地分摊风险，有利于减弱经济波动。（4）劳动力结构说。认为美国劳动力市场的结构发生了变化，由婴儿出生高峰期成长起来的人逐渐老化，提高了工作人口的平均年龄，从而减少了职业间转移（Job－to－job transitions），减缓了经济波动。（5）产业结构说。认为产业结构的演进，特别是波动性较大的制造业所占比例下降，相对稳定的金融业和服务业所占

---

① 参见 Owyang 等（2007）和曹永福（2007）的评述。

比例上升，对宏观经济稳定起到了显著作用。（6）生产率说。从实际经济周期理论（Real Business Cycle）出发，认为全要素生产率（TFP）波动性的下降是美国经济稳定的主要原因。（7）好运气说（Good Luck）。认为像石油冲击等外部冲击的减弱，导致了经济的稳定。

中国经济在持续高增长中表现出"高位—平稳"型特点，其原因是多方面的，有与美国上述相同的原因（如货币政策的改善、产业结构的演进等），更有其自身的原因。我们曾以"外在冲击—内在传导"分析框架（刘树成，1996），将改革开放以来中国经济高位、平稳增长的原因概括为：在改革开放的体制变迁推动下，两大类原因共同作用的结果，一类是宏观调控作为一种外在冲击的不断改善，另一类是经济结构作为内在传导机制的增长性和稳定性的增强。

宏观调控作为一种外在冲击的不断改善，主要表现为三大变化：（1）宏观调控指导思想的变化。由过去片面追求经济增长的高速度，到以科学发展观为统领的"又好又快"发展。（2）中央政府职能角色的变化。过去，在高度集中的计划经济体制下，经济活动的主体实际上只有一个，就是中央政府。无论是经济过热，还是经济紧缩，都是中央政府自身的行为。实际上，中央政府正是经济一再过热的"热源"。而在社会主义市场经济条件下，经济活动的主体趋向多元化。对于宏观调控来说，中央政府成为调控的主体，而地方政府、各部门、各企业成为调控的客体。中央政府的防止经济过热或过冷的宏观调控职能更加明晰，调控更加主动、及时。（3）调控体系和调控手段的变化。宏观调控体系更加完善。国家发展和改革委员会、中央银行、财政部等有关宏观调控部门，紧密跟踪经济走势，相应采取调控措施。宏观调控以经济手段和法律手段为主，辅之以必要的行政手段。货币信贷政策、财政税收政策、产业政策、外贸政策、外汇政策等多种政策组合使用。

经济结构作为内在传导机制的增长性和稳定性的增强，主要表现为四大变化：（1）所有制结构的变化。以工业企业所有制结构来看，在工业总产值中，按登记注册类型分，国有企业所占的比重，1978 年为 77.6%；到 2004 年，纯国有企业所占比重下降为 10.6%，纯国有企业加上国有联营企业和国有独资公司，共占 15.3%。[①] 在工业总产值中，各种非国有企业（包括集体企业、股份合作企业、联营企业、有限责任公司、股份有限公司、私营企业、港澳台商投资企业、外商投资企业等）共同发展，所占比重不断上升。以就业的所有制结构来看，在城镇就业人员中，国有单位所占比重由 1978 年的 78.3%，下降到 2006 年的 22.7%；相应地，各种非国有单位所占比重由 21.7% 上升到 77.3%。[②] 以公有制为主体、多种所有制经济共同发展的基本经济制度，发挥了各种市场主体的积极性，为经济的高位、平稳增长提供了重要的体制基础。（2）资源供给结构的变化。在上述所有制结构变化的同时，市场机制的引入和其在资源配置中所发挥的基础性作用，使经济的供给面增添了生机和活力。中华人民共和国成立以来长期存在的严重短缺状况基本改变，制约经济增长的因素发生了新变化。原有的煤、电、油、运、材（重要原材料，如钢铁、水泥）等资源供给的"瓶颈"制约不同程度地逐步缓解，有的还出现了一定程度的、阶段性的相对过剩。这有利于支撑经济的高位、平稳运行。（3）产业结构的变化。在三次产业中，第一产业增长与波动的特点是，增长速度较低，波动幅度较小，但受自然条件影响较大；第二产业的特点是，增长速度很高，但波动幅度较大；第三产业的特点是，增长速度较高，而波动幅度较小，一般又不受自然条件的太大影响。所以，随着第三产业比重的上升，整个经济的稳定性会增强。改革开放以来，第一产业比重的下降，第二产业比重的相对平稳，第三产业比重的上升，有利于经济在适度高位的平稳运行。（4）消费结构的变化。改革开放之初，中国人均

---

① 根据《中国统计年鉴·1997》第 413 页和《中国统计年鉴·2006》第 505 页有关数据计算。

② 根据《中国统计摘要·2007》第 45 页有关数据计算。

GDP 水平处于 300 美元以下；到 1998 年，突破 800 美元；2001 年，突破 1000 美元；2006 年，根据国际货币基金组织的最新数据，又上升到 2001 美元。人均收入水平的提高，推动着消费结构的升级，使消费结构由吃穿用向住行升级，由一般吃穿用向高级吃穿用升级，这为经济的高位、平稳增长注入了新的需求动力。

## 三　中国地区间经济增长的速度差异明显缩小

以上 11 个经济体的人口和面积由多到少、由大到小的排序亦列于表 2。[①] 中国作为一个世界上人口最多、地域辽阔的发展中国家，在考察其经济持续高增长的特点时，不能不考察其国内各地区经济增长的协调情况。这就显现出中国经济持续高增长的另一个突出特点，即在持续高增长中，不仅宏观总体上稳定性较好，而且各地区自身增长的稳定性也在增强，地区间（省际）经济增长的速度差异呈现出明显的缩小趋势。

我们将 1953 年至 2006 年中国各地区（省、自治区、直辖市）和全国总体的 GDP 增长率波动曲线绘于图 2。（香港台湾地区前已述及，此处略）图中的粗黑曲线是全国 GDP 增长率的波动曲线。从图 2 可直观地看到，改革开放之前，中国各地区经济增长速度的高低差异很大；改革开放之后，特别是近十余年来，各地区经济增长的速度差异明显缩小，收敛到一个相对较窄的区间。

现对中国地区间经济增长的速度差异进行定量分析。我们计算出每个年份各地区 GDP 增长率的标准差，列于表 3，并绘于图 3。[②] 对图 3 可从两方面进行考察。一方面，从中短期波动考察，1953

---

① 《中国统计年鉴·2006》；新华网·新华资料·各国概况，参见网址 www. xinhuanet. com.

② 其中，2003 年至 2006 年括号中的数值是不包括内蒙古畸高的 GDP 增长率而计算的各地区的标准差。图 3 中的标准差曲线在 2003 年至 2006 年下方的 4 个点，是不包括内蒙古所计算的标准差。

年至 2006 年地区间经济增长速度差异的起伏变化可分为五个阶段：
（1）1953 年至 1957 年的升降；（2）1958 年至 1964 年的升降；
（3）1965 年至 1990 年的升降；（4）1991 年至 1998 年的升降；
（5）1999 年至 2006 年的低稳状态。另一方面，从长期趋势考察，
1953 年至 2006 年地区间经济增长的速度差异呈现出一种逐步缩小
的趋势（见图 3 中灰色斜线）。现分别从中短期和长期来分析地区
间经济增长速度差异变化的原因。

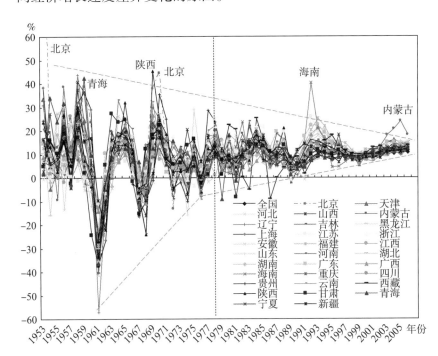

**图 2　中国全国和各地区 GDP 增长率波动曲线**

资料来源：国家统计局国民经济综合统计司（1999）；历年《中国统计年鉴》、《中国统计摘要》；中国经济信息网·数据库。

注：1953—1978 年，包括 27 个地区（省、自治区、直辖市），未包括海南、重庆、四川和西藏；1979—1995 年，包括 30 个地区，加进了海南、四川和西藏；1996 年后，包括 31 个地区，又加进了重庆。图中，因北京 1953 年 GDP 增长率畸高，达 137.3%，而本图纵坐标的上限为 60%，故该数据在图中未完全显示出来。图 2 中，2003 年至 2006 年出现了一个特例，即内蒙古自治区的 GDP 增长速度出现较高情况，分别高达 17.9%、20.5%、23.8%和 18%。

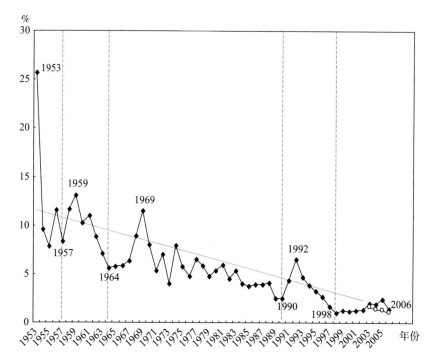

图3　每个年份各地区 GDP 增长率的标准差

### （一）中短期波动考察

地区间经济增长速度差异在中短期的升降变化，一般来说，与经济周期波动的升降态势有关。而经济周期波动的升降态势又与政府的政策性因素有关，主要是宏观调控政策和区域发展政策。在经济周期波动的上升阶段，政府的宏观调控采取的是扩张性政策，这种扩张性政策又往往与重点加快某些地区发展的区域政策相结合。

因此，在经济周期波动的上升阶段，重点发展地区的经济增长速度往往上升得很快，而非重点发展地区的经济增长速度则上升得较慢，甚至下降。这样，各地区经济增长速度就会高低拉大差距。而在经济周期波动的下降阶段，政府的宏观调控采取的是调整性、收缩性政策。这时，重点发展地区的经济增长速度往往由于前期过高而向下调整，而非重点发展地区的经济增长速度则向下调整的幅度较小，甚至还会上升。这样，各地区经济增长的速度差异就会缩小。

表3　　　　　各地区经济增长率的标准差和人均GDP的
变异系数、基尼系数、σ系数

| 年份 | 经济增长率标准差 | 变异系数 | 基尼系数 | σ系数 | 年份 | 经济增长率标准差 | 变异系数 | 基尼系数 | σ系数 |
|---|---|---|---|---|---|---|---|---|---|
| 1952 | | 0.7772 | 0.3287 | 0.5325 | 1979 | 4.7 | 1.2389 | 0.4541 | 0.7102 |
| 1953 | 25.7 | 0.9831 | 0.3944 | 0.6200 | 1980 | 5.3 | 1.2336 | 0.4540 | 0.7146 |
| 1954 | 9.6 | 0.9170 | 0.3787 | 0.6012 | 1981 | 5.9 | 1.2319 | 0.4455 | 0.6962 |
| 1955 | 7.8 | 0.8903 | 0.3613 | 0.5724 | 1982 | 4.4 | 1.2082 | 0.4361 | 0.6822 |
| 1956 | 11.6 | 0.9377 | 0.3567 | 0.6046 | 1983 | 5.3 | 1.1879 | 0.4361 | 0.6841 |
| 1957 | 8.3 | 0.9578 | 0.3828 | 0.6019 | 1984 | 4.0 | 1.1661 | 0.4348 | 0.6844 |
| 1958 | 11.7 | 0.9289 | 0.3865 | 0.6148 | 1985 | 3.7 | 1.1619 | 0.4319 | 0.6812 |
| 1959 | 13.1 | 0.9475 | 0.4067 | 0.6570 | 1986 | 3.9 | 1.1405 | 0.4290 | 0.6794 |
| 1960 | 10.2 | 1.0270 | 0.4314 | 0.6930 | 1987 | 3.9 | 1.1173 | 0.4244 | 0.6756 |
| 1961 | 11.0 | 0.9301 | 0.3844 | 0.6192 | 1988 | 4.1 | 1.1089 | 0.4235 | 0.6800 |
| 1962 | 8.8 | 0.7677 | 0.3356 | 0.5529 | 1989 | 2.5 | 1.1044 | 0.4210 | 0.6767 |
| 1963 | 7.0 | 0.7887 | 0.3483 | 0.5783 | 1990 | 2.5 | 1.1008 | 0.4202 | 0.6769 |
| 1964 | 5.5 | 0.8032 | 0.3468 | 0.5663 | 1991 | 4.3 | 1.0892 | 0.4201 | 0.6806 |
| 1965 | 5.7 | 0.8472 | 0.3529 | 0.5684 | 1992 | 6.5 | 1.0875 | 0.4216 | 0.6820 |
| 1966 | 5.8 | 0.8849 | 0.3644 | 0.5867 | 1993 | 4.7 | 1.0906 | 0.4245 | 0.6845 |
| 1967 | 6.3 | 0.8776 | 0.3521 | 0.5642 | 1994 | 3.8 | 1.0999 | 0.4297 | 0.6904 |
| 1968 | 8.9 | 1.0264 | 0.3912 | 0.6180 | 1995 | 3.2 | 1.1007 | 0.4308 | 0.6924 |
| 1969 | 11.5 | 1.0664 | 0.4104 | 0.6520 | 1996 | 2.6 | 1.0941 | 0.4282 | 0.6900 |
| 1970 | 8.0 | 1.0819 | 0.4244 | 0.6680 | 1997 | 1.7 | 1.1047 | 0.4318 | 0.6953 |
| 1971 | 5.3 | 1.0949 | 0.4263 | 0.6670 | 1998 | 1.0 | 1.1059 | 0.4341 | 0.7004 |
| 1972 | 7.0 | 1.0840 | 0.4147 | 0.6523 | 1999 | 1.2 | 1.1199 | 0.4395 | 0.7088 |
| 1973 | 4.0 | 1.1257 | 0.4280 | 0.6732 | 2000 | 1.1 | 1.0957 | 0.4361 | 0.7070 |
| 1974 | 7.9 | 1.2071 | 0.4584 | 0.7215 | 2001 | 1.2 | 1.0780 | 0.4331 | 0.7049 |
| 1975 | 5.8 | 1.1886 | 0.4566 | 0.7213 | 2002 | 1.4 | 1.0890 | 0.4366 | 0.7114 |
| 1976 | 4.7 | 1.2148 | 0.4623 | 0.7317 | 2003 | 2.0 (1.7) | 1.0730 | 0.4360 | 0.7160 |
| 1977 | 6.5 | 1.2185 | 0.4544 | 0.7121 | 2004 | 1.9 (1.4) | 1.0600 | 0.4359 | 0.7191 |
| 1978 | 5.8 | 1.2395 | 0.4575 | 0.7159 | 2005 | 2.4 (1.3) | 1.0387 | 0.4305 | 0.7121 |
| | | | | | 2006 | 1.4 (1.1) | 1.0190 | 0.4253 | 0.7041 |

注：表中各地区经济增长率标准差的计算，所使用的数据同图2。

从图 3 看到，1953 年是"一五"计划的开端，大规模工业化建设的进程刚刚起步，各地区的历史基础条件差异很大，因此各地区启动的步伐很不一致，地区间经济增长的速度差异起点很高。图 3 中，地区间经济增长的速度差异还有几个凸起的高峰：1959 年、1969 年和 1992 年。这些高峰都对应着全国经济周期波动中的高速回升或扩张年份。同时，1953 年、1959 年和 1969 年，对应着重点发展中西部内陆地区的政策。在这些年份，除当时工业基础较好的"三市一省"（北京、上海、天津、辽宁）的经济增长速度较高之外，中西部一些地区的经济增长速度也较高，而沿海的一些地区（如广东、福建、浙江、江苏、山东等）的经济增长速度则较低。而 1992 年，对应着重点发展沿海地区的政策。这时，沿海的广东、福建、浙江、江苏、山东等省份，经济增长速度都很高，而中西部一些地区的经济增长速度则较低（如黑龙江、内蒙古、陕西、甘肃、宁夏、青海、云南、贵州等）。

1992 年之后，从 1993 年到 1998 年的各年份，经济周期波动处于下行调整阶段，上述沿海几个省份的增长速度逐步向下调整，而中西部一些省份的增长速度相继跟进上来。由此，各地区经济增长的速度差异明显趋小。从 1999 年开始，中央政府陆续采取了西部大开发、振兴东北地区等老工业基地、促进中部地区崛起、鼓励东部地区率先发展的区域协调发展战略。与此同时，在 2000 年进入新一轮经济周期之后，中央政府没有像过去那样采取大幅提升经济增长率的扩张政策，而是适时适度地采取了抑制经济由偏快转向过热的宏观调控措施。这样，1999 年至 2006 年各地区经济增长比较协调，地区间经济增长的速度差异呈现出前所未有的低稳状态。

仔细观察 1999 年至 2006 年这一期间各地区经济增长速度差异的变化，也略微显示出一点升降起落。2000 年至 2003 年，在新一轮经济周期的上升过程中，随着全国经济增长率的微幅提速，地区间经济增长的速度差异亦微微有点上升。如果不考虑内蒙古自治区的特例情况，那么，2004 年至 2006 年地区间经济增长的速度差异已微微下降。

### （二）长期趋势考察

从图 3 看到，地区间经济增长的速度差异在长期呈现出一种逐步缩小的趋势。这种长期趋势与多种因素有关，其中最主要的有两个：一是与各地区工业化、城市化水平不断提高的长期趋势有关；二是与各地区固定资产投资增长率的差异不断缩小的长期趋势有关。

中华人民共和国成立以来，特别是改革开放以来，各地区工业化、城市化水平不断提高，都达到了一定的程度。这也集中地反映在各地区三次产业的比重上。各地区第一产业占 GDP 的比重均持续下降，第二、三产业占 GDP 的比重均持续上升。1953 年时，各地区第一产业占 GDP 比重的平均值达 53.5%，高于各地区第二产业加第三产业比重的平均值（46.5%）。2006 年，各地区第一产业比重的平均值降为 12%，而各地区第二产业加第三产业比重的平均值上升为 88%。产业结构的不断优化和升级，各地区基础设施建设和城镇建设的发展，有利于各地区基础条件的改善和提高，有利于促进各地区自身的经济增长及其稳定性的提高，从而有利于地区间经济增长速度差异的缩小。

同时，各地区经济增长很大程度上依赖于各地区固定资产投资的增长。地区间固定资产投资增长率的高低差异，直接影响着地区间经济增长的速度差异。随着各地区自身的发展和地区间经济的协调发展，地区间固定资产投资增长率的差异不断缩小，这也有利于地区间经济增长速度差异的缩小。

现用数据和模型对地区间经济增长速度差异的长期趋势分析进行检验。以 $X_1$ 代表 1953 年至 2006 年每个年份各地区（27 个省、自治区、直辖市，未包括海南、重庆、四川和西藏）第二产业和第三产业增加值之和占 GDP 比重的平均值，$X_2$ 代表每个年份各地区固定资产投资增长率的标准差（其中，1953 年至 1982 年为基本建设投资增长率，1983 年至 2006 年为全社会固定资产投资增长率），$S$ 代表每个年份各地区 GDP 增长率的标准差，以 $S$ 为被解释变量，$X_1$ 和 $X_2$ 为解释变量，得以下回归模型[①]：

$$S = 17.704 - 0.196X_1 + 0.064X_2$$

$$(5.72)\quad(-4.77)\quad(3.60)$$

$$R^2 = 0.628,\ \overline{R^2} = 0.613,\ \text{DW} = 1.19,\ \text{F} = 43.00,\ \text{Prob}(\text{F} - \text{Statistic}) = 0.00000$$

从上述计量结果可以看到，常数项和两个解释变量的系数估计值的 t 统计量（括号内）都很显著，模型的拟合优度——判定系数调整的 $R^2$ 为 0.613，表明回归模型对被解释变量的估计值与其样本观察值的拟合优度为 61.3%，即各地区 GDP 增长率标准差的变动可以由 $X_1$ 和 $X_2$ 这两个解释变量解释 61.3%，其余的 38.7% 归因于除 $X_1$ 和 $X_2$ 之外的其他扰动因素。DW 统计量为 1.193，误差项略有一定的自相关。F 统计量为 42.999，其相伴概率为 0，表明该模型具有总显著性。解释变量 $X_1$ 的系数的符号为负，表明各地区第二产业和第三产业增加值之和占 GDP 比重的提高，有利于各地区 GDP 增长率标准差的缩小，二者呈反向变动。解释变量 $X_2$ 的系数的符号为正，表明各地区固定资产投资增长率标准差的缩小，有利于各地区 GDP 增长率标准差的缩小，二者呈同向变动。

## 四　中国地区间人均 GDP 的差异趋于缩小

以上从一个角度考察了中国地区间经济差异的缩小，即地区间经济增长速度差异的缩小。由以上分析得知，20 世纪 90 年代末以

---

①　为避免伪回归，我们对样本期 1953 年至 2006 年的被解释变量 $S$、解释变量 $X_1$ 和 $X_2$ 的原序列分别进行了单位根检验（ADF 检验），采取含常数项和趋势项的形式。结果表明：$S$ 和 $X_1$ 在 1% 水平上显著，$X_2$ 在 5% 水平上显著，它们均为平稳变量。

来，中国地区间经济增长比较协调，经济增长的速度差异保持了较小且稳定的状态。这是否有利于地区间人均 GDP 差异的缩小呢？现在，我们再从另一个角度考察中国地区间经济差异的变化，即地区间人均 GDP 差异的缩小。

地区间人均 GDP 差异的缩小不仅受到地区间经济增长速度变化的影响，而且受到各地区原有人均 GDP 基数水平等诸多因素的影响。笔者和许多学者曾对中华人民共和国成立以来或改革开放以来，至 20 世纪 80 年代末，中国地区间人均 GDP（或人均国民收入）的总体差异进行过研究（杨伟民，1992；魏后凯，1992；董藩，1992；刘树成等，1994a、b）。由于研究中所使用的统计指标不同、测算方法不同、时空尺度不同，具体结论会有所不同。但在当时，多数研究认为，20 世纪 80 年代，地区间人均 GDP 的总体差异呈缩小趋势。近年来，又有许多学者将数据延伸到 20 世纪 90 年代或 21 世纪最初的三四年（林毅夫等，1998；蔡昉等，2000；沈坤荣等，2002；王小鲁等，2004；刘夏明等，2004；董先安，2004；魏后凯，2006；许召元等，2006；管卫华等 2006）。多数研究认为，20 世纪 90 年代以来，地区间人均 GDP 的总体差异呈扩大趋势。本文现在的研究将数据延伸到 2006 年，发现：按各地区人均 GDP 的变异系数和基尼系数看，地区间人均 GDP 的总体差异在 20 世纪 90 年代有所扩大后，从 2000 年开始已呈现出新的缩小趋势；按各地区人均 GDP 的 σ 系数看，地区间人均 GDP 的总体差异也在 2000 年、2001 年出现缩小情况，但随后 2002 年至 2004 年又有所扩大，而 2005 年、2006 年又重新出现缩小趋势。

**（一）三个"倒 U 形"**

本文用三种方法——变异系数、基尼系数、σ 系数，分别测算了 1952 年至 2006 年地区间（27 个省、自治区、直辖市）人均

GDP 的总体差异，以互相验证。① 计算结果亦列于表 3，并分别绘于图 4、图 5 和图 6。这三个图的每一个图都显示出三个倒 U 形，即 1952 年至 2006 年地区间人均 GDP 的差异经历了三个先扩大后缩小的变化过程。本文还以第二组数据集，即 1978 年为不变价的 30 个地区 1978 年至 2006 年人均 GDP 数据（包括海南、四川和西藏，未包括重庆），对其变异系数、基尼系数和 σ 系数进行了计算（结果从略），与上述计算中 1978 年以后的情况相比较，变动方向基本一致。②

先看图 4 中各地区人均 GDP 的变异系数，三个倒 U 形是：（1）1952 年至 1962 年，其中 1960 年为由升而降的转折点；（2）1963 年至 1992 年，其中 1978 年为由升而降的转折点；（3）1993 年至 2006 年，其中 1999 年为由升而降的转折点。

在图 5、图 6 中，基尼系数、σ 系数的变动方向与变异系数大体一致，但也略有不同。图 5 中的基尼系数，其第一个倒 U 形的起点、转折点和终点的年份都与变异系数一致。其第二个倒 U 形的转折点是 1976 年，比变异系数早两年；其终点是 1991 年，比变异系数早 1 年。其第三个倒 U 形的转折点与变异系数一致，均为 1999 年。

---

① 计算所使用的数据是以 1952 年为不变价的各地区 1952 年至 2006 年人均 GDP，共 27 个地区，未包括海南、重庆、四川和西藏。在计算中，首先根据各地区以 1952 年为不变价的 GDP 指数，计算出各地区各年份不变价 GDP；然后除以人口数，得出各地区各年份不变价人均 GDP。人口采用年平均人口数，即以上年年底数与本年年底数之和，除以 2。计算所使用的原始数据的来源，同图 2。以 $Y_i$ 代表 $i$ 地区的人均 GDP，$\overline{Y}$ 代表各地区人均 GDP 的平均值，$\ln Y$ 代表人均 GDP 的对数值，$N$ 代表地区个数，$S$ 代表标准差，则变异系数（以 $V$ 代表）、基尼系数（以 $G$ 代表）、σ 系数（以 σ 代表）的计算公式分别为：

$$V = \frac{S}{\overline{Y}}, S = \sqrt{\left[\sum_i (Y_i - \overline{Y})^2\right]/N}; G = 1 + \frac{1}{N} - \frac{2}{N^2 \overline{Y}}(Y_1 + 2Y_2 + 3Y_3 + \cdots + nY_n),$$ 式中，$Y_1 \geq Y_2 \geq Y_3 \geq \cdots \geq Y_n; \sigma = \sqrt{\left[\sum (\ln Y_i - \overline{\ln Y})^2\right]/N}。$

② 与用 27 个地区 1952 年至 2006 年人均 GDP 计算的基尼系数略有不同的是，用 30 个地区 1978 年至 2006 年人均 GDP 数据计算的基尼系数，在 1999 年上升到一个高峰后，2000、2001 开始下降，但 2004 年又出现一个高峰，2005 年、2006 年又重新下降。

图 4　变异系数

图 5　基尼系数

图 6 中的 σ 系数，其第一个倒 U 形的起点、转折点和终点的年份都与变异系数、基尼系数一致。其第二个倒 U 形的转折点与基尼

系数一致，均为 1976 年；其终点是 1987 年，比基尼系数早 4 年。在其第三个倒 U 形中，1999 年上升到一个高峰后，2000 年、2001 年出现下降，但 2004 年又出现一个高峰，2005 年、2006 年又重新下降。

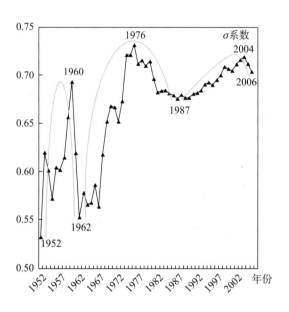

**图 6　σ 系数**

在当代经济增长理论中，以上以变异系数、基尼系数、σ 系数所衡量的地区间人均 GDP 差异缩小的趋势，可以统归于巴罗和萨拉伊马丁（Barro and Sala－i－Martin，1990、1991、1992、1995）所称的 σ 收敛。所谓 σ 收敛是指，各经济体间（国家间或地区间）人均收入水平的差异随时间推移而缩小的趋势。σ 收敛形成于绝对 β 收敛。绝对 β 收敛是 σ 收敛的必要条件（但不是充分条件，因为还可能受到随机冲击的影响）。所谓绝对 β 收敛是指，如果人均收入初始水平较低的经济体（国家或地区），比初始水平较高的经济体增长得更快，那么二者的人均收入差异将会趋于缩小。在绝对 β 收敛情况下，人均收入初始水平与其增长率呈反向关系。进一步说，在一个时期内，如果地区间经济增长的速度差异在缩小，其中，人均收入初始水平较低的地区，其增长速度变得高于人均收入初始水平较高的地区，或者说人均收入初始水平较高的地区，其增长速度变得低于人均收入初始水平较低的地区，则这一时期地区间人均收入的总体差异就会呈缩小趋势。反之，在一个时期内，如果地区间经济增长的速度差异在缩小，而其中，人均收入初始水平较高的地区，其增长速度仍然高于人均收入初始水平较低的地区，则这一时期地区间人均收入的总体差异就会呈扩大趋势。下面以图4中各地区人均 GDP 的变异系数进行分析。

第一个倒 U 形，1952 年至 1962 年。其中，1952 年至 1960 年，总的看，各地区人均 GDP 的总体差异呈扩大趋势。这主要是因为人均 GDP 初始水平较高、基数较大的地区，即在中华人民共和国成立初期工业基础较好的"三市一省"（北京、上海、天津、辽宁），其人均 GDP 的增长速度较高；而人均 GDP 初始水平较低的沿海一些省份（如广东、浙江、江苏、山东等），以及中部一些省份（如江西、安徽、河南、湖北、湖南等），其人均 GDP 的增长速度较低。1961 年至 1962 年，各地区人均 GDP 的总体差异迅速缩小。这主要是因为在国民经济大调整中，绝大部分地区人均 GDP 均呈负增长，而人均 GDP 初始水平较高的"三市一省"，其下降幅度很大；人均 GDP 初始水平较低的地区，其中多数地区下降幅度却较小。这样，使人均 GDP 初始水平较高的"三市一省"，其增长速度低于多数人均 GDP 初始水平较低的地区。

第二个倒 U 形，1963 年至 1992 年。其中，1963 年至 1978 年，总的看，各地区人均 GDP 的总体差异又呈扩大趋势。这一时期的情况与 1952 年至 1960 年时的情况大体相同。人均 GDP 初始水平较高、工业基础较好的"三市一省"，其人均 GDP 的增速高于大部分人均 GDP 初始水平较低的地区，如沿海一些省份（如广东、浙江、福建等）、中部一些省份（如湖南、湖北、江西、安徽、山西等），以及西部一些省区（如云南、贵州、广西等）。1979 年至 1992 年，各地区人均 GDP 的总体差异呈现出缩小趋势。但这次情况与 1961 年至 1962 年时的情况不同。那时，绝大部分地区人均 GDP 均呈负增长。而此时，绝大部分地区人均 GDP 均为正增长，但人均 GDP 初始水平较高、工业基础较好的"三市一省"，已逐渐"老化"，其增长速度大大放缓。在改革开放中，一批人均 GDP 初始水平较低的地区，特别是沿海的广东、福建、浙江、江苏、山东等，其增长速度大大加快，超过了"三市一省"。

第三个倒 U 形，1993 年至 2006 年。其中，1993 年至 1999 年，该差异又呈扩大趋势。这一时期，人均 GDP 初始水平较高的上海、天津重新提速，随后略有向下调整。沿海的广东、福建、浙江、江苏、山东等，人均 GDP 水平已有很大提高，在这一时期，它们继续加速，随后亦略有向下调整。中西部一些省份的增速相继加快。但总的看，人均 GDP 初始水平较高的地区，其增长速度高于大部分人均 GDP 初始水平较低的地区。2000 年至 2006 年，该差异呈下降趋势。这时，为转变经济发展方式，提高经济增长质量，人均 GDP 初始水平较高的上海、北京，以及沿海的广东、福建、浙江、江苏、山东等，增长速度有所放缓。而在西部大开发、振兴东北地区等老工业基地，以及中部崛起的过程中，人均 GDP 初始水平较低的一大批中西部省份，其增长速度加快，超过了上述一些人均 GDP 初始水平较高的地区。

### （二）绝对 β 收敛模型

现利用数据和模型，对上述绝对 β 收敛的分析进行检验。各地区人均 GDP 绝对 β 收敛的一般回归模型为：

$$(1/T) \cdot \ln(Y_{iT}/Y_{i0}) = \alpha + [(1 - e^{-\lambda T})/T] \cdot \ln Y_{i0} + u_{it}$$

上式中：$y_{it} = (1/T) \cdot \ln(Y_{iT}/Y_{i0})$，$\beta = [(1 - e^{-\lambda T})/T]$

模型中，下标 $i$ 为各地区，下标 $t$ 为某一时段，下标 0 为某一时段的基年，$T$ 为某一时段的期末年，$Y_{i0}$ 为 $i$ 地区基年人均 GDP，$Y_{iT}$ 为 $i$ 地区期末年人均 GDP，$y_{it}$ 为 $i$ 地区某一时段的人均 GDP 平均增长率，$\alpha$ 为截距项，$\lambda$ 为收敛速度，$\beta$ 为基年人均 GDP 一项（$\ln Y_{i0}$）的整个系数，$u_{it}$ 为某一时段误差项的平均值。利用 1952 年

至 2006 年 27 个地区人均 GDP 的横截面数据，按以上三个"倒 U
形"中上升和下降的六个时段，分别进行估计：（1）1953 年至
1960 年（以 1952 年为基年）；（2）1961 年至 1962 年（以 1960 年
为基年）；（3）1963 年至 1978 年（以 1962 年为基年）；（4）1979
年至 1992 年（以 1978 年为基年）；（5）1993 年至 1999 年（以
1992 年为基年）；（6）2000 年至 2006 年（以 1999 年为基年）。采
用非线性最小二乘法，估计结果列于表 4 第一组。表 4 中，截距项
和参数估计值下面括号内的数据为 $t$ 统计量。

　　按照绝对 $\beta$ 收敛理论，若各地区基年人均 GDP 一项（$\ln Y_{i0}$）
系数中 $\lambda$ 的符号为正，即整个系数 $\beta$ 的符号为负，表明各地区人均
GDP 初始水平与其增长率成反向关系，则这一时段地区间人均
GDP 差异存在绝对 $\beta$ 收敛；若 $\lambda$ 的符号为负，即 $\beta$ 的符号为正，
表明各地区人均 GDP 初始水平与其增长率成正向关系，则这一时
段地区间人均 GDP 差异不存在绝对 $\beta$ 收敛，而是扩大。从表 4 第
一组估计结果看到，在第（1）、（3）、（5）时段，$\lambda$ 的符号均为
负，即 $\beta$ 的符号均为正，说明在这三个时段地区间人均 GDP 差异
是扩大的；而在第（2）、（4）、（6）时段，$\lambda$ 的符号均为正，即 $\beta$
的符号均为负，说明在这三个时段地区间人均 GDP 差异是缩小的。
这验证了上述三个"倒 U 形"的分析。

　　与此同时，我们还使用了 27 个地区人均 GDP 增长率、基年人
均 GDP 的面板数据，分两大时段（1963 年至 1978 年、1979 年至
2006 年）对绝对 $\beta$ 收敛模型的下述线性简化式进行了估计：

$$y_{it} = \alpha + \beta \ln Y_{i0} + u_{it}$$

　　估计结果列于表 4 第二组。[①] 从中看到，基年人均 GDP 变量的

---

　　① 本文利用面板数据对绝对 $\beta$ 收敛模型和下面的条件 $\beta$ 收敛模型进行估计时，在 1979
年至 2006 年时段，设定为常系数和常截距，并选择权重为 Cross – section SUR，即采用广义
最小二乘估计法，这样，修正了截面单元异方差性和同期相关性，有利于改善各项参数估
计值（高铁梅，2006）；在 1963 年至 1978 年时段，亦设定为常系数和常截距，但由于年份
的数目（16 个）少于截面成员的数目（27 个），权重不能选择 Cross – section SUR，而选择
了 Period SUR，即采用广义最小二乘估计法修正了时期异方差性和同期相关性。

系数 $\beta$ 的符号，在 1963 年至 1978 年时段为正，在 1979 年至 2006 年时段为负，表明在第二个大时段总体上看，地区间人均 GDP 差异也呈现出缩小趋势。

表 4　　　　　　　　　　人均 GDP 收敛模型估计结果

| 时段 | 截距 $\alpha$ | $\lambda$ | 基年人均 GDP 系数 $\beta$ | 产业结构系数 $\gamma$ | 投资增长率系数 $\delta$ | $R^2$ | $\overline{R^2}$ | DW | $F$ |
|---|---|---|---|---|---|---|---|---|---|
| 第一组，绝对 $\beta$ 收敛模型（横截面数据）： | | | | | | | | | |
| (1) 1953—1960 | −0.065 (−1.195) | −0.025*** (−2.785) | 0.028 | | | 0.203 | 0.171 | 1.991 | |
| (2) 1961—1962 | 0.385*** (3.795) | 0.127*** (5.287) | −0.112 | | | 0.591 | 0.575 | 2.075 | |
| (3) 1963—1978 | −0.013 (−0.434) | −0.012** (−2.383) | 0.013 | | | 0.160 | 0.125 | 1.708 | |
| (4) 1979—1992 | 0.113*** (4.670) | 0.007 (1.518) | −0.007 | | | 0.092 | 0.056 | 2.040 | |
| (5) 1993—1999 | 0.078* (1.987) | −0.003 (−0.499) | 0.003 | | | 0.010 | −0.030 | 0.685 | |
| (6) 2000—2006 | 0.118*** (3.965) | 0.002 (0.586) | −0.002 | | | 0.014 | −0.026 | 1.510 | |
| 第二组，绝对 $\beta$ 收敛模型（面板数据）： | | | | | | | | | |
| 1963—1978 | −0.006 (−0.291) | | 0.013*** (2.859) | | | 0.313 | 0.311 | 1.992 | 195*** |
| 1979—2006 | 0.122*** (79.227) | | −0.005*** (−11.810) | | | 0.981 | 0.981 | 1.956 | 39054*** |
| 第三组，条件 $\beta$ 收敛模型（横截面数据）： | | | | | | | | | |
| (1) 1953—1960 | −0.030 (−0.491) | | −0.005 (−0.295) | 0.166** (2.607) | 0.058** (2.766) | 0.474 | 0.405 | 1.713 | 6.904*** |
| (2) 1961—1962 | 0.498** (2.717) | | −0.082** (−2.196) | −0.175 (−0.936) | 0.297 (1.047) | 0.617 | 0.567 | 2.091 | 12.354*** |
| (3) 1963—1978 | 0.030 (1.154) | | −0.021*** (−2.824) | 0.163*** (5.560) | 0.123** (2.397) | 0.665 | 0.621 | 2.453 | 15.195*** |

续表

| 时段 | 截距 $\alpha$ | $\lambda$ | 基年人均GDP系数 $\beta$ | 产业结构系数 $\gamma$ | 投资增长率系数 $\delta$ | $R^2$ | $\overline{R^2}$ | DW | $F$ |
|---|---|---|---|---|---|---|---|---|---|
| (4) 1979—1992 | 0.088 *** (4.953) | | − 0.019 ** ( − 2.343) | 0.066 (1.228) | 0.285 *** (5.525) | 0.611 | 0.561 | 2.125 | 12.061 *** |
| (5) 1993—1999 | 0.039 (0.918) | | − 0.006 ( − 0.507) | 0.077 (0.752) | 0.173 * (1.840) | 0.157 | 0.047 | 0.739 | 1.432 |
| (6) 2000—2006 | 0.010 (0.306) | | − 0.001 ( − 0.258) | 0.065 (1.119) | 0.208 *** (5.971) | 0.613 | 0.563 | 1.935 | 12.167 *** |
| 第四组，条件 $\beta$ 收敛模型（面板数据）： | | | | | | | | | |
| 1963—1978 | 0.069 *** (4.934) | | − 0.033 *** ( − 7.932) | 0.209 *** (13.242) | 0.123 *** (16.567) | 0.754 | 0.752 | 1.989 | 437 *** |
| 1979—2006 | 0.089 *** (21.882) | | − 0.014 *** ( − 41.343) | 0.079 *** (17.511) | 0.113 *** (74.183) | 0.971 | 0.971 | 1.972 | 8346 *** |

注：*** 、** 、* 分别表示在1%、5%和10%水平上显著。

### （三）条件 $\beta$ 收敛模型

在绝对 $\beta$ 收敛模型中，人均 GDP 初始水平表现为直接影响收敛的唯一变量因素。实际上，影响收敛的还有其他一些因素。如果在收敛模型中，除人均 GDP 初始水平外，再加入其他一些对收敛有影响的条件变量，那么，这种收敛被巴罗和萨拉伊马丁（Barro and Sala－i－Martin，1990，1991，1992，1995）称为条件 $\beta$ 收敛或相对 $\beta$ 收敛。我们在以上绝对 $\beta$ 收敛模型中加入两个条件变量（$X_{it}$ 和 $I_{it}$），那么，这个条件 $\beta$ 收敛模型为：

$$y_{it} = \alpha + \beta \ln Y_{i0} + \gamma X_{it} + \delta I_{it} + u_{it}$$

模型中，$X_{it}$ 为某一时段内 $i$ 地区第二产业与第三产业增加值之和占 GDP 比重的平均值；$I_{it}$ 为某一时段内 $i$ 地区固定资产投资增长率的平均值（其中，1953 年至 1982 年为基本建设投资增长率，1983 年至 2006 年为全社会固定资产投资增长率）。对该模型的估计结果列于表 4 第三组。从中看到，加入两个条件变量后，在六个时段内，基年人均 GDP 变量的系数 $\beta$ 的符号均变为负号。这说明，各地区产业结构的优化和升级，各地区固定资产投资增长率的收敛，有助于各地区人均 GDP 差异的收敛。与此同时，我们还使用了 27 个地区人均 GDP 增长率、基年人均 GDP、第二产业与第三产业增加值之和占 GDP 比重、固定资产投资增长率的面板数据，分两大时段（1963 年至 1978 年、1979 年至 2006 年）对条件 $\beta$ 收敛模型进行了估计，结果列于表 4 第四组。从中看到，基年人均 GDP 变量的系数 $\beta$ 的符号，在两大时段均为负。

在中国，已有不少学者对地区间收入差异的条件 $\beta$ 收敛进行过分析（魏后凯，1997；蔡昉等，2000；沈坤荣等，2002；林毅夫等，2003；董先安，2004；许召元等，2006）。他们试用过多种条件变量，如固定资产投资率、人力资本或受教育程度、就业率、市场化程度、城市化水平、部门结构变量，基础设施发展水平、开放程度，等等。由于影响地区间收入差异的因素很多，其中的数量关系很难精确地确定，从已有的实证研究看，以及从本文表 4 中模型的估计结果看，都存在着有些估计结果并不显著的问题。这些模型对于分析地区间收入差异的变化及其各种影响因素具有一定的意义，但尚不宜于用来进行具体的预测。

在条件 $\beta$ 收敛下，各地区人均 GDP 并不是收敛于同一水平，而是收敛于各自的稳态均衡水平。各地区自己的稳态均衡水平可能是各不相同的。但有学者指出（Fuente，2002），那些对收敛有影响的其他条件变量，其自身往往可能随着时间的推移而在各地区间趋向于收敛，即这些条件自身将趋于收敛。所以，从长期看，各地区人均 GDP 的收敛可能仍然归结为绝对 $\beta$ 收敛。这种收敛反映了各地区经济发展的"基本面"，即其基本条件的逐步均等化。

## 五　小结及政策含义

本文通过对世界上 11 个"持续高增长"经济体的国际比较，凸显中国经济增长的两大特点：一是"高位—平稳"型增长；二是中国作为一个人口最多、地域辽阔的发展中国家，在持续高增长中，地区间（省际）经济增长的速度差异明显缩小。本文将对第二个特点的分析引申到对中国地区间人均 GDP 差异缩小的分析上，发现：用变异系数、基尼系数、σ 系数三种方法分别测算的 1952 年至 2006 年地区间人均 GDP 的总体差异，均显示出三个先扩大后缩小的倒 U 形。特别是在第三个倒 U 形中，按变异系数和基尼系数看，地区间人均 GDP 的总体差异从 2000 年开始已呈现出新的缩小趋势。本文所涉及的政策含义如下：

①中国经济持续高增长已达 30 年，这一增长趋势尚未结束而将继续延长，这在一定程度上与中国经济增长具有广阔的地域空间有关。各地区自身的增长性与稳定性的增强，使整个国家的经济发展有了更为坚实的基础。要充分利用 21 世纪头 20 年这一重要战略机遇期，实现又好又快地发展。

②地区间经济增长速度差异的缩小，有利于统一的宏观调控措施的实施。过去，地区间经济增长的速度差异很大，快的快，慢的慢，在实施宏观调控时往往还要顾及地区差异因素，限制了统一的宏观调控政策发挥作用（Xie Andy，2006）。现在，地区间经济增长的速度差异明显缩小，各地区都处于经济较快增长时期，这就有利于各地区克服盲目攀比和片面追求经济增长速度的倾向，有利于各地区贯彻落实科学发展观，转变经济发展方式，提高经济增长质量。

③地区间人均 GDP 总体差异的缩小，是从 20 世纪 50 年代、60 年代所实行的西倾政策（即重点发展中西部内陆地区的政策），到 80 年代、90 年代所实行的东倾政策（即重点发展沿海地区的政策），再到 1999 年之后至今所实行的西部大开发、振兴东北地区等

老工业基地、促进中部地区崛起、鼓励东部地区率先发展的区域协
调发展战略，半个多世纪长期努力的结果。但是，地区间人均
GDP 总体差异的缩小还刚刚开始，巩固和发展这一趋势尚任重道
远，促进地区间基础条件差异的缩小及其均等化尚需时日。

## 参考文献

蔡昉、都阳：《中国地区经济增长的趋同与差异》，《经济研究》2000 年第 10 期。

曹永福：《美国经济周期稳定化研究述评》，《经济研究》2007 年第 7 期。

董藩：《关于地区间收入差异变动分析的几点商榷意见》，《经济研究》1992 年第
　　7 期。

董先安：《浅释中国地区收入差异：1952—2002》，《经济研究》2004 年第 9 期。

高铁梅主编：《计量经济分析方法与建模——EViews 应用及实例》，清华大学出
　　版社 2006 年版。

管卫华、林振山、顾朝林：《中国区域经济发展差异及其原因的多尺度分析》，
　　《经济研究》2006 年第 7 期。

国家统计局国民经济综合统计司：《新中国五十年统计资料汇编》，中国统计出版
　　社 1999 年版。

林毅夫、蔡昉、李周：《中国经济转型时期的地区差异分析》，《经济研究》1998
　　年第 6 期。

林毅夫、刘培林：《中国的经济发展战略与地区收入差距》，《经济研究》2003 年
　　第 3 期。

刘树成、龚益、李强（1994a）：《地区间收入差异的比较分析》，载国务院发展研
　　究中心课题组编《中国区域协调发展战略》，中国经济出版社 1994 年版。

刘树成、龚益、李强、吴优（1994b）：《中国各地区间收入差异的计算、分析与
　　政策建议》，载刘树成、李强、薛天栋主编《中国地区经济发展研究》，中国
　　统计出版社 1994 年版。

刘树成：《中国经济周期波动的新阶段》，上海远东出版社 1996 年版。

刘夏明、魏英琪、李国平：《收敛还是发散——中国区域经济发展争论的文献综
　　述》，《经济研究》2004 年第 7 期。

沈坤荣、马俊：《中国经济增长的"俱乐部收敛"特征及其成因研究》，《经济研
　　究》2002 年第 1 期。

王小鲁、樊纲:《中国地区差异的变动趋势和影响因素》,《经济研究》2004 年第
1 期。

魏后凯:《论我国区际收入差异的变动格局》,《经济研究》1992 年第 4 期。

魏后凯:《中国地区经济增长及其收敛性》,《中国工业经济》1997 年第 3 期。

魏后凯:《现代区域经济学》,经济管理出版社 2006 年版。

许召元、李善同:《近年来中国地区差距的变化趋势》,《经济研究》2006 年第
7 期。

杨伟民:《地区间收入差异变动的实证分析》,《经济研究》1992 年第 1 期。

Barro, R. and X. Sala – i – Martin, "Economic Growth and Convergence Across the U-
nited States", NBER Working Paper no. 3419, Aug. 1990.

Barro, R. and X. Sala – i – Martin, "Convergence across States and Regions", Brook-
ings Papers on Economic Activity 1, 1991, pp. 107 – 82.

Barro, R. and X. Sala – i – Martin, "Convergence", *Journal of Political Economy*,
1992, 100 (2), pp. 223 – 51.

Barro, R. and X. Sala – i – Martin, *Economic Growth*, New Yotk: McGraw – Hill; 中
译本《经济增长》,中国社会科学出版社 2000 年版。

Fuente, Angel de la, 2002, " Convergence across countries and regions: theory and
empirics", UFAE and IAE Working Papers, No. 447. 00, Nov. 2002.

Kim, Chang – Jin and Nelson, Charles R., "Has the U. S. Economy Become More Sta-
ble? A Bayesian Approach Based on a Markov – Switching Model of the Business
Cycle," *Review of Economics and Statistics*, 1999, Vol. 81 (4), pp. 608 – 616.

Owyang, Michael T., Jeremy Piger and Howard J. Wall, "A State – Level Analysis of the
Great Moderation", Federal Reserve Bank of ST. Louis, Working Paper 2007 – 003B.

Spence, Michael, 2007a, "Wealth of Nations: Why China Grows So Fast?", *Wall
Street Journal* (Eastern edition). New York, Jan 23, 2007. pg. A. 19.

Spence, Michael, 2007b, "Wealth of Nations: What Drives High Growth Rates?",
*Wall Street Journal* (Eastern edition). New York, Jan 24, 2007. pg. A. 13.

Weber, S., "The End of the Business Cycle?", *Foreign Affairs*, July/August, 1997.

Xie Andy,《地区差距限制宏观调控发挥效力》,中国经济信息网, 2006 年 8 月 24 日。

(原载《经济研究》2007 年第 10 期)

# 论中国特色经济体制改革道路<sup>*</sup>

　　1978 年 12 月中共中央召开具有重大历史意义的十一届三中全会，中国开始了改革开放的历史新时期，至今已 30 年。30 年的改革开放，30 年的风云激荡，30 年的神州巨变。从农村到城市，从经济领域到政治、社会和文化等各个领域，改革的浪潮汹涌澎湃；从沿海到沿江、沿边，从东部到中部、西部，对外开放的步伐胜利向前。这场历史上从未有过的大改革大开放，使中国成功实现了从高度集中的计划经济体制到充满生机和活力的社会主义市场经济体制，从封闭半封闭到全方位、多层次、宽领域对外开放的伟大历史转折。由此，国家的综合经济实力和人民的生活状况发生了前所未有的变化。在 1979—2007 年长达 29 年的时间里，国内生产总值年均增长速度达到 9.8%，是同期世界经济增长速度最快的国家之一。如此长时间的高速转型式增长，创造了人类经济发展史上的奇迹，引起了国际社会的普遍关注。世界银行专家组曾评论说："中国只用了一代人的时间，就取得了其他国家用了几个世纪才能取得的成就。在一个人口超过非洲和拉丁美洲人口总和的国家，这一成就是我们这个时代最令人注目的发展。"（世界银行，1997）

　　中国的经济体制改革能够取得如此良好的发展绩效，一个很重

---

　　* 合作者：常欣。本文为中国社会科学院"中国经济改革开放 30 年历史经验问题研究"总课题组中的分课题组——"经济体制改革 30 年研究"的最终成果之一。总课题组负责人：陈佳贵。分课题组负责人：刘树成、吴太昌；顾问：张卓元；执笔：常欣、刘树成；主要成员：韩朝华、张平、胡家勇、张晓晶、林跃勤、袁富华等。《经济研究》刊登时略有增删。

要的原因在于，中国的改革不是遵循市场原教旨主义，简单地复制所谓西方标准化的市场经济模式，而是根据本国国情，独立自主并创造性地进行制度选择与制度安排，使市场经济的一般规律与中国经济的具体情况相契合，形成内生性和自适应的制度变迁轨迹，由此避免了那种强制性的制度移植输入和制度外部依附所带来的灾难性后果。中国改革的国别特色和"本土化"制度创新模式成为转轨经济中独树一帜的模式，在国际上被冠以"中国模式"。本文试图探讨"中国模式"的内核，从 9 个方面对中国特色经济体制改革道路进行探索性的归纳和总结。

## 一　改革的理论指导：注重发挥理论创新的先导作用

纵观 30 年的经济体制改革，每一个阶段都是由理论上的重大创新和突破开启的。这些理论创新和突破成为推进改革不断深入的重要理论基础和指导方针。可以说，中国经济体制改革的进程就是一次又一次的思想解放、理论突破与实践探索互动的进程，是包括邓小平理论、"三个代表"重要思想以及科学发展观等重大战略思想在内的中国特色社会主义理论体系形成与不断完善的进程。

1. 改革起步阶段（1978—1984 年）的理论创新与突破

在改革的起步阶段，首先需要确立正确的思想路线，推动实现党和国家工作重心的转移，并深刻认识改革开放的必要性和重大意义。这是由以下三个方面的理论突破所完成的：

一是关于端正思想路线的理论突破。1976 年"文化大革命"结束后，中国处在关键的历史转折点上。1977 年 2 月 7 日，有关报刊发表了《学好文件抓住纲》的社论，提出："两个凡是"，促使人们思考"判断路线是非、思想是非、理论是非究竟以什么为标准"的问题。1978 年 5 月，《光明日报》发表了《实践是检验真理的唯一标准》一文，从根本理论上对"两个凡是"观点进行了否定。在真理标准问题的理论大讨论中，邓小平发挥了重要的指导作用。早在 1977 年 2 月，"两个凡是"刚一提出，邓小平就指出，这不是马克思主义，不是毛泽东思想。在 1978 年 12 月 13 日中共中央工作会议的讲话中，邓小平提出了"解放思想，开动脑筋，实事求是，团结一致向前看"的方针。他强调："一个党，一个国家，一个民族，如果一切从本本出发，思想僵化，迷信盛行，那它就不能前进，它的生机就停止了，就要亡党亡国。"① 随后召开的党的十一届三中全会，高度评价了关于真理标准问题的讨论，重新确立了"解放思想、实事求是"的思想路线。真理标准问题的理论大讨论是一场具有重要意义的思想解放运动，为改革开放创造了必要的思想条件。

二是关于转变党和国家工作重心的理论突破。党的十一届三中全会纠正了"以阶级斗争为纲"的错误方针，决定把党和国家的工作重点转移到社会主义现代化建设上来。作出这一战略决策，很重要的是基于对社会主义本质的认识和对社会主义发展阶段的把握。早在 1978 年 9 月，邓小平就指出："社会主义制度优越性的根本表现，就是能够允许社会生产力以旧社会所没有的速度迅速发展，使人民不断增长的物质文化生活需要能够逐步得到满足。"② 他多次强调，过去搞民主革命，要适合中国情况，现在搞建设，也要适合中国情况，要从中国底子薄、人口多、耕地少的特点出发，不要离开现实和超越阶段。20 世纪 70 年代末 80 年代初，理论界对中国社会主义处于什么阶段的研究也趋于活跃，提出中国社会主义处于初级阶段即不发达阶段的论点，产生了重大社会影响。1981 年党的十一届六中全会通过的《关于建国以来党的若干历史问题的决议》，第一次提出"我们的社会主义制度还是处于初级的阶段"这一论断，并对中国社会的主要矛盾作了规范的表述：在社会主义改造基本完成以后，我国所要解决的主要矛盾，是人民日益

---

① 《邓小平文选》第二卷，人民出版社 1994 年版，第 143 页。
② 同上书，第 128 页。

增长的物质文化需要同落后的社会生产之间的矛盾。这些都为党的十一届三中全会所做出的党和国家工作重心转移的部署提供了重要的理论支撑。

三是关于改革开放的理论突破。在改革的起步阶段，迫切需要从理论上论证改革开放的必要性和必然性。早在 1978 年 10 月，邓小平就提出，在 20 世纪末实现社会主义四个现代化的伟大目标，是一场根本改变我国经济和技术落后面貌，进一步巩固无产阶级专政的伟大革命。这场革命既要大幅度地改变目前落后的生产力，就必然要多方面地改变生产关系，改变上层建筑，改变工农业企业的管理方式和国家对工农业企业的管理方式，使之适应于现代化大经济的需要。① 该年 12 月，邓小平更明确提出，要"正确地改革同生产力迅速发展不相适应的生产关系和上层建筑"，"如果现在再不实行改革，我们的现代化事业和社会主义事业就会被葬送"②。关于对外开放，早在 1978 年 9 月、10 月，邓小平曾提出，我们现在有了过去所没有的好条件，要积极发展同世界各国的关系和经济文化往来，实行开放政策，学习世界先进科学技术。他指出："中国在历史上对世界有过贡献，但是长期停滞，发展很慢。现在是我们向世界先进国家学习的时候了。"③ 在一个经济文化比较落后的东方大国建设社会主义，在由不发达的社会主义向社会主义现代化的进程中实行改革开放，特别是要开辟出一条把社会主义同市场经济结合起来的新道路，这是前人从来没有做过的伟大创举，是马克思主义发展史上的新课题。

2. 改革全面展开阶段（1984—1992 年）的理论创新与突破

从 1978 年确定改革的方针，特别是 1984 年党的十二届三中全会提出中国社会主义经济是公有制基础上的"有计划的商品经济"，直到 1992 年党的十四大明确经济体制改革的目标是社会主义

---

① 《邓小平文选》第二卷，人民出版社 1994 年版，第 135—136 页。

② 同上书，第 141、150 页。

③ 同上书，第 132 页。

市场经济体制，在理论和实践两个方面一直贯穿着计划与市场关系的探索。早在1979—1981年，在解放思想、实事求是思想路线的鼓舞下，经济理论界的思想活跃起来，就计划与市场的关系问题展开了研究和讨论。许多经济学家在总结过去的经验教训时，主张经济生活中应更多地发挥价值规律的作用。如孙冶方重新提出"千规律，万规律，价值规律第一条"；薛暮桥提出要学会利用价值规律，利用市场调节的作用等。① 1979年4月，在中国社会科学院经济研究所、国家计委经济研究所、江苏省哲学社会科学研究所的联合发起下，于无锡市召开了全国经济理论研讨会，即著名的"社会主义经济中价值规律作用问题讨论会"。与会人士在社会主义经济是商品经济等方面达成了基本共识。② 1982年，党的十二大报告正式提出"计划经济为主、市场调节为辅"的改革原则，打破了长期以来将计划与市场视为水火不相容的传统认识。但这一提法实际上仍强调计划经济的基础性作用，认为市场机制仅仅具有从属的补充作用。

在计划与市场关系的探索过程中，真正具有突破意义的是1984年党的十二届三中全会通过的《中共中央关于经济体制改革的决定》。该《决定》确认中国社会主义经济是公有制基础上的"有计划的商品经济"，首次将商品经济作为社会主义经济运行的基础框架。马克思和恩格斯未曾设想在未来社会主义社会还存在商品经济，加之在社会主义实践中长期排斥市场调节的历史背景，"有计划的商品经济"的提出在社会主义经济理论上实现了一次重大突破，是经济体制改革目标探索中的一个重大理论创新，为全面展开经济体制改革提供了新的理论指导。邓小平同志对该《决定》给予很高的评价，指出："这个决定，是马克思主义的基本原理和

---

① 参见张卓元主编《论争与发展：中国经济理论50年》，云南人民出版社1999年版。
② 参见《经济研究》编辑部编《社会主义经济中价值规律问题讨论专辑》，1979年版。

中国社会主义实践相结合的政治经济学。"① 在党的十二届三中全会精神指导下，1985 年 9 月，在由重庆到武汉的"巴山号"游轮上，中国社会科学院、中国经济体制改革研究会和世界银行联合举办了"宏观经济管理国际讨论会"（被称为"巴山轮会议"）。该次会议有力地推动了对经济体制改革目标模式的探讨。② 1987 年，党的十三大进一步提出"社会主义有计划商品经济的体制，应该是计划与市场内在统一的体制"，"新的经济运行机制，总体上来说应当是国家调节市场，市场引导企业的机制"。这就进一步提高了市场机制在经济生活中的地位。而 1989 年，在针对经济过热的治理整顿中，指令性计划调控的作用有所加强，党的十三届五中全会又提出了"计划经济与市场调节相结合"的原则。这种提法又侧重到计划经济上。

　　1992 年年初，邓小平在"南方谈话"中阐明了他对计划与市场关系的看法，提出：计划多一点还是市场多一点，不是社会主义与资本主义的本质区别。计划经济不等于社会主义，资本主义也有计划；市场经济不等于资本主义，社会主义也有市场。计划和市场都是经济手段。这就从根本上解除了把计划经济和市场经济看作属于"社会基本制度"范畴的思想束缚，解决了关于市场经济并非资本主义专有属性这一重大认识问题，为党的十四大确立社会主义市场经济体制的目标模式最终扫清了理论上的障碍。社会主义市场经济体制这一改革目标的确立，是社会主义经济理论的又一次重大突破，是对马克思主义经济学的重大发展。

　　3. 初步建立社会主义市场经济体制阶段（1992—2002 年）的理论创新与突破

　　社会主义市场经济体制目标模式确立后，理论界研究和讨论的

---

　　① 中共中央文献研究室编：《邓小平年谱》（1975—1997）下，中央文献出版社 2004 年版，第 1006 页。

　　② 参见刘国光等《经济体制改革与宏观经济管理——"宏观经济管理国际讨论会"评述》，《经济研究》1985 年第 12 期。

主流由"是计划还是市场"的取舍选择，转向如何建立社会主义市场经济体制方面。这一阶段的理论突破和创新突出地反映在社会主义市场经济条件下所有制和分配制度这两个重要问题上。

一是所有制理论的突破。改革开放后，理论界在所有制问题上的认识不断深化。1997年党的十五大报告关于所有制改革方面的概括，是对所有制改革经验的总结，也是社会主义所有制理论上的突破。一者，在所有制结构方面，突破了社会主义只能是单一公有制的传统观念，首次提出公有制为主体、多种所有制经济共同发展是中国社会主义初级阶段的基本经济制度，并提出非公有制经济是社会主义市场经济的重要组成部分。这与传统社会主义理论把非公有制经济排除在社会主义经济制度之外的解释是根本不同的。由此，把多种所有制与社会主义经济制度融合在一起，把非公有制经济从地位和作用上的"补充""拾遗补阙"，提升到"重要组成部分"和对国民经济发展具有"重要作用"。二者，在公有制的含义和实现形式方面，突破了公有制经济只有国家经济和集体经济两种形式，以及公有制的实现形式只是国有企业和集体经济组织的传统观念，提出公有制实现形式可以而且应当多样化。这是基于"所有制不能等同于所有制的实现形式"这一重要论点。所有制主要是指生产资料的所有权问题，主要体现为一种法律上的关系。所有制的实现形式，是指一定的生产资料所有制条件下，财产关系具体的组合形式、企业制度与经营方式。一定的所有制总是要通过某一具体形式来体现，但是某种所有制与其实现形式并不总是完全对应的。公有制实现形式可以多样化，有利于突破公有制过分单一的实现形式，为找到更加适合市场经济要求的、能够极大地促进生产力发展的公有制的多种实现形式开辟了道路。特别是关于股份制的性质和作用问题，在理论界已有讨论的基础上，党的十五大报告作了科学的分析：股份制是现代企业的一种资本组织形式，有利于所有权和经营权的分离，有利于提高企业和资本的运作效率，资本主义可以用，社会主义也可以用，不能笼统地说股份制是公有还是私有，关键看控股权掌握在谁手中。这对国有大中型企业的公司制改造和建立现代企业制度具有重要实践意义。三者，在国有经济的地位和作用方面，突破了主要从国有经济的数量比重上去考虑国有经济主导作用的传统观念，提出应主要从国有经济的控制力与质量上去考虑国有经济的主导作用。国有经济应主要控制关系国民经济命脉的重要行业和关键领域。在此基础上，提出从战略上调整国有经济布局。这是对国有经济的地位和作用的重新认识，为更好地推进国有企业的改革和发展提供了一条可行的路径。

二是分配理论的突破。分配问题，特别是分配方式和分配原则问题，是改革开放以来中国经济学界长期关注的领域。随着建立社会主义市场经济体制目标的确立，关于分配问题的理论取得了突破性进展。其一，由否定按要素分配到确认按劳分配和按生产要素分配相结合。改革开放初期，理论界曾掀起关于按劳分配问题的大讨论，特别是集中讨论了商品经济条件下能否实现按劳分配、按劳分配的特点，以及劳动力个人所有、劳动力成为商品与按劳分配的关系等问题。之后，党的十三大提出"以按劳分配为主体，其他分配方式为补充"的分配原则。1993 年，党的十四届三中全会《关于建立社会主义市场经济体制若干问题的决定》确立了"以按劳分配为主体、多种分配方式并存"的分配制度，并提出允许属于个人的资本等生产要素参与收益分配。1997 年，党的十五大进一步提出"把按劳分配和按生产要素分配结合起来"，并提出允许和鼓励资本、技术等生产要素参与收益分配。后来，随着社会主义市场经济的发展，到党的十六大，又提出"劳动、资本、技术和管理等生产要素按贡献参与分配"的原则。这是社会主义分配理论上的重大突破，它打破了长期以来将按生产要素分配与按劳分配对立起来的观点。确认各种生产要素在财富创造方面的贡献，可以更有效地利用各种资源，提高资源配置效率，促进经济发展；同时可以充分激励全社会进行财富创造，有助于实现让一部分人先富起来和最终实现共同富裕的目标。其二，打破平均主义的"大锅饭"，处理好效率与公平的关系。早在改革开放之初，邓小平就提出，鼓励一部分地区、一部分人先富起来。这一思想对于克服传统计划经济体制下平均主义分配的弊端具有重要意义。党的十四大确立了建立社会主义市场经济体制的改革目标，同时提出了"兼顾效率与公平"的收入分配原则。党的十四届三中全会又提出"效率优先、兼顾公平"的收入分配原则。党的十五大再次重申了这一原则。这在很大程度上进一步打破了平均主义的窠臼，说明了在社会主义初级阶段，只有不断提高效率，增加社会财富，实现公平分配才有物质基础。同时，没有公平的分配，效率的提高也会受到抑制。后来，随着实践的发展，到党的十七大，提出"初次分配和再分配都要处理好效率和公平的关系，再分配更加注重公平"。这一提法及所强调的重点的变化，反映出对公平与效率问题认识的不断深化。

4. 完善社会主义市场经济体制阶段（2002 年至今）的理论创新与突破

进入 21 世纪，对中国来说，不只是时间意义上的世纪更替，而且也是改革发展新阶段的开始。这里的"新阶段"主要体现在：（1）从经济体制改革的进程看，中国社会主义市场经济体制初步建立，从而进入以完善社会主义市场经济体制为基本任务的新阶段。为此，需要进一步深化改革。（2）从奋斗目标看，胜利实现了现代化建设"三步走"战略的第一步、第二步目标，人民生活总体上达到小康水平。这是中华民族发展史上一个新的里程碑。2002 年党的十六大标志着中国进入全面建设小康社会的新阶段。2007 年，党的十七大进一步提出了继续全面建设小康社会的新要求。这需要通过进一步深化改革来提供强大动力和体制保障。（3）从社会主要矛盾看，人民日益增长的物质文化需要同落后的社会生产之间的矛盾出现了许多阶段性的新特点。特别是经济持续快速发展与资源短缺、环境恶化的矛盾加剧；经济总体发展与城乡、区域之间发展不平衡以及社会成员收入分配差距拉大的矛盾尚未根本扭转；快速增长的对公共产品和公共服务的需求，与其供给不足的矛盾日趋突出。要克服这些矛盾背后的体制性障碍，需要进一步深化改革。（4）从外部国际环境看，加入 WTO 意味着中国进入全面对外开放的新阶段。为应对经济全球化的挑战，需要进一步深化改革。总之，在新世纪和新的历史起点上，面对新任务和新挑战，即在中国改革发展新的关键阶段，首先迫切需要回答的问题是，我们应该举什么旗、走什么路、以什么理论为基础，以及实现什么样的发展、怎样发展。此时的理论创新集中反映在中国特色社会主义的一面旗帜、一条道路、一个理论体系的提出，以及作为中国特色社会主义理论体系重要组成部分和最新成果的科学发展观这一重大战略思想的形成。

第一，中国特色社会主义的一面旗帜、一条道路、一个理论体系的提出。党的十七大在回顾和总结改革开放的伟大历史进程及基本经验的基础上，对 30 年来建设、巩固和发展中国特色社会主义的创新实践，以及相继形成的马克思主义中国化的理论成果，作了完整统一的概括和鲜明科学的大整合。这就是：把党的十一届三中全会以来整个历史新时期我们所高举的旗帜，统称为中国特色社会主义伟大旗帜；相应地，把改革开放以来我们在实践探索中所走过的道路，统称为中国特色社会主义道路；把邓小平理论、"三个代表"重要思想以及科学发展观等重大战略思想，统称为中国特色社会主义理论体系。这个大整合，深刻总结了 30 年来理论创新和实践创新的宝贵经验，排除了当前国内外各种错误思潮的干扰，坚定地回答了在改革发展的新阶段举什么旗、走什么路、以什么理论为基础的重大问题。这是党的十七大在理论上的一项历史性重大贡献。

中国特色社会主义理论体系，是同马克思列宁主义、毛泽东思想既一脉相承又与时俱进的科学理论体系。它总体上属于马克思列宁主义同中国实际相结合的"第二次历史性飞跃"的理论成果，既坚持了马克思列宁主义基本原理和科学社会主义基本原则，又创造性地提出了一系列新思想、新观点、新论断，丰富和发展了马克思列宁主义。中国特色社会主义理论体系也是对毛泽东同志探索社会主义建设规律的重要思想成果的继承和发展。这一理论体系是对人类社会发展规律、社会主义建设规律、共产党执政规律认识的不断深化和提高。

中国特色社会主义理论体系，其内部先后形成的各个重要理论成果也是既一脉相承又与时俱进的。"一脉相承"体现在：（1）在理论渊源上，都坚持以马克思列宁主义、毛泽东思想为指导；（2）在理论主题上，都面对建设和发展中国特色社会主义、实现中华民族伟大复兴这一共同命题；（3）在理论品质上，都坚持解放思想、实事求是、与时俱进；（4）在理论基点上，都以社会主义初级阶段这一基本国情为立论基础；（5）在理论目标上，都坚持以人为本，将全体人民共享改革发展成果作为全部理论的出发点和落脚点。"与时俱进"体现在：在改革开放30年来的历史进程中，先后形成的各个重要理论成果都坚持从实际出发，注重探索和解决不同时期、不同阶段遇到的新矛盾和新问题，注重总结改革开放不同时期、不同阶段的新经验，在理论发展和创新上都做出了各自的独特贡献。它们是一个相互衔接、相互贯通又层层递进的统一整体，共同构成了一个内涵丰富、思想深刻、逻辑严谨的科学理论体系。

第二，科学发展观的形成。党的十六大确立全面建设惠及十几亿人口的更高水平的小康社会奋斗目标时，就提出使经济更加发展、民主更加健全、科教更加进步、文化更加繁荣、社会更加和谐、人民生活更加殷实。这其中已经体现了在新阶段，经济、政治、文化、社会要全面发展的思想。2003年，我们战胜了重大"非典"疫情，对经济社会全面发展有了更加深刻的认识。该年10月，党的十六届三中全会首次提出："坚持以人为本，树立全面、协调、可持续的发展观，促进经济社会和人的全面发展。"2004年，党的十六届四中全会明确使用"科学发展观"概念，提出坚持以经济建设为中心，树立和落实科学发展观，不断开拓发展思路、丰富发展内涵,推动社会主义物质文明、政治文明、精神文明协调发展。

党的十七大对科学发展观的内涵作了系统阐释:第一要义是发展,核心是以人为本,基本要求是全面协调可持续,根本方法是统筹兼顾。发展是我们党执政兴国的第一要务,而这里的发展是又好又快的发展,是科学发展、和谐发展、和平发展。以人为本,是以实现人的全面发展为目标,从人民群众的根本利益出发,不断满足人民群众日益增长的物质文化需要,让发展的成果惠及全体人民。全面,是以经济建设为中心,全面推进经济建设、政治建设、文化建设和社会建设;协调,是促进现代化建设各个环节、各个方面相协调,促进生产力和生产关系、经济基础和上层建筑相协调;可持续,是坚持走生产发展、生活富裕、生态良好的文明发展道路,实现经济社会永续发展。统筹兼顾,是统筹城乡发展、区域发展、经济社会发展、人与自然和谐发展、国内发展和对外开放,统筹中央和地方关系,统筹个人利益和集体利益、局部利益和整体利益、当前利益和长远利益,统筹国内与国际两个大局。

党的十七大把科学发展观作为中国特色社会主义理论体系的重要内容和最新成果,作为发展中国特色社会主义必须坚持和贯彻的重大战略思想。这也是党的十七大的一个重大历史贡献。

## 二 改革的性质:将第二次革命和社会主义制度自我完善相统一

如何把握改革的性质,是关系改革成败的重大问题。30 年来,中国的经济体制改革紧紧把握住了"第二次革命"和"社会主义制度自我完善"相统一的正确的改革性质,使改革不断深入,生产力不断发展,政治社会稳定,整个国家蒸蒸日上。

1. 改革是中国的第二次革命

中国的经济体制改革,不是单纯的资源配置方式或表层的经济运行机制的转换，不是原有经济体制细枝末节的修补，从其根本性质和作用来说，是革除那些不适应生产力发展要求的生产关系和上层建筑，改变一切不适应的管理方式、活动方式和思想方式，解放被旧体制束缚的生产力，因而是一场全面而深刻的社会经济变革。邓小平明确指出："改革是中国的第二次革命"，"改革的性质同过去的革命一样，也是为了扫除发展社会生产力的障碍，使中国摆脱贫穷落后的状态。从这个意义上说，改革也可以叫革命性的变革"。①

说改革是中国的第二次革命，是相对于推翻帝国主义、封建主义、官僚资本主义的反动统治，夺取政权并建立起社会主义制度的那次革命而言的。那次革命使中国的生产力获得解放。按照马克思列宁主义经典作家的预言，社会主义能够创造出新的更高的劳动生产率，使每个人的生产力大大提高。中华人民共和国成立后，社会主义制度的优越性初步显现，但是这种优越性的发挥受到了高度集中的计划经济体制的束缚。由此，社会主义基本制度确立以后，还要从根本上改变束缚生产力发展的经济体制，建立起充满生机和活力的社会主义经济体制，促进生产力的发展，这就是改革。邓小平深刻指出，"革命是解放生产力，改革也是解放生产力。""过去，只讲在社会主义条件下发展生产力，没有讲还要通过改革解放生产力，不完全。应该把解放生产力和发展生产力两个讲全了。"②

2. 改革是社会主义制度的自我完善和发展

中国的改革就其解放被束缚的生产力这一根本性质和作用来说，它是中国的第二次革命。从这个意义上说，它同过去所进行的推翻旧政权和建立新社会的第一次革命一样；但是，从另一个意义上说，它又不同于以前的第一次革命。这是因为，改革是在坚持社会主义基本制度的前提下进行的，它是社会主义制度的自我完善和

---

① 《邓小平文选》第三卷，人民出版社1993年版，第113、135页。

② 同上书，第370页。

发展。这表现在：（1）从改革的社会属性看，不是根本改变整个社会的性质，而是赋予社会主义新的生机和活力，增强社会主义的吸引力，使社会主义社会更加趋于健全和成熟；（2）从改革的社会力量看，不是一个阶级推翻另一个阶级，而是充分依靠广大人民群众，让人民群众富裕起来，给人民群众带来更多福祉；（3）从改革的内容看，不是改变现存的社会主义基本制度，而是变革现存生产关系和上层建筑中不适应生产力发展的那些环节和方面，变革不适应生产力发展的各项具体制度安排；（4）从改革的手段看，不是用枪杆子进行武装斗争、推翻现行政权，而是通过好的政策选择来建立和完善社会主义市场经济体制，促进社会生产力的发展。正如邓小平所指出：党的十一届三中全会决定进行改革，就是要选择好的政策，在坚持四项基本原则的基础上选择好的政策，使社会生产力得到比较快的发展。

中国在将"第二次革命"和"社会主义制度的自我完善"相统一的过程中，一直十分明确地把握了作为"基本社会制度选择"的第一次革命同作为"好的政策选择"的第二次革命的相同点和不同点，避免了一些国家在"改革"中导致社会主义制度的解体和共产党执政地位的丧失。而所谓"好的政策选择"，就是指在坚持社会主义这一基本社会制度的条件下，选择适合本国国情的各项具体制度安排及其实现形式，就是指在改革开放实践中，对改革开放总方针总政策的选择以及对与之相配套的经济、政治、文化和社会政策的选择。这样一种"好的政策选择"，坚持和深化了"基本社会制度选择"，使社会主义在中国焕发出强大的生命力①。30 年来，我们既坚持社会主义基本制度，又坚持改革开放，将两个方面统一于建设中国特色社会主义的实践。正如邓小平所强调的："不坚持社会主义，不改革开放，不发展经济，不改善人民生活，只能

---

① 参见施芝鸿《改革开放的伟大历史进程和宝贵经验》，载《十七大报告辅导读本》，人民出版社 2007 年版。

是死路一条。"① 实践证明，只有社会主义才能救中国，只有改革开放才能发展中国、发展社会主义、发展马克思主义。

## 三　改革的方向：以建立社会主义市场经济体制为目标

确立经济体制改革的目标模式，核心问题是如何处理计划与市场的关系。30 年来，尽管在计划与市场关系的认识上经历了曲折的过程，但总的来说，改革是以"市场取向"为特征的。如前所述，围绕改革的目标模式，先后曾提出过五种构想：①"计划经济为主，市场调节为辅"（1982 年）；②"有计划的商品经济"（1984 年）；③"计划与市场内在统一的体制"，"国家调节市场，市场引导企业"（1987 年）；④"计划经济与市场调节相结合"（1989 年）；⑤党的十四大最后确定了"社会主义市场经济体制"（1992 年）。

1. 社会主义市场经济体制的基本特征

社会主义市场经济体制的核心内容，就是要使市场在社会主义国家宏观调控下对资源配置起基础性作用。这就是，使经济活动遵循价值规律的要求，适应供求关系的变化；通过价格杠杆和竞争机制的功能，把资源配置到效益较好的环节中去，并给企业以压力和动力，实现优胜劣汰；运用市场对各种经济信号反应比较灵敏的优点，促进生产和需求的及时协调。同时，鉴于市场有其自身的弱点和消极方面，必须加强和改善国家对经济的宏观调控。

社会主义市场经济体制是社会主义基本制度与市场经济的有机结合和兼容。一方面，它体现了社会主义的制度特征；另一方面，它又具有现代市场经济的一般特征。作为社会主义的制度特征，主要表现在：（1）在所有制结构上，以公有制为主体，多种所有制经

---

① 《邓小平文选》第三卷，人民出版社 1993 年版，第 370 页。

济共同发展。（2）在分配制度上，以按劳分配为主体、多种分配方式并存；在分配原则上，既鼓励一部分人通过诚实劳动、合法经营先富起来，合理拉开收入差距，又防止收入悬殊、两极分化，而最终达到共同富裕的目标。作为现代市场经济的一般特征，主要表现在：（1）从资源配置方式看，以市场作为基础性的手段；（2）从经济运行机制看，注重发挥价格、供求、竞争的作用；（3）从微观层面看，企业是独立的市场主体和法人实体；（4）从宏观层面看，需要政府主要运用经济手段和法律手段，并辅之以一定的行政手段，对经济活动进行必要的调节。把社会主义的制度特征同市场经济的一般特征结合起来，既可以充分发挥社会主义制度的优越性，又可以充分利用市场机制的灵活性，从而更好地促进生产力的发展。

　　2. 以建立社会主义市场经济体制为目标的理论依据

　　以建立社会主义市场经济体制为目标，主要是基于现代市场经济优于传统计划经济的三个基本方面。

　　一是市场经济具有强大的动力激励功能。趋利避害的动机是推动经济运行的原始动力。传统计划经济设想"整个社会是一个大工厂"，它抹杀了个体的物质利益，排斥市场机制在经济运行中的基础性调节作用，使生产者只能被动地按照国家指令从事生产和经营，从而难以产生激励功能。而在市场经济条件下，市场主体对物质利益的追求与价格机制、竞争机制的作用有机地结合在一起，产生出极大的激励作用。在这种激励作用下，整个社会的能量将被充分激发出来。

　　二是市场经济具有高效的信息传导功能。信息是经济活动赖以存在的条件之一。信息的显著特征是它的可传递性和可分享性。但在计划经济条件下，信息是靠计划机关的指令，纵向传递的。因此，传递环节多，信息反馈慢，信息成本高，信息扭曲和失真严重。而在市场经济中，信息主要是在各个经济主体之间横向传递的，因此信息传递的通道非常广阔，传递的距离相对较短。同时，在市场经济条件下，价格是市场活动的"晴雨表"，生产者可通过掌握与自己有关的价格等信息就能进行决策，信息需要量远不像计划经济中的那么庞大复杂。这就决定了市场经济中信息传递的速度比较快，即时性强，信息成本低，信息的失真程度也较低。

三是市场经济具有自由的要素流动功能。在计划经济条件下，生产要素具有明显的凝滞性，不能根据经济的实际需要而自由地流动。在这种刚性结构下，需要互补的要素不能自由地互补，需要互换的要素不能自由地互换，从而使名义的生产要素总量与实际发挥作用的生产要素总量之间存在着相当大的差距。而在市场经济条件下，在市场主体的逐利动机推动和竞争压力的驱使下，生产要素不断地在企业之间、部门之间和地区之间流动。这样，社会需求的缺口就会有人填补，社会闲置的资源就会有人利用，从而不断地实现资源配置的优化，使资源不断地在效率较高的水平上得到利用。

## 四　改革的方式：以渐进式稳步推进市场化

由传统计划经济体制向现代市场经济体制过渡，主要有两种截然不同的方式可供选择：一种是激进式，另一种是渐进式。中国采取的是相对温和的渐进式，这可以视作中国特色经济体制改革道路一个重要的独特之处。

### 1. 采取渐进式改革方式的主要原因

所谓渐进式改革，是指由计划经济体制向市场经济体制过渡时，采取循序渐进的、有步骤、分阶段的方式推进改革，或者说采取累积性的边际演进的转换模式。而所谓激进式改革，是指采取激烈的、"一步到位"的方式进行改革。中国之所以采取渐进式的改革方式，是基于以下的考虑：

其一，关于改革的探索性。改革不是对原有经济体制进行某些修补和改良，而是在社会主义这一基本社会制度的范围内进行的"第二次革命"。对于这场从计划经济体制到市场经济体制的质的革命，世界上没有先例，没有现成的答案。因此，对于指导这场变革的领导层来说，需要有一个认识不断深化的过程，这就需要循序渐进，而不能一蹴而就。

其二，关于改革的复杂性。中国是一个人口多、地域广，而且经济发展很不平衡的国家。城乡之间、沿海内地之间、国有经济与非国有经济之间在改革的承载和接受能力上存在着很大的差异。这就决定了各个区域或部门的改革不可能"齐步走"，而需要"分而治之"，梯次推进。

其三，关于改革的艰巨性。改革是一场全方位的改革，既包括经济基础又包括上层建筑，既涉及思想层面，也涉及社会层面。而从这场全面改革的"重头戏"——经济体制改革来看，不仅包括微观主体的再造和市场体系的重建，也包括政府职能的转变，以及分配和社会保障制度的改革。如此艰巨、庞大的工程，决定了各个子系统的改革绝不可能在朝夕之间"齐头并进"地加以完成，而需要选准"突破口"，渐次展开，逐渐深入。

其四，获取改革动力的需要。改革作为一场深刻的社会经济变革，必然涉及经济利益格局的调整，或者说利益的重新分配。改革要确保获得足够的动力，必须获得更多社会成员的理解和支持。由于改革的收益在时间的分布上往往是跨期的，改革的福利损益在个体之间的分布也是不均匀的，因此需要有一个过程和充足的时间，使个体逐步提高对改革收益的感知和辨识，也使社会尽最大可能对利益受损者进行识别和必要的补偿，以增强改革的社会基础。

其五，保持社会稳定的需要。鉴于改革的探索性、复杂性、艰巨性和改革中的利益调整，都对社会稳定构成压力。而要使改革顺利推进，没有稳定的环境又是万万不能的。因此，在改革方式的选择上必须考虑如何把对社会稳定的压力，尽可能降低到社会和公众可承受的范围内，从而实现平稳的转轨。如果采取过于激烈的方式，可能会引起不必要的社会震荡，恶化改革的社会环境。

2. 渐进式改革方式的具体表现

中国的渐进式改革方式集中表现为从"易"到"难"，从传统体制外到传统体制内，从传统体制内易于突破的外围到需要攻坚的内核的改革顺序。具体而言，主要表现在如下 10 个方面：

（1）先农村改革，后城市改革，再到城乡综合配套改革。农业是国民经济发展的基础，在中国尤其如此。改革开放之初，农村人口占全国人口的 80%。不把人数如此众多的农民的生产积极性调动起来，不发展农业，整个国民经济就难以迅速发展。同时，农村主要是集体经济，与国有经济占绝对优势的城市相比，是计划经济体制相对薄弱的环节，是改革易于首先突破的环节。这就决定了中国经济体制改革必然首先从农村改革开始。党的十一届三中全会之后，以推行家庭联产承包责任制为主要内容的农村改革迅猛兴起。1979—1983 年，可以说是中国农村的大变动时期。在此期间农业的经营形式由单一的集体经营变成统分结合的双重经营，农户的家庭经营成为农业生产的一个重要层次。农村改革极大地推动了农村生产力的迅速发展，也对整个经济体制改革产生了示范和带动作用。在此基础上，以 1984 年 10 月《中共中央关于经济体制改革的决定》为标志，改革的主战场开始由农村转向城市。改革在城市经济生活的各个层次上展开，大大激发出城市经济的活力。进入 21 世纪，城乡差距问题引起更多关注，统筹城乡发展的迫切性日益突出，改革的思路进一步向以工促农、以城带乡、城乡综合配套改革方向调整。

（2）从推动乡镇企业、个体私营经济和外资经济等非国有经济的发展入手，形成以公有制经济为主体、多种经济成分共同发展的局面。由于发展新经济成分比直接改造旧体制容易一些，而且非国有经济更多体现了市场经济体制的要求，因此在改革之初，没有首先对规模庞大的国有经济存量进行重大的体制调整，而是在国有企业进行放权让利的扩大企业自主权改革试点的同时，在国有部门之外，着力推动非国有经济的发展。之后通过其竞争和示范效应，创造有利条件，促使国有经济发生深刻变革。在此基础上，多种所有制经济共同发展的混合所有制经济格局逐渐形成。近年来，混合所有制经济格局进一步由"板块式"平行发展向"胶体式"混合所有推进，也就是打破国有经济封闭的产权结构，允许国内民间资本和外商资本参与国有企业改组改革，参与国有资本置换，使国有资本和各类非国有资本相互渗透和融合。在这一过程中，不同所有制产权之间开放、流转和融合的态势开始显现，基于股份制的混合所有制经济逐渐发展起来，所有制结构和微观经济基础进一步得到改善。

（3）在推进国有企业改革方面，先采取放权让利的"政策调整型"改革，然后转到以企业制度创新和整个国有经济战略性调整为重点的改革。国有企业改革，最初采取的是扩大企业自主权和实行所有权与经营权分离、放开经营权的改革方式。这基本上是一种简政放权的"政策调整型"改革思路。为进一步深化国有企业改革，使企业真正成为适应社会主义市场经济发展的法人实体和市场主体，党的十四大之后，开始实施建立现代企业制度的试点，按照"产权清晰、权责明确、政企分开、管理科学"的要求，逐步对国有大中型企业实行规范的公司制改革。同时，着眼于搞好整个国有经济，采取"抓大放小"的方针，从战略上对国有经济布局进行调整，对国有企业实施战略改组。近几年，又按照"归属清晰、权责明确、保护严格、流转顺畅"的思路探索建立现代企业产权制度。这标志着国有企业改革已经逐步转变为"制度创新型"的思路。通过这种逐步推进的方式，把原来建立在计划经济基础上的国有企业逐步改革为适应社会主义市场经济体制要求的微观主体。

（4）先改革一般竞争性领域，再向传统的垄断性领域推进。由于垄断性行业内的企业往往规模庞大，其提供的产品或服务一般又构成社会生产和居民生活的基础，同时改革开放之初有关垄断性行业改革的理论准备也不充足，因此首先推行垄断性行业改革的条件尚不具备。相比之下，一般生产加工业、商贸服务业等竞争性领域却具备较好的改革基础，于是改革首先从竞争性行业开始。经过一段时间的改革，竞争性行业已发展成为市场化程度较高的部门。从 20 世纪 90 年代中期开始，改革垄断性行业的必要性和可能性都比之前更加突出。于是，垄断性行业的改革真正开始启动，在政企分开和商业化改造、引入竞争、改革政府监管体制，以及引入民间资本等方面做了一些初步的尝试。但总的来说，垄断性行业的改革还有待进一步深化，这仍将是下一阶段改革的着力点之一。

（5）先在一段时期内实行计划内价格和计划外价格并行的"双轨制"，然后在条件成熟时并轨，实行单一的市场价格制度。价格改革之初，可供选择的思路有两种：一种是采取一步到位放开的方式，另一种是采取积极稳妥、分步到位的方式。中国的价格改革没有采取前者，而是采取了"调放结合、先调后放、逐步放开"的方式，经历了一个由"双轨"到"单轨"的过程。这主要是基于以下几点考虑：一是价格改革要和市场发育相适应，避免过度超前；二是价格改革要考虑不同产业和产品的特点，分别采取不同的改革策略；三是价格改革要考虑政府的财政能力能否适应理顺各种比价关系的要求，考虑政府是否具备足够的驾驭改革的能力；四是价格改革也要考虑企业和居民是否具备足够的承受能力。一段时间内，国家定价和市场调节价格结合的"双轨制"在工业生产资料价格方面表现得比较突出。这种"双轨制"对于突破单一的国家固定价格具有一定作用。随着市场经济的深入发展，市场调节价格的比重逐渐扩大，计划轨和市场轨逐步走向"并轨"，最终完成向市场形成价格机制的转变。

（6）先着力发展商品市场，再逐渐发展资本、土地、劳动力、技术和管理等要素市场。传统的社会主义经济理论排斥广义价格的概念，不承认在社会主义社会里资金、劳动力、土地等生产要素商品化的可能性和必然性，而利息率、工资、地价和地租都由国家制定和调整，排斥市场机制的作用。因此，20 世纪 90 年代之前的价格改革主要是围绕一般商品和服务价格进行的狭义价格调整。随着改革开放的深化，生产要素被确认应商品化和进入市场，广义价格及其改革被提出来并开始得到广泛的重视。由此，价格改革逐渐向要素市场推进。

（7）先实行单纯的"按劳分配"，再向"按劳分配与按要素分配相结合"推进。分配方面最初的改革主要围绕打破传统的平均主义的"大锅饭"，完善按劳分配，健全体现劳动所得的工资奖金制度而展开。随后，要素参与分配的命题逐渐进入改革者的视野，于是由以按劳分配为主体、其他分配方式为"补充"，发展到以按劳分配为主体、多种分配方式"并存"，再发展到按劳分配和按生产要素分配"相结合"。在这一过程中，资本、土地（使用权）等传统生产要素逐步纳入收入分配范畴，技术、管理等现代生产要素也开始以"人力资本"方式转化为股份资本参与分配。由此，居民收入特别是城镇居民收入的来源构成发生了新变化：作为劳动所得的工薪收入仍是城镇居民收入的主要来源，但其比重已有所下降；而经营性收入和财产性收入等非工薪收入比重正在逐步上升。

（8）先以微观经济基础重塑作为改革的中心，再推进到以政府行政管理体制改革为重要环节。在改革之初，中国经济发展所面临的约束主要来自微观层面。无论是指令性计划体制下的国有企业，还是人民公社体制下的公社和生产队，都不是独立的经济主体，都缺乏追求效率的内在动力，致使整个经济缺乏活力。所以，改革首先围绕着微观经济基础的重塑这个中心环节。无论是农村经营制度的改革，还是国有企业的改革，都旨在重新塑造适应社会主义市场经济发展要求的微观经济基础。随着改革的深入，相应地进行了宏观经济管理从直接管理到以间接管理为主的改革和转变。进入 21 世纪后，情况表明，经济和社会生活中所累积的一些矛盾和问题，从制度模式的角度来分析，与政府行政管理体制改革尚未到位有较大关系。政府行政管理体制改革和政府职能转换明显滞后，已经成为整个经济体制改革的"短边约束"。在新的历史阶段，社会利益结构和国际经济环境的深刻变化，以及全面建设小康社会的重大历史任务，都要求把政府行政管理体制改革放在突出位置。于是进入以行政管理体制改革为重要环节、建设公共服务型政府为关键的改革新阶段。

（9）先沿海、后内地，先一般加工工业、后服务业和资本技术密集型产业，先"引进来"再"走出去"。一是在开放的区域上，从沿海逐步向内地推进。1979 年，首先在深圳、珠海、汕头、厦门 4 个城市试办出口特区（1980 年改称为经济特区）。这无疑是在计划经济体制内打开了一个"缺口"。之后，1984 年又决定开放14 个沿海城市，1985 年开辟了一批沿海经济开放区，1988 年扩展沿海经济开放区并兴办海南经济特区，1990 年开发开放上海浦东新区。到 20 世纪 90 年代初，在沿海地区形成了 2 亿多人口的沿海经济开放带。1992 年，党的十四大进一步提出推进沿海、沿江、沿边境和内陆中心城市的开放步伐。这样，一步步形成了从沿海到内地的全方位开放格局。二是在开放的领域上，从一般加工工业逐渐向服务业、高新技术产业和基础产业等扩展。在开放初期，优先开放了第二产业中的许多领域，只允许外商进入少数的服务业领域。20 世纪 90 年代之后，特别是中国加入 WTO 之后，服务业开放的步伐逐步加快。在工业内部，首先开放一般加工工业等传统的劳动密集型产业，之后逐步过渡到包括高新技术产业和基础产业在内的资金密集型和技术密集型产业。由此，逐渐形成了各产业全面对外开放的态势。三是在开放的战略上，从侧重于"引进来"向"引进来"和"走出去"并重转变。在对外开放中，资本流动在相当长一段时间内基本上是单方向的，也就是主要侧重于"引进来"。近年来，为了进一步推动中国的产业升级、确保资源的可持续供给、减轻国际贸易摩擦的压力，"走出去"的战略地位逐步提高，包括财税、信贷、保险、通关、质检、领事保护等措施的相应的支持体系也开始构建。

（10）在着眼于全方位改革的过程中，先着重推进经济体制改革，再及时推进政治体制改革、文化体制改革和社会体制改革。1978 年开始经济体制改革。到 1987 年，经济体制改革全面展开并取得较大进展之后，党的十三大正式提出：把政治体制改革提上全党日程的时机已经成熟。到 1992 年党的十四大又提出积极推进文化体制改革。2002 年党的十六大，首次把经济、政治、文化"三位一体"的全面奋斗目标与"三位一体"的全方位改革架构结合起来，具体部署了"经济建设和经济体制改革""政治建设和政治体制改革""文化建设和文化体制改革"。到 2005 年党的十六届五中全会，首次提出开创社会主义经济建设、政治建设、文化建设、社会建设的新局面。在此基础上，2006 年党的十六届六中全会明确提出中国特色社会主义事业"四位一体"的总体布局和相应的"四位一体"的全方位改革架构，提出推动经济建设、政治建设、文化建设、社会建设协调发展，推进经济体制、政治体制、文化体制、社会体制改革和创新。2007 年党的十七大，进一步把中国特色社会主义事业"四位一体"的总体布局写入党章，并在党章中指明：坚持改革开放，是我们的强国之路。要从根本上改革束缚生产力发展的经济体制，坚持和完善社会主义市场经济体制；与此相适应，要进行政治体制改革和其他领域的改革。30 年来，我们首先着重推进了经济体制改革，在社会主义条件下发展市场经济，不断解放和发展生产力，进而为其他方面的改革提供坚实的物质基础。如果国家经济凋敝，人民生活困顿，作为上层建筑的政治体制改革以及其他方面的改革也不可能顺利推进。在此基础上，及时推进政治体制改革、文化体制改革和社会体制改革，以巩固和扩大经济体制改革的成果，为经济体制改革的顺利推进提供正确的政治方向、思想导向和稳定的社会环境，促进生产关系与生产力、上层建筑与经济基础的总体协调。

3. 对渐进式改革方式的总体评价

经过 30 年的改革实践，可以清楚地看到，渐进式这种循序渐进的改革战略，在保证原有利益格局不受到急剧性冲击的前提下，使市场制度能够以"边际演进"的方式获得生长。在这一过程中，市场的力量和益处通过"涓滴"效应和"墨渍"效应，逐渐在传统体制内渗透和扩散，从而为向社会主义市场经济体制的全面转型创造了水到渠成的条件。中国独特的渐进式改革方式，不但有力地促进了经济快速增长，有效防止了激进式改革可能给经济增长带来的"J形曲线"效应或更为糟糕的"L形曲线"效应，也得到了社会普遍的理解和支持，保持了社会的稳定。渐进式改革是一条符合中国国情的改革之路。

当然，渐进式改革方式也导致新旧两种体制相持的时间相对长一些，会产生一些新的矛盾。首先，由于改革是渐次推进的，这就给旧体制以足够的时间来与新体制抗衡，双方在摩擦和较量的过程中，旧体制仍旧会在一些方面起作用，而且有可能会牵制或者侵蚀新体制，从而增大改革的难度。其次，由于采取边际演进的累积性的步骤，两种体制并存和僵持的时间比较长，这就为在两种体制之间"套利"提供了可能。那些可以从套利中得到好处的既得利益者，可能会与传统体制的既得利益者一道，成为抵制改革进一步向纵深推进的力量，这也将增大改革的难度。因此，如何在整体推进的过程中，选择适当的时机以及关键的领域和环节，实施有重点的"突破"，是渐进式改革方略必须要应对的课题。

## 五　改革与发展的关系：视发展为改革的目的

改革开放 30 年来，我们始终以经济建设为中心，紧紧围绕经济发展进行改革，通过制度创新与调整为经济发展提供新的动力和活力，不断解放和发展生产力，并将经济绩效的改善和民众福利的改进作为改革得失成败的评判标准。在围绕经济发展进行改革的同时，还不断拓展与深化"发展"的内涵，并以此推动改革不断向纵深前行。

1. 改革以"三个有利于"为评判标准

在经济体制改革这场历史性变革中，以什么作为衡量和判断得失成败的根本标准，关系重大。改革初期，邓小平就反复提出和强调了"生产力标准"。早在 1978 年 9 月，他指出："按照历史唯物主义的观点来讲，正确的政治领导的成果，归根结底要表现在社会生产力的发展上，人民物质文化生活的改善上。"① 随后，"生产力标准"被写入 1984 年党的十二届三中全会《中共中央关于经济体制改革的决定》和 1987 年党的十三大报告。1992 年春天，邓小平在"南方谈话"中，又进一步明确提出了"三个有利于"的标准。他说：改革开放迈不开步子，说来说去就是怕资本主义的东西多了，走了资本主义道路。要害是姓"资"还是姓"社"的问题。"判断的标准，应该主要看是否有利于发展社会主义社会的生产力，是否有利于增强社会主义国家的综合国力，是否有利于提高人民的生活水平。"② 1992 年 10 月，党的十四大报告不仅把"三个有利于"作为衡量判断改革得失成败的根本标准，而且把它同社会主义的本质、社会主义的根本任务和社会主义社会的发展动力等有机结合起来。1997 年，党的十五大再次重申并强调了坚持"三个有利于"的标准。

"三个有利于"标准，是一个统一的整体。其中，第一条"有利于发展社会主义社会的生产力"是基础；第二条"有利于增强社会主义国家的综合国力"是第一条的自然延伸和逻辑的必然结果；第三条"有利于提高人民的生活水平"是第一条、第二条的落脚点和最终目的。实践表明，"三个有利于"标准是分析和把握改革开放过程中出现的一系列新事物的重要标尺，它在促进思想大解放、推进经济体制改革过程中发挥了极其重要的作用。

2. 始终以经济发展为主线，紧紧围绕经济发展进行改革

改革以发展为目的，这里的"发展"首先是经济发展，这是社会发展等所有发展的基础。中国在改革开放之初就明确以经济建设为中心，把经济发展放在首位，这是在总结历史经验教训基础上提出来的。邓小平曾经指出，"中国解决所有问题的关键是要靠自

---

① 《邓小平文选》第二卷，人民出版社 1994 年版，第 128 页。
② 《邓小平文选》第三卷，人民出版社 1993 年版，第 372 页。

己的发展"，"发展才是硬道理"。进入 21 世纪后，从党的十六大
到十七大，也都一再强调提出把发展作为党执政兴国的第一要务。
发展，对于全面建设小康社会、加快推进社会主义现代化，具有决
定性意义。能不能解决好发展问题，直接关系人心向背、事业兴
衰。改革开放 30 年来，我们一直牢牢扭住经济建设这个中心，坚
持聚精会神搞建设、一心一意谋发展，不断解放和发展社会生
产力。

改革是经济发展的强大动力。通过改革，革除那些不适应生产
力发展要求的生产关系和上层建筑，为生产力发展扫除了障碍。30
年来，围绕经济发展过程中出现的问题，着力在基本经济制度、现
代企业制度、市场体系建设、收入分配制度、社会保障制度，以及
政府管理体制特别是宏观经济管理体制等方面进行了一系列改革，
使我国的所有制结构、市场结构、资源供给结构、产业结构、就业
结构、分配结构、消费结构、地区结构等方面都发生了历史性的重
大变化，从而为经济发展注入了蓬勃生机，开辟了广阔空间。

3. 不断拓展与深化"发展"的内涵，相应丰富改革的内容

改革以发展为目的，这里"发展"的内涵是随着发展理论和
发展实践的不断变化而不断拓展与深化的。

从国际上发展理论和发展实践的演进看，可以找到这样一条
线索：

（1）经济增长论。"二战"后兴起的发展经济学，最初主要关
注的是落后国家如何才能追赶发达国家，因此主要强调经济总量的
增长，把发展等同于经济增长。但实践中"无发展的增长"却表
明了发展与增长之间的巨大差异。美国学者克劳尔（Clower，
1966）曾以"无发展的增长"为主题，发表了他对利比里亚经济
研究的论著。联合国《1996 年人类发展报告》曾指出了五种有增
长而无发展的情况，即：①无工作的增长（jobless growth），指经
济增长未能提供足够多的就业机会，甚至恶化了就业形势；②无声
的增长（voiceless growth），指经济增长未能扩大公众参与和管理

公共事务，未能扩大自由表达自己的意见和观点的可能性；③无情的增长（ruthless growth），指经济增长导致了收入分配不平等格局的恶化，财富的扩大甚至带来了新的贫困阶级；④无根的增长（rootless growth），指经济增长对文化多样性造成的破坏，导致本土文化的危机以及民族冲突的发生；⑤无未来的增长（futureless growth），指经济增长对生态、资源和环境造成的破坏，影响了经济增长的可持续性。

（2）经济和社会综合协调发展理论。20 世纪 60 年代前后，随着社会矛盾的突出，发展理论增加了对"社会结构和社会问题"的关注，认为发展是经济、社会各方面综合协调发展的系统工程。英国学者辛格（Singer，1965）强调应更重视社会发展的各个方面。美国学者阿德尔曼和莫里斯（Adelman and Morris，1967）提出应从经济、社会和政治因素互动的角度来理解发展。英国学者西尔斯（Seers，1969）强调发展的目的应是减少贫困、不平等和失业。联合国社会发展研究所（UNRISD，1970）主张，发展应是经济增长与社会变革的统一，并建立了由 16 个核心要素构成的社会经济发展指标。美国学者托达罗（Todaro，1977）提出应把发展看作包括整个经济和社会体制的重组与重整在内的多维过程。

（3）可持续发展理论。20 世纪 70 年代前后，随着人口、资源、环境压力的增大，发展理论又增添了"可持续发展"的内容，将"协调"的理念扩展到代际。美国学者梅多斯等人（Meadows et al.，1972）曾表明了人与自然之间和谐发展的观点。美国学者布朗（Brown，1981）进一步对可持续发展观作了比较系统的阐述。

（4）人本发展理论。20 世纪 80 年代前后，随着伦理原则被逐步纳入发展的视野，发展理论又增添了更多的"人文关怀"，把发展的焦点由单纯的物质财富增长转向了人的自由的拓展、人的能力的提高和人的潜力的发挥上。实际上，早在 20 世纪 70 年代初，美国学者古雷特（Goulet，1971）就提出发展的核心价值和基本要素应包括三个方面，即生存，指满足人类基本的生活需要；自尊，指自重和独立性，消除被支配和依附的感觉；自由，指摆脱贫困、无知和卑贱这三种罪恶，使人们具备更大的能力来决定他们自己的命运。80 年代初，法国学者佩鲁（Perroux，1983）提出新发展观，强调发展应是"整体的""综合的"和"内生的"，真正的发展必须是经济、社会、人、自然之间的全面协调共进；并坚持认为，应把"人的全面发展"作为发展的根本目标与核心价值取向，也就是说，发展应以人的价值、人的需要和人的潜力的发挥为中心，旨在满足人的基本需要，促进生活质量的提高和共同体每位成员的全面发展。90 年代末，印度学者森（Sen，1999）提出以自由看待发展的理论，其核心思想是，扩展自由既是发展的首要目的，也是发展的主要手段。所谓扩展自由是发展的首要目的，是指发展可以看作扩展人们享有的真实自由的一个过程。这里的真实自由，就是能过一种有价值生活的"可行能力"。而扩展自由是发展的主要手段，主要是指五种工具性自由，即政治自由（政治权利与公民权利）、经济自由（经济条件）、社会自由（社会机会）、透明性自由（透明性保证）、防护性自由（防护性保障）。这些工具性自由能帮助人们更自由地生活并提高他们在这些方面的整体能力。

由上观之，在国际上，60 余年来，由以"物"为中心到以"人"为中心，由经济发展到社会发展、可持续发展、人自身的发展，经济学关于"发展"内涵的认识不断深化。

从中国国内的发展理论和发展实践看，也经历了一个不断演变的过程。20 世纪 60 年代，我国学术界曾对外延型和内涵型、粗放型和集约型经济增长方式问题进行过讨论；80 年代，这一讨论又掀高潮。到 1987 年党的十三大，首次提出经济发展要从粗放经营为主逐步转上集约经营为主的轨道，使经济建设转到依靠科技进步和提高劳动者素质的轨道上来。1992 年党的十四大重申：努力提高科技进步在经济增长中所占的含量，促进整个经济由粗放经营向集约经营转变。1995 年党的十四届五中全会，提出实行两个具有全局意义的根本性转变，一是经济体制从传统的计划经济体制向社会主义市场经济体制转变；二是经济增长方式从粗放型向集约型转变。并提出：实现经济增长方式从粗放型向集约型转变，要靠经济体制改革，形成有利于节约资源、降低消耗、增加效益的企业经营机制，有利于自主创新的技术进步机制，有利于市场公平竞争和资源优化配置的经济运行机制。进入 21 世纪，"发展"的内涵有了新的重大突破。2002 年党的十六大，确立"全面建设小康社会"的奋斗目标，首次提出"社会和谐""人与自然的和谐""人的全面发展"等重要理念。2003 年，党的十六届三中全会首次提出全面、协调、可持续的发展观；转年，党的十六届四中全会明确提出科学发展观。2007 年党的十七大全面、系统地阐述了科学发展观，并从经济、政治、文化、社会、生态文明五个方面对全面建设小康社会奋斗目标提出了新要求，同时把 12 年前党的十四届五中全会提出的"转变经济增长方式"调整为"转变经济发展方式"。相应地，党的十七大对改革也提出了新任务，即继续深化改革开放，着力构建充满活力、富有效率、更加开放、有利于科学发展的体制机制。

基于国际上发展理论和发展实践的不断演进，同时根据国内发展理论和发展实践的不断变化，中国已由片面追求经济增长走上包括经济发展、社会发展、人与自然关系的协调发展和人自身全面发展在内的科学发展道路，并相应地不断丰富着改革的内容。

## 六　改革与稳定的关系：以稳定作为改革的保证

改革必须有稳定的环境作为保证，包括政治稳定、经济稳定、社会稳定。如果政局混乱、经济动荡、社会不安，那么，一切改革都无从谈起。30 年来，中国在改革过程中，强调稳定是改革的基本前提，注重保持政治、经济和社会的稳定，为改革创造了良好条件，避免了一些国家所遭遇的转轨型政治、社会震荡和经济衰退。

1. 注重保持政治稳定

在所有稳定中，最关键的是政治稳定。30 年来，在推进经济体制改革和经济高速发展、推进整个社会变革的过程中，保持了政治稳定。能做到这一点，主要基于三方面原因：（1）政治路线保持稳定。坚持党的基本路线不动摇，也就是坚持以经济建设为中心，坚持把改革开放同四项基本原则统一起来，不断克服来自"左"和右的各种干扰。（2）领导核心保持稳定。顺利实现领导核心的平稳过渡。中央领导集体是能够担当历史重任和时代使命、富有改革创新精神、具有丰富实践经验、深得人民群众信任的坚强领导核心。（3）基本政策保持稳定。保持诸如实行家庭联产承包责任制、鼓励一部分人先富起来等重大政策的连续性和稳定性。

2. 注重保持经济稳定

在经济体制转轨时期，引发经济剧烈波动的不确定性因素很多，我们强调改革和发展要稳中求进[①]；同时，在不断发挥市场在资源配置中基础性作用的过程中，也注意克服市场本身存在的自发性、盲目性和滞后性。由此，通过不断加强和改善宏观调控，保持了经济的持续、平稳、较快发展，为改革提供了良好的宏观经济环境。改革开放以来，中国经济的增长与波动呈现出这样一种新态势：经济增长率的峰位理性地降低（从改革开放前的高达 20% 左右，降到改革开放后的 10% 左右）、谷位显著地上升（从改革开放前的低谷年份经常是负增长，到改革开放后的低谷年份均为正增长）、波幅趋于缩小，也就是呈现出经济波动微波化、稳定化趋势。

---

① 早在 1987 年，中国社会科学院经济学科片课题组就提出了"稳中求进"的改革思路。针对当时部分学者主张"改革和发展都要快速推进、用适度通货膨胀来支撑经济的超高速发展"的论点，中国社会科学院的学者认为，应先用 3 年时间（1988—1990 年）治理经济环境，主要是治理通货膨胀，紧缩财政与信贷，稳定经济，在宏观经济比例重新协调后，改革再大步展开。这一主张，对于理论界和宏观决策部门认识和处理改革与经济稳定的关系产生了较大的影响（中国社会科学院经济体制改革纲要课题组，1991）。

### 3. 注重保持社会稳定

改革是利益关系的重新调整。在打破原有利益格局并寻求再平衡的过程中，一方面要改变原有体制运行和利益分配的常态秩序；另一方面，新因素的渗入又引发乃至加剧新旧两种体制的矛盾。无论是常态秩序的改变，还是两种体制矛盾的存在，都容易引发社会不稳定因素。比如，在改革过程中，由于城乡之间、区域之间和社会阶层之间在收入分配和财富占有上的差距趋于扩大，加上教育、医疗、住房、养老等方面的有关制度和社会保障体系尚不健全，连同农业剩余劳动力大规模向城市转移和城镇内部业已存在的巨大就业压力，成为影响社会不安定的重要因素。为了在改革中保持社会稳定，我们十分注重把改革的力度、发展的速度和社会可承受的程度统一起来。做到在社会稳定中推进改革和发展，在改革和发展中实现社会的长期稳定。

30年来，中国在这方面积累了一些经验：一是综合考虑每一项重大改革措施对社会各方面的影响，恰当选择出台的时机和力度。对实施条件尚不成熟的改革措施，积极创造条件，待条件成熟时再相机出台。二是突出重点，避免由多项改革措施同时并进所产生的叠加效应和连锁效应超过社会的可承受能力。三是建立新型社会保障制度，构建与市场经济相适应的社会安全网。四是建立改革中利益补偿机制，包括对传统体制下利益受到挤压部分的补偿，以及体制转轨中利益受到侵蚀部分的补偿。在改革的过程中，通过财富创造方面的体制与机制创新，以及某些差别待遇政策，使一部分地区和一部分人先行发展和致富，使改革首先在局部领域获得多数支持，保持进一步改革的动力；之后通过业已形成的增长点或增长极的带动、辐射、反哺机制，以及依托这些增长点或增长极所进行的政府转移支付和对受损者的适当补偿、保护，使更多地区和更多人从改革中获益或免受损失，以确保改革的"帕累托改进"性质（使所有人"从改革中获得一份好处"或"至少不比改革前的情况差"）和"一极化"趋势（使所有人不同程度地分享到改革发展的成果），由此进一步扩大改革的社会基础，获得更大的改革动力。五是积极应对改革中的心理感知和社会公平偏好问题。所谓心理感知问题，是指在改革过程中，一些利益损失在群体和时间的分布上是相对集中的，容易被感知；而改革的收益在社会成员中和时间维度上是广泛分布的，不易被察觉；同时，个体对自身福利状况的改变普遍存在这样的心理倾向，即对利益损失的厌恶超过对改革收益的正面评价。所谓社会公平偏好问题，是指个体对公平分配的偏好特点，即对于某些社会成员特别是弱势群体而言，即使自己从改革中受益，也可能认为是不公平的，因为他们认为那些在收益分配上具有话语决定权的强势群体不合理地占有了更多的收益。这样，对现有收入分配不满的群体往往形成对改革的负面评价。对此，在改革的过程中，努力确保改革的整体福利改进性质，尽可能保障国民从改革中得到实惠或利益免受损失，从而共享改革的收益；与此同时，通过保持与公众沟通的渠道，尽可能使广大群众了解改革的必要性，以及改革的潜在收益；通过相应的社会政策的制定和执行，特别是直接和可感知的再分配手段，努力矫正转轨过程中产生的利益不平衡。由此获得尽可能多的社会成员对改革的认同和支持。

## 七　改革与开放的关系:注重市场化与国际化之间的相互推动

中国的经济体制改革是与对外开放紧密结合进行的。开放不仅是改革的内源性要求，而且也是推动改革的重要外部力量；同时，开放的拓展和深化，也需要改革给予制度支撑。基于此，30 年来，中国注重将国内市场化与参与经济全球化相结合，使改革与开放相互促进，市场化与国际化相互推动。

1. 对外开放本身就是改革

中国经济体制改革的目标是建立社会主义市场经济体制，而市场经济是开放经济。中国实行的对外开放就是对过去闭关自守的否定，是对封闭起来、以高度集中的计划配置资源方式的改革，意味着资源配置的空间、方式都会发生重大变化。从这个意义上说，对外开放也是改革，是改革在空间范围上的拓展。

马克思和恩格斯曾在《共产党宣言》中指出：大工业建立了由美洲的发现所准备好的世界市场。世界市场使一切国家的生产和消费都成为世界性的了。过去那种地方的和民族的自给自足和闭关自守状态，被各民族的各方面的互相往来和各方面的互相依赖所代替了。① 在当代，经济全球化迅速发展，闭关自守是不能实现现代化的。在我国改革开放之初，邓小平就指出：现在的世界是开放的世界。中国在西方国家产业革命以后变得落后了，一个重要原因就是闭关自守。中华人民共和国成立以后，人家封锁我们，在某种程度上我们也还是闭关自守，这给我们带来了一些困难。三十几年的经验教训告诉我们，关起门来搞建设是不行的，发展不起来。关起门有两种，一种是对国外；还有一种是对国内，就是一个地区对另外一个地区，一个部门对另外一个部门。两种关门都不行。我们提出要发展得快一点，太快不切合实际，要尽可能快一点，这就要求对内把经济搞活，对外实行开放政策。由此，党的十一届三中全会以来，我们在经济体制改革中一直把对内搞活和对外开放结合起来，把对外开放作为长期的基本国策。30 年来，不断扩大对外开放的地域和领域，逐渐形成全方位、多层次、宽领域的对外开放格局。

2007 年党的十七大进一步提出坚持对外开放的基本国策，拓展对外开放的广度和深度，提高开放型经济水平，并做出了具体部署。一是扩大开放领域，优化开放结构，提高开放质量。二是把"引进来"和"走出去"更好结合起来，完善内外联动、互利共赢、安全高效的开放型经济体系，形成经济全球化条件下参与国际经济合作和竞争新优势。三是深化沿海开放，加快内地开放，提升

① 参见《马克思恩格斯选集》第一卷，人民出版社 1972 年版，第 252—255 页。

沿边开放，实现对内对外开放相互促进。四是加快转变外贸增长方式，立足以质取胜，调整进出口结构，促进加工贸易转型升级，大力发展服务贸易。五是创新利用外资方式，优化利用外资结构，发挥利用外资在推动自主创新、产业升级、区域协调发展等方面的积极作用。六是创新对外投资和合作方式，支持企业在研发、生产、销售等方面开展国际化经营，加快培育我国的跨国公司和国际知名品牌。七是积极开展国际能源资源互利合作。八是实施自由贸易区战略，加强双边多边经贸合作。九是采取综合措施促进国际收支基本平衡，并注重防范国际经济风险。

2. 对外开放倒逼经济体制改革

中国在过去 30 年中，不仅推行由自身发展所要求的"内生性"改革，而且还借助外部力量，也就是用对外开放来"倒逼"和促进经济体制改革。这主要是用引进的市场经济洪流冲击僵化的传统体制，通过开放加快推进国内的经济市场化进程。特别是中国加入 WTO，标志着由政策性开放转向体制性开放的新阶段，促使经济体制按照经济全球化和国际市场竞争要求的共同游戏规则，进行更深层次的改革和调整，从而进一步锁定了中国改革的基本方向，由此走上了现代市场经济的"不归路"。无论是统一、开放、竞争、有序的市场体系的构建，还是微观主体在国际示范效应和国际竞争压力下进行的调整，抑或在国际通行的现代市场经济一般规则下创新政府管理体制和提高宏观调控能力，都是从全球视野强化了市场对资源配置的基础性作用。

对外开放有助于"倒逼"和加快改革的进程，还体现在以下几个方面。

第一，对外开放有助于增强人们的改革意识。从本质上说，改革是对旧的生产关系和既有利益关系的重新调整。在这一过程中必然会触动旧体制下形成的权力、利益关系格局，因而会遭遇思想上的各种障碍。而在对外开放的过程中，人们会明显感受到传统体制与国际社会经济运行规则之间的巨大落差。这就会促使人们进一步认识旧经济体制的弊端，提高改革的主动性，增强改革的自觉性。

第二，对外开放有助于拓展改革的思路。市场经济体制是当代人类共同的文明成果。在西方发达国家，经过几百年的发展历史，市场经济已经发育得较为成熟，其运行规则也较趋于完善。中国在对外开放的过程中，可以更充分地了解和认识市场经济的一般规律和本质属性，更好地把握市场经济的运行规则。通过借鉴发达国家发展市场经济的先期做法，包括在市场经济条件下企业制度创新、资本市场和金融运行，以及宏观调控等方面的经验，有助于拓展改革的思路，加快改革的进程。

第三，对外开放有助于借鉴并吸取其他经济转轨国家改革的经验教训。其他经济转轨国家在改革过程中也有许多值得借鉴的成功经验和不少值得吸取的教训。对外开放有助于中国了解这些经验和教训。在此基础上，通过学习其他经济转轨国家改革的成功经验，可以加快改革的进程；通过吸收他们的教训，可以减少改革的失误。

## 八　改革的协同配套：推进全方位改革

由于改革触及同生产力发展不相适应的生产关系和上层建筑，所以改革不仅要突破传统的经济体制，还要冲破其他各种旧的僵化体制，实现国家政治制度、人们思想观念及社会行为方式的深刻变革。这就要求改革不局限在经济领域，寻求经济体制改革本身的"纵向深入"，而且还要注重经济体制改革与政治体制改革、文化体制改革、社会体制改革的"横向协同"。

1. 稳步推进政治体制改革

1978 年党的十一届三中全会做出改革开放决策之时，就明确提出：为了适应社会主义现代化建设的需要，决定在党的生活和国家政治生活中加强民主；并提出：为了保障人民民主，必须加强社会主义法制，使民主制度化、法律化。

1980 年 8 月，邓小平在题为"党和国家领导制度的改革"的讲话中，阐述了政治体制改革的指导思想和基本思路。这篇讲话是中国进行政治体制改革的指导性文件。邓小平提出："改革并完善党和国家各方面的制度，是一项艰巨的长期的任务，改革并完善党和国家的领导制度，是实现这个任务的关键"[①]，要"从制度上保证党和国家政治生活的民主化、经济管理的民主化、整个社会生活的民主化，促进现代化建设事业的顺利发展"[②]。

1987年，党的十三大把政治体制改革提上全党日程，提出发展社会主义商品经济的过程，应该是建设社会主义民主政治的过程。不进行政治体制改革，经济体制改革不可能最终取得成功。党的十三大对政治体制改革从7个方面进行了具体部署：实行党政分开；进一步下放权力；改革政府工作机构；改革干部人事制度，建立国家公务员制度；建立社会协商对话制度；完善社会主义民主政治的若干制度，包括完善人民代表大会制度，完善共产党领导下的多党合作和协商制度；加强社会主义法制建设等。党的十四大和十五大都重申继续推进政治体制改革。

进入新世纪，2002年党的十六大首次提出"建设社会主义政治文明"，并从9个方面部署了"政治建设和政治体制改革"的任务：坚持和完善社会主义民主制度；加强社会主义法制建设；改革和完善党的领导方式和执政方式；改革和完善决策机制，建立与群众利益密切相关的重大事项社会公示制度和社会听证制度；深化行政管理体制改革，进一步转变政府职能；推进司法体制改革；深化干部人事制度改革；加强对权力的制约和监督；维护社会稳定。

2007年，党的十七大首次提出政治体制改革要"坚持中国特色社会主义政治发展道路"。这条道路的核心内容是坚持党的领导、人民当家作主、依法治国有机统一；这条道路的基本制度框架是坚持和完善人民代表大会制度、中国共产党领导的多党合作和政

---

① 《邓小平文选》第二卷，人民出版社1994年版，第342页。
② 同上书，第336页。

治协商制度、民族区域自治制度以及基层群众自治制度，不断推进社会主义政治制度自我完善和发展。

中国在推进政治体制改革的过程中，既把民主政治建设提升到中国特色社会主义事业总体布局的战略高度，又从国情出发、稳步推进、注重实效。从国情出发，就是根据中国国情，不断总结自己的实践经验，同时借鉴人类政治文明的有益成果，但绝不照搬西方政治制度的模式。稳步推进，就是考虑到社会主义民主政治建设是不能孤立进行的，必然受到经济、文化发展水平的制约，是与物质文明和精神文明建设互为条件，互相促进的。注重实效，就是民主政治建设是否真有成绩，最终还是要由实践的效果来检验，要看国家的政局是否稳定，人民的生活是否改善，生产力是否得到发展。

2. 逐步推进文化体制改革

改革开放之初，1979 年党的十一届四中全会首次提出两个文明建设问题，指出在建设高度物质文明的同时，建设高度的社会主义精神文明。1982 年党的十二大首次提出社会主义精神文明是社会主义的重要特征，是社会主义制度优越性的重要表现，并把两个文明建设作为建设社会主义的战略方针问题。党的十二大具体部署了社会主义精神文明建设，分为思想建设和文化建设两个方面。1986 年，党的十二届六中全会专门通过了《中共中央关于精神文明建设指导方针的决议》。

中国在改革开放之初，在总结历史经验的基础上，明确提出了物质文明和精神文明这两个概念，并且把社会主义精神文明看作社会主义的一个重要特征，强调在建设物质文明的同时必须努力建设社会主义精神文明，这是对马克思主义的一个重要贡献。在此之前，在马克思主义经典文献中，都没有明确地把人类文明区分为物质文明和精神文明这样两个方面，也没有用精神文明这样简洁的概念来概括教育、科学、文化、思想、道德、纪律等文明现象，更没有把社会主义精神文明提到社会主义特征的高度。

1992 年党的十四大在确立我国经济体制改革的目标是建立社

会主义市场经济体制的同时，重申"坚持两手抓、两手都要硬"，把社会主义精神文明建设提高到新水平；并首次提出积极推进文化体制改革。进入 21 世纪，我国进入全面建设小康社会的新的发展阶段。2002 年党的十六大具体部署了"文化建设和文化体制改革"，首次将文化分成文化事业和文化产业，并提出抓紧制定文化体制改革总体方案。党的十六大之后，文化体制改革试点工作启动；2004 年党的十六届四中全会首次提出"深化文化体制改革，解放和发展文化生产力"的重要命题。在试点的基础上，2006 年，中共中央、国务院发出《关于深化文化体制改革的若干意见》。这是贯彻落实科学发展观，推进文化体制改革的纲领性文件。文化体制改革的目标任务是，形成科学有效的宏观文化管理体制，富有效率的文化生产和服务的微观运行机制，以公有制为主体、多种所有制共同发展的文化产业格局，统一、开放、竞争、有序的现代文化市场体系。2007 年党的十七大在深刻把握世界发展潮流和趋势中，首次提出"提高国家文化软实力"问题，指出：当今时代，文化越来越成为民族凝聚力和创造力的重要源泉、越来越成为综合国力竞争的重要因素，丰富精神文化生活越来越成为我国人民的热切愿望。党的十七大在中国特色社会主义事业"四位一体"的总体布局中，进一步部署了推动社会主义文化大发展大繁荣、深化文化体制改革的任务。

中国的改革实践表明，物质文明和精神文明的建设是互为条件，又互为目的的。物质文明为精神文明的发展提供物质条件和实践基础，精神文明又为物质文明的发展起到巨大推动作用，提供精神动力和智力支持，提供正确的发展方向。

3. 加快推进社会体制改革

改革开放以来，特别是进入 21 世纪之后，伴随着经济体制的深刻变革和社会主义市场经济的发展，中国的社会结构、社会组织形式、社会利益格局相应发生了前所未有的深刻变动。与此同时，随着政治、文化体制改革的推进，民众的民主法制意识增强，并且政治参与积极性提高，人们思想活动的独立性、选择性、多变性、差异性越来越强。面对这种空前的社会变革，2006年党的十六届六中全会通过了《中共中央关于构建社会主义和谐社会若干重大问题的决定》，从中国特色社会主义事业总体布局和全面建设小康社会全局出发，明确提出推动社会建设与经济建设、政治建设、文化建设协调发展，推进社会体制改革与经济体制改革、政治体制改革、文化体制改革相配合。2007年党的十七大对加快推进以改善民生为重点的社会建设和推进社会体制改革，从六个方面进行了部署：一是优先发展教育，建设人力资源强国；二是实施扩大就业的发展战略，促进以创业带动就业；三是深化收入分配制度改革，增加城乡居民收入；四是加快建立覆盖城乡居民的社会保障体系，保障人民基本生活；五是建立基本医疗卫生制度，提高全民健康水平；六是完善社会管理，维护社会安定团结。

中国在推进社会体制改革中，着重处理了三组关系：

（1）国富与民生的关系。也就是在经济高速增长、国家综合实力不断增强的同时，通过制度建设，使经济发展成果更多体现到改善民生上。这方面的重点是围绕教育、就业、收入分配、社会保障、医疗卫生等民众最关心、最直接、最现实的利益问题，推进政府转型，健全公共财政体制，以逐步实现基本公共服务均等化。

（2）活力与秩序的关系。一方面注意激发社会活力，发挥社会组织和社会成员的创造力；另一方面，努力建立与社会主义市场经济相适应的社会秩序，健全党委领导、政府负责、社会协同、公众参与的社会管理格局，健全基层社会管理体制；重视社会组织建设和管理，发挥公众在社会建设和管理方面的协同作用，以构建政府与社会分工协作、共同治理的制度安排。

（3）多元与平衡的关系。一方面，顺应经济成分多元化、利益主体多元化、社会力量多元化的趋势；另一方面，注意平衡和协调多元力量之间的利益关系，注重社会公平和正义，建立健全各种协调利益关系的体制机制。

## 九　改革的推动力量：注意发挥基层和领导层的合力作用

在改革的推动力量上，中国既重视来自基层的探索和创新，又注重领导层的统筹和协调，一方面自下而上推动改革，另一方面又自上而下推动改革。基层和领导层的合力作用，上下互动的体制创新机制，为改革的深入进行提供了持久的动力源泉。

1. 尊重基层和民众的改革首创精神

中国以建立社会主义市场经济体制为目标的改革，在世界上没有现成模式，必须在实践中探索。这就需要充分激发来自多元社会经济主体内生或自生的改革力量，稳步有效地扩大基层和民众的参与，通过在基层实践中探索，自下而上推动改革，以降低改革的风险。

一是尊重社会主义劳动者的改革首创精神。包括工人、农民和知识分子在内的社会主义劳动者，是中国改革开放事业的基本依靠力量。以最早起步的农村改革来说，1978 年年底，安徽省凤阳县小岗村 18 户农民为了摆脱贫困，冒着风险自发地将集体的耕地包干到户，将农村的传统经营体制撞开了一个大缺口。中国的领导层支持了农民的伟大创造，使农村改革得以开展。在 30 年的农村改革中，具有制度创新意义的重要成果，如以家庭承包经营为基础、统分结合的双层经营体制，乡镇企业的异军突起，以及农村基层的民主制度建设，都首先是农民群众的尝试和探索，之后由领导层对群众创造加以总结和规范，上升为理论、政策和制度。农民群众不但是农业和农村经济活动的主体，也是农村改革的主体。应该说，允许农民打破思想和体制的束缚，允许农民探索制度创新，是农村改革能够比较顺利推进的一大基本经验。

二是尊重社会主义建设者的改革首创精神。改革开放以来在社会变革中所出现的新的社会阶层，如个体户、私营企业主、民营科技企业的创业人员和技术人员、受聘于外资企业的管理和技术人员、中介组织的从业人员、自由职业人员等，都是中国特色社会主义的建设者，也是推进改革开放所依靠的重要力量。以其中的个体户和私营企业主来说，改革开放之初，一批个体经营者和私营企业主开始冲破阻力，在计划经济体制之外的夹缝中寻求生存与发展。他们勇于创新，敢于承担风险，大胆改革，艰苦创业，成为改革的先锋者之一。中国的领导层认识到个体私营经济所蕴含的改革能量，逐步调整传统体制下有关的压制性政策，不断对放松其限制，认可他们的存在和发展，并赋予其合法的地位。随着改革开放的深入，又不断创造环境和条件，鼓励其发展，为使其平等参与市场竞争进行了持续的探索。经过 30 年的发展，由个体户和私营企业主所支撑的民营经济逐渐壮大起来。仅从就业结构看，到 2007 年年底，个体、私营企业的就业人员已经占到城镇就业人员的 27%；而在改革开放之初的 1978 年，当时没有私营企业及其就业人员，个体就业人员仅占城镇就业人员的 0.16%。现在，民营经济的密度已经成为影响地区经济发展绩效的重要因子之一。

三是尊重地方政府的改革首创精神。在中国改革的过程中，向地方放权和调动地方政府的积极性是一个重要的方面。地方不但是许多改革政策自下而上产生的源泉（如安徽的农村承包制改革和四川的企业承包制改革等），而且是自上而下改革的先行者和实验田（如广东、福建引进外资和建立经济特区的改革），同时也是支持市场化改革的主要政治力量。考虑到中国的大国特征和地区之间的不平衡性，分权化改革能够促使地方针对本地情况进行制度创新，避免"一刀切"和僵化；同时，也有利于地区之间的学习和模仿，形成创新经验向地区外的溢出和示范效应。国际学术界在研究中国转型经验时，认为中央政府对地方政府下放财权和经济管理权限的行政性分权改革，特别是财政分权改革，对中国经济改革和发展取得成功至关重要。这方面最具影响力的分析是"中国特色的联邦主义"（Federalism，Chinese Style）假说。（参见 Montinola，G.，Yingyi Qian and Berry Weingast，1995；Qian，Y.，and B. Weingast, 1997；Qian, Y., and G. Roland, 1998；Jin, H., Y. Qian and B. Weingast, 2005）该理论认为，中国的分权化制度安排对地方政府而言，带来了激励结构的改变，使其具有很强的动机去保持和维护市场化进程，推动地方经济增长。这一理论反映了某种"制度共识"，即在经济转型期，"校准激励"（Getting Incentives right），包括对私人部门和公共部门的激励，可能比"校准价格"（Getting Prices Right）更重要。当然，中国的分权体制也存在对地方政府的激励扭曲问题，特别是与政府职能转型和经济发展方式转变存在一定的冲突。如何改善对地方政府的激励，是今后改革中需要特别关注的。

2. 发挥领导层在改革中的统筹协调作用

改革是一项十分复杂的系统工程，既有"破"又有"立"，而且进程较长，并关乎社会各阶层的切身利益，蕴藏着较大的风险。没有统一、坚强的政治领导，包括具备较强执行力和公信力的权威政府，改革是无法顺利进行的。邓小平曾强调说：中央要有权威。改革要成功，就必须有领导有秩序地进行。没有这一条，就是乱哄哄，各行其是，怎么行呢？党中央、国务院没有权威，局势就控制不住。我们要定一个方针，就是要在中央统一领导下深化改革。①30 年来，作为领导层的中国共产党及其领导下的政府，在改革中的总揽全局、统筹协调作用具体体现在以下四个方面：

首先，确保改革目标的一致性。某些转轨国家的教训表明，转轨期间，如果政治领导者的更迭过于频繁，每届领导都无法贯彻一套完整、一致的战略和政策，那么政治经济的震荡就尤为剧烈，转轨的时间也会拖得更长。在中国，改革的领导者目标一致，具有明确的战略意图，凭借其在发起改革时的智慧和能力，以及在坚持改革时的影响力和坚定性，始终比较成功地驾驭着改革的进程，使改革在方向上不发生偏离，沿着既定的目标不断前行。这是确保改革

---

① 参见《邓小平文选》第三卷，人民出版社 1993 年版，第 277—278 页。

具有合意性的基础。

其次，确保改革路径的有效性。这一方面表现在中国领导层对自上而下改革的部署与引导，另一方面表现在其对自下而上改革的激励和升华。从改革方案的部署特别是初始行动的选择看，主要是由领导层根据现实中最主要的约束或者说最迫切需要解决的问题，以及缓解约束或解决问题的时机，而相机抉择。由于改革往往是"路径依赖"的，当最初的改革推出后，后续的改革要求会接踵而来，制度变迁便沿着某种内在的逻辑不断演进。基于此，中国的领导层在后续的行动中，注意遵循这种内生性的轨迹，在引导改革的进程中，尽可能确保改革的速度和顺序同诱致性制度变迁的路径相契合。对于突破旧体制框架、来自局部的改革试验和创新，中国领导层一直予以支持和鼓励，且注重集中群众智慧，将基层实践提升到理论上来概括，提升到制度上来创新，并向全国推广。

再次，确保改革决策的公共参与性。中国在进行改革决策时，尤其是近些年来，注意引入公共选择过程，不断提高社会参与程度。在听取各有关部门和地方意见的同时，也更加注重采取多种方式，组织社会力量包括专家等，共同研讨改革方案，以提高改革决策过程的公共参与性、透明性、科学性。通过确保利益相关者能在某种程度上参与决策，努力使改革决策兼顾各方面利益。

最后，确保改革政策的动态时间一致性。以土地特别是耕地政策为例，为了切实调动农民的生产积极性、稳定和发展农业生产，中国领导层于1984年明确提出土地承包期15年不变；1993年进一步提出土地承包期延长到30年不变，实行减人不减地的政策；2003年《中华人民共和国农村土地承包法》的颁布和实施，以法律形式赋予农民长期而有保障的土地使用权，标志着农村土地承包经营制度真正走上了法制化轨道；2007年颁布实施的《中华人民共和国物权法》又明确规定，土地承包期届满，由土地承包经营权人按照国家有关规定继续承包，从而进一步赋予了农民长期而有保障的土地使用权。这种政策上的连续性和稳定性提高了改革政策的可信性。

面向未来，中国的改革与发展正处于关键阶段，面临着诸多新的挑战。第一，改革将进一步向纵深推进，其难度越来越大，攻坚的任务越来越重。第二，改革将进一步向全面制度创新的方向扩展，改革的系统性越来越强，不仅需要经济体制改革内部各个环节之间的协调，也需要经济体制改革与政治、文化、社会体制改革之间的综合配套。第三，要实现经济发展方式的转变，还要因应包括经济发展、社会发展、人与自然的协调发展以及人自身全面发展的新的发展框架，对相关各方面改革提出的要求越来越高。第四，既要在利益主体多元化的情况下统筹协调好国内各方面的利益关系，又要在更加复杂多变的国际环境中趋利避害，改革的风险性不容忽视。第五，对于改革的领导者而言，也面临着毫不动摇地坚持改革方向，完善改革方式，增强改革动力，进一步提高改革决策的科学性，增强改革措施的协调性的重要使命。面对上述挑战，在着力构建充满活力、富有效率、更加开放、有利于科学发展的体制机制中，需要更多的智慧和更大的魄力，在中国特色经济体制改革道路上继续探索，向社会主义市场经济体制完善定型的目标持续努力。

## 参考文献

《经济研究》编辑部编：《社会主义经济中价值规律问题讨论专辑》，1979 年。

刘国光等：《经济体制改革与宏观经济管理——"宏观经济管理国际讨论会"评述》，《经济研究》1985 年第 12 期。

刘树成：《论又好又快发展》，《经济研究》2007 年第 6 期。

世界银行：《2020 年的中国——新世纪的发展挑战》，中国财政经济出版社 1997 年版。

施芝鸿：《改革开放的伟大历史进程和宝贵经验》，载《十七大报告辅导读本》，人民出版社 2007 年版。

王梦奎：《中国经济转轨二十年》，外文出版社 1999 年版。

俞可平：《海外学者论中国经济改革》，中央编译出版社 1997 年版。

张卓元主编：《论争与发展：中国经济理论 50 年》，云南人民出版社 1999 年版。

中共中央文献研究室编：《邓小平年谱》，中央文献出版社 2004 年版。

中国社会科学院经济体制改革纲要课题组：《双向协同稳中求进——中国经济体制中期（1988—1995）改革纲要》，载刘国光等《80 年代中国经济体制改革与发展》，经济管理出版社 1991 年版。

中国社会科学院经济学部课题组：《中国改革开放的基本经验和新阶段的重点任务》，载《中国社会科学院经济学部学部委员与荣誉学部委员文集 2007》，经济管理出版社 2008 年版。

中国社会科学院经济学部课题组（常欣执笔）：《改革开放 30 年来中国经济学的发展》，《人民日报》2008 年 5 月 13 日。

Adelman, I. and Morris, C. T., *Society, Politics and Economic Development – A Quantitative Approach*, Baltimore, Md.：Johns Hopkins University Press, 1967.

Brown, L. R., *Building a Sustainable Society*, New York：Norton and Co., 1981.

Clower, R. W., *Growth Without Development：An Economic Survey of Liberia*, Northwestern University Press, 1966.

Goulet, D., *The Cruel Choice：A New Concept in the Theory of Development*, New York：Atheneum, 1971.

Jin, H., Y. Qian and B. Weingast, "Regional Decentralization and Fiscal Incentives：Federalism, Chinese Style", *Journal of Public Economics* 89 (9 – 10)：1719 – 1742, 2005.

Meadows, D. L. et al., *The Limits to Growth*, New York：Universe Books, 1972.

Montinola, G., Yingyi Qian and Berry Weingast, "Federalism, Chinese Style：the Political Basis for Economic Success in China", *World Politics* 48 (1)：50 – 81, 1995.

Perroux, F., *A New Concept of Development：Basic Tenets*, London：Croom Helm, 1983.

Qian, Y., and B. Weingast, "Federalism as a Commitment to Preserving Market Incentives", *Journal of Economic Perspectives* 11 (4)：83 – 92, 1997.

Qian, Y., and G. Roland, "Federalism and the Soft Budget Constraint", *American Economic Review* 88 (5)：1143 – 1162, 1998.

Seers, D., The Meaning of Development, *International Development Review* 11 (4)：3 – 4, 1969.

Sen, A. , *Development as Freedom*, New York: Alfred A. Knopf Inc. , 1999.

Singer, H. · W. , "Social Development: Key Growth Sector", *International Development Review* 7 (1): 5, 1965.

Todaro, M. P. , *Economic Development in the Third World*, Longman, 1977.

United Nations Development Program, *Human Development Report*, New York: Oxford University Press, 1996.

United Nations Research Institute on Social Development, *Contents and Measurements of Socioeconomic Development*, Geneva: UNRISD, 1970.

（原载《经济研究》2008 年第 9、10 期）

# 新中国经济增长 60 年曲线的回顾与展望

## ——兼论新一轮经济周期

中华人民共和国成立 60 周年之际，也正值在应对百年不遇的国际金融危机的冲击中，中国经济取得"企稳回升"成效和即将步入"全面复苏"的关键时期。这里将对中国经济增长率 60 年的波动曲线进行回顾与展望。首先概述 60 年曲线的深刻变化，然后剖析改革开放以来这条曲线背后经济结构所发生的新变化，这些新变化也是中国经济今后继续增长的重要推动因素。阐明新一轮经济周期即将来临，我们应认真汲取历史的经验和教训，努力延长新一轮经济周期的上升阶段。

## 一 60 年曲线的深刻变化

中华人民共和国走过了 60 年光辉历程。60 年来，中国经济发展取得了举世瞩目的辉煌成就；从年度经济增长率的角度来考察，也经历了一轮轮高低起伏的波动。图 1 绘出了 60 年来经济增长率的波动曲线（其中，1950 年至 1952 年，为社会总产值增长率；1953 年至 2009 年，为国内生产总值增长率；2009 年为预估数 8%）。[①]

---

① 1950—1952 年，《全国各省、自治区、直辖市历史统计资料汇编（1949—1989）》，中国统计出版社 1990 年版，第 9 页；1953—1992 年，《新中国五十年统计资料汇编》，中国统计出版社 1999 年版，第 5 页；1993—2007 年，《中国统计年鉴 2008》，中国统计出版社 2008 年，第 40 页；2008 年，《中国统计摘要 2009》，中国统计出版社 2009 年版，第 22 页；2009 年，预估数 8%。

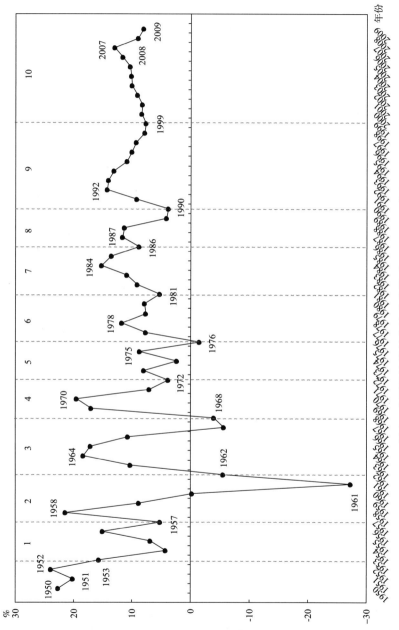

**图 1 中国经济增长率波动曲线（1950—2009 年）**

1949 年 10 月 1 日，中华人民共和国成立，开辟了我国历史发展的新纪元。1950 年、1951 年、1952 年，经过三年努力，国民经济迅速恢复。这三年，社会总产值增长率分别为 22.6%、20.1% 和 23.8%。这是中华人民共和国成立初期的恢复性增长。从 1953 年起，开始了大规模的经济建设，进入工业化历程，到 2009 年，按照"谷—谷"法划分，国内生产总值增长率（GDP 增长率）的波动共经历了 10 个周期。

1953 年开始第一个五年计划建设时，当年固定资产投资规模很大，经济增长率高达 15.6%。经济增长过快，打破了经济正常运行的平衡关系，高增长难以持续。1954 年、1955 年经济增速回落至 4% 和 6% 左右。经济运行略做调整后，1956 年再次加速，经济增长率又上升到 15%，难以为继，1957 年又回落到 5% 左右。1953 年作为启动，至 1957 年成为第一个经济周期。

1958 年，在当时的"大跃进"中，经济增长率一下子冲高到 21.3%，紧接着，1960 年、1961 年和 1962 年的三年，经济增长率大幅回落，均为负增长。其中，1961 年经济增长率的降幅最大，为 -27.3%。这样，1958 年经济增长率的高峰（21.3%）与 1961 年经济增长率的谷底（-27.3%）之间的峰谷落差近 50 个百分点。这是第 2 个周期。

对经济运行调整之后，1964 年又上升到 18.3%，这是国防建设的前期高潮。接着，1966 年发动了"文化大革命"。1967 年、1968 年经济增长率回落，出现负增长，形成第 3 个周期。

1970 年，经济增长率又冲高到 19.4%，这是国防建设的后期高潮。1972 年又回落到 3% 左右。这是第 4 个周期。

随后，进入"文化大革命"的后期。1973 年，经济增速略有回升；1974 年又掉下来。1975 年略有回升；1976 年又掉下来，为负增长。这段时期，经济增长很微弱。1976 年 10 月，粉碎"四人帮"，结束了"文化大革命"。这两个小波动组成第 5 个周期。

如果我们把 60 年来中国经济增长率的波动曲线看作是一个经

济机体的心电图的话，那么，在 1972 年至 1976 年"文化大革命"的中后期，这个机体的脉搏跳动得非常微弱，上也上不去，国民经济濒临崩溃的边缘。而在此之前，脉搏的跳动又太剧烈，强起强落。

从中华人民共和国成立到 1976 年，我国社会主义建设虽然经历过一定曲折，但总的来说，仍然取得了很大成就。基本建立了独立的、比较完整的工业体系和国民经济体系，从根本上解决了工业化过程中"从无到有"的问题。党的十七大报告指出：我们要永远铭记，改革开放伟大事业，是在以毛泽东同志为核心的党的第一代中央领导集体创立毛泽东思想，带领全党全国各族人民建立中华人民共和国、取得社会主义革命和建设伟大成就以及艰辛探索社会主义建设规律取得宝贵经验的基础上进行的。新民主主义革命的胜利，社会主义基本制度的建立，为当代中国一切发展进步奠定了根本政治前提和制度基础。[①]

粉碎"四人帮"，结束"文化大革命"之后，1977 年、1978 年，全国上下"大干快上"的热情很高。1978 年经济增长率上升到 11.7%，1981 年回调到 5% 左右，这是第 6 个周期。1978 年 12 月，党的十一届三中全会拨乱反正，结束了"以阶级斗争为纲"的历史，全党工作重点转移到社会主义现代化建设上来。开启了中国改革开放和社会主义现代化建设新的历史时期。并提出，国民经济中一些重大的比例失调状况还没有完全改变过来，基本建设必须积极地而又量力地循序进行，不可一拥而上。1979 年 4 月，召开专门讨论经济问题的中央工作会议，正式提出用三年时间对整个国民经济进行调整。

在农村改革、城市改革推动下，1984 年经济增长率上升到 15.2%，1986 年回调到 8% 左右，形成第 7 个周期。

---

① 胡锦涛：《高举中国特色社会主义伟大旗帜，为夺取全面建设小康社会新胜利而奋斗》，《人民日报》2007 年 10 月 25 日。

　　1987 年、1988 年，经济增长率分别上升到 11.6% 和 11.3%。1988 年，居民消费价格上涨到 18.8%。在调整中，经济增长率在 1989 年、1990 年分别下降到 4.1% 和 3.8%。这是第 8 个周期。

　　1991 年，经济增长率回升到 9.2%。1992 年，邓小平"南方谈话"和随后召开的党的十四大，为中国改革开放和社会主义现代化建设打开了一个新局面。然而，由于当时改革开放才十来年，原有的计划经济体制还没有根本转型，原有体制下的投资饥渴、片面追求速度的弊端还没有被克服。在这种情况下，经济增长很快冲到 14.2% 的高峰，出现经济过热现象。1994 年，居民消费价格滞后上涨到 24.1%。在治理经济过热中，1993 年下半年至 1996 年，国民经济运行成功地实现了"软着陆"，既大幅度地降低了物价涨幅，又保持了经济的适度快速增长。[1] 随后，又成功地抵御了亚洲金融危机的冲击和克服国内有效需求的不足。1999 年，经济增长率平稳回落到 7.6%，结束了第 9 个周期。

　　从 2000 年起，进入现在的第 10 个周期，到 2007 年，经济增长率连续 8 年处于 8% 以上至 13% 的上升通道内。这 8 年，经济增长率分别为 8.4%、8.3%、9.1%、10%、10.1%、10.4%、11.6% 和 13%。2008 年和 2009 年，中国经济面临着国际国内四重调整的叠加，即改革开放 30 年来国内经济长期快速增长后的调整与国内经济周期性的调整相叠加，与美国次贷危机导致的美国经济周期性衰退和调整相叠加，与美国次贷危机迅猛演变为国际金融危机而带来的世界范围大调整相叠加。[2] 2008 年，经济增长率回落到 9%。2009 年，预计回落至 8% 左右，完成第 10 个周期。2010 年，中国经济有望进入新一轮，即第 11 轮周期的上升阶段。

　　总的看来，改革开放 30 年来，中国经济增长与波动呈现出一种"高位平稳型"的新态势。这种新态势表现为五个波动特点：

---

[1]　刘国光、刘树成：《论"软着陆"》，《人民日报》1997 年 1 月 7 日。

[2]　刘树成：《2008—2009 年国内外经济走势分析》，《经济蓝皮书春季号：中国经济前景分析——2009 年春季报告》，社会科学文献出版社 2009 年版。

（1）波动的强度：理性下降。每个周期经济增长率的高峰从前面几个周期的20%左右，回落到改革开放之后、20世纪80年代和90年代的11%—15%。进入21世纪后，在第10个周期，峰位控制在13%。

（2）波动的深度：显著提高。每个周期经济增长率的低谷在前几个周期经常为负增长，而改革开放之后，每次经济调整时，经济增长率的低谷均为正增长，再没有出现过负增长的局面。

（3）波动的幅度：趋于缩小。每个周期经济增长率的峰谷落差由过去最大的近50个百分点，降至改革开放之后的6—7个百分点。在第10个周期，预计峰谷落差仅为5个百分点左右。

（4）波动的平均高度：适度提升。1953—1978年（以1952年为基年）的26年中，GDP年均增长率为6.1%；1979—2009年（以1978年为基年）的31年中，GDP年均增长率为9.7%，比过去提升了3.6个百分点。

（5）波动的长度：明显延长。在前8个周期中，周期长度平均为5年左右，表现为一种短程周期。而20世纪90年代初之后，在第9、10个周期中，周期长度延长到9—10年，扩展为一种中程周期。特别是在第10个周期中，上升阶段由过去一般只有短短的一两年，延长到8年，这在60年来中国经济发展史上还是从未有过的。

## 二 曲线背后经济结构的新变化

中国经济的增长与波动表现出"高位平稳型"的新态势，其原因是多方面的。我们曾以"外在冲击—内在传导"分析框架，将改革开放以来中国经济"高位平稳型"增长的主要原因概括为两大类：一类是宏观调控作为一种外在冲击的不断改善，另一类是经济结构作为内在传导机制的增长性和稳定性的增强。① 这里，进一步着重分析改革开放以来中国经济结构的七大变化。

1. 体制结构的变化，为经济的"高位平稳型"增长提供了重要的体制性基础

改革开放以来，中国的经济体制发生了重大变化，由过去高度集中的计划经济体制逐步转变为社会主义市场经济体制。在原有计划经济体制下，企业的产、供、销和投资等生产经营活动均没有自主权，完全由国家计划统一管理，经济生活僵化。在社会主义市场经济体制下，经济活动的主体具有自主权，价格杠杆、竞争机制、要素市场等市场机制被引入，市场在资源配置中日益发挥了基础性作用，这为经济发展注入了前所未有的生机和活力。

2. 所有制结构的变化，为经济的"高位平稳型"增长提供了基本经济制度条件

所有制结构的变化，包括产值方面的所有制结构变化和就业方面的所有制结构变化。

从产值方面的所有制结构变化来看，以工业企业所有制结构为例，在工业总产值中各种所有制企业所占的比重发生了重要变化。1978 年，工业企业的所有制经济类型只有两种：国有工业和集体工业。在工业总产值（当年价格）中，分别占 77.6% 和 22.4%。2007 年，在规模以上工业企业的工业总产值中（"规模以上"是指年主营业务收入在 500 万元人民币以上的工业企业），按登记注册类型分，所有制实现形式已多样化（见表 1），其中：非公司制的国有企业占 9%；集体企业占 2.5%；股份合作企业占 0.9%；联营企业（含国有联营企业）占 0.4%；有限责任公司（含国有独资公司）占 22.3%；股份有限公司（含国有控股企业）占 9.9%；私营企业占 23.2%；其他内资企业占 0.3%；港澳台商投资企业（含

---

① 刘树成、张晓晶：《中国经济持续高增长的特点和地区间经济差异的缩小》，《经济研究》2007 年第 10 期。

合资、合作、独资）占 10.5%；外商投资企业（含合资、合作、
独资）占 21%。

表1 　　　　　　工业总产值中各种所有制企业所占比重　　　　单位：%

| 序号 | 按登记注册类型分 | 1978 年 | 2007 年 |
|------|------------------|---------|---------|
| 1 | 国有企业（非公司制） | 77.6 | 9.0 |
| 2 | 集体企业 | 22.4 | 2.5 |
| 3 | 股份合作企业 | | 0.9 |
| 4 | 联营企业（含国有联营企业） | | 0.4 |
| 5 | 有限责任公司（含国有独资公司） | | 22.3 |
| 6 | 股份有限公司（含国有控股企业） | | 9.9 |
| 7 | 私营企业 | | 23.2 |
| 8 | 其他内资企业 | | 0.3 |
| 9 | 港澳台商投资企业（含合资、合作、独资） | | 10.5 |
| 10 | 外商投资企业（含合资、合作、独资） | | 21.0 |

注：根据《中国统计年鉴2008》（中国统计出版社2008年版）第485页数据计算。

从就业方面的所有制结构变化来看，以城镇就业人员的所有制
类型为例，1978 年，主要是两种：国有单位和集体单位，他们分
别占 78.3% 和 21.5%；个体就业人员仅有一点，占 0.2%。2007
年，就业的所有制结构发生了很大变化，在城镇就业人员中，国有
单位所占比重由 1978 年的 78.3% 下降到 2007 年的 21.9%；集体
单位所占比重由 21.5% 下降到 2.4%；私营企业和个体的就业比重
共达 26.9%；城镇其他类型就业的比重达 32.9%（见表2）。

表2 　　　　　城镇就业人员中各种所有制企业所占比重　　　　单位：%

| 序号 | 按登记注册类型分 | 1978 年 | 2007 年 |
|------|------------------|---------|---------|
| 1 | 国有单位 | 78.3 | 21.9 |
| 2 | 集体单位 | 21.5 | 2.4 |
| 3 | 股份合作单位 | | 0.6 |
| 4 | 联营单位（含国有联营企业） | | 0.1 |
| 5 | 有限责任公司（含国有独资公司） | | 7.1 |

续表

| 序号 | 按登记注册类型分 | 1978 年 | 2007 年 |
|------|------------------|---------|---------|
| 6 | 股份有限公司（含国有控股企业） | | 2.7 |
| 7 | 私营企业 | | 15.6 |
| 8 | 个体 | 0.2 | 11.3 |
| 9 | 港澳台商投资企业 | | 2.3 |
| 10 | 外商投资企业 | | 3.1 |
| 11 | 城镇其他 | | 32.9 |

　　注：根据《中国统计年鉴 2008》（中国统计出版社 2008 年版）第 110—111 页数据计算。

　　在改革开放中，微观基础的重造，使各种所有制经济共同发展和相互促进，使市场主体和投资主体多元化，发挥了各种市场主体和投资主体的积极性，为经济的高位、平稳增长提供了重要的基本经济制度条件。

　　3. 资源供给结构的变化为经济的"高位平稳型"增长提供了必要的物质条件

　　市场机制的引入及其在资源配置中所发挥的基础性作用，以及所有制结构的变化，为经济的供给面增添了活力，使长期存在的资源供给严重短缺的状况基本改变。原有的煤、电、油、运、材（重要原材料，如钢铁、水泥）等资源供给的"瓶颈"制约不同程度地逐步缓解，有的还出现了一定程度的、阶段性的相对过剩。这从物质上支撑了经济的高位、平稳运行。

　　4. 产业结构的变化为经济的"高位平稳型"增长提供了重要的产业基础

　　在国内生产总值中，三次产业的产值结构发生了重要变化（见图 2）。第一产业的比重下降，由 1952 年的 50.5%，下降到 1978 年的 28.2%，又下降到 2008 年的 11.3%。第二产业的比重，由 1952 年的 20.9%，上升到 1978 年的 47.9%；改革开放以来，第二产业比重相对稳定，到 2008 年为 48.6%。第三产业的比重，由

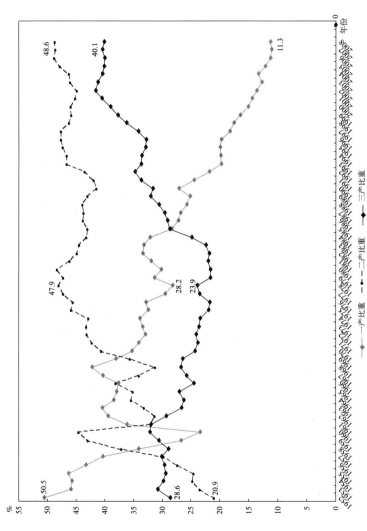

**图 2　中国三次产业的产值比重（1952—2008 年）**

资料来源：1952—1977 年数据，参见中国国家统计局国民经济核算司编《中国国内生产总值核算历史资料 1952—1995》，东北财经大学出版社 1997 年版，第 30 页；1978—2008 年数据，参见《中国统计摘要 2009》，中国统计出版社 2009 年版，第 21 页。

1952 年的 28.6%，到 1978 年是下降，降到 23.9%；改革开放以来，第三产业比重上升，到 2008 年为 40.1%。

改革开放以来，第一产业比重继续下降，第二产业比重相对稳定，第三产业比重上升，这有利于经济在适度高位的平稳运行。因为在三次产业中，第一产业增长与波动的特点是，增长速度较低，波动幅度较小，但受自然条件影响较大；第二产业的特点是，增长速度高，但波动幅度也较大；第三产业的特点是，增长速度较高，而波动幅度较小，一般又不受自然条件的太大影响。所以，随着第三产业比重的上升，整个经济的稳定性会增强。

5. 城乡人口结构的变化为经济的"高位平稳型"增长提供了强大的需求动力

改革开放促进了劳动力要素的流动，推动了工业化进程，提高了城市化率（城市人口占总人口的比重）。城市化率的提高，带来巨大的城市基础设施建设和房地产建设需求，带动了各种相关产业的蓬勃发展。1949 年，中国城市化率仅为 10.6%，1978 年上升到17.9%，2008 年上升到 45.7%。相应地，乡村人口占总人口的比重从 1949 年 89.4%，下降到 1978 年 82.1%，又降到 2008 年54.3%（见图 3）。

6. 消费结构的变化为经济的"高位平稳型"增长提供了新的消费需求动力

改革开放以来，人均收入水平的提高推动着消费结构的升级，使消费结构由"吃、穿、用"向"住、行"升级，由生存型向发展型和享受型升级。消费结构的升级，推动了产业结构的调整和优化，形成经济增长的重要推动力。

7. 地区结构的变化为经济的"高位平稳型"增长提供了广阔的地理空间

改革开放以来，在 20 世纪 80 年代和 90 年代，东部沿海地区经济增长很快；90 年代末期以来，中西部地区加快了发展。在2008 年国际金融危机的影响下，东部沿海地区受冲击较大，而中西

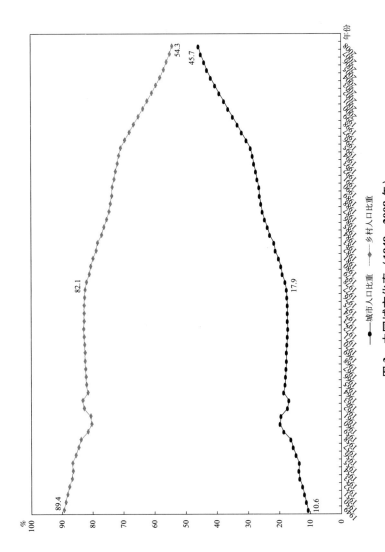

**图 3 中国城市化率（1949—2008 年）**

资料来源：1949—1977 年数据，参见《中国统计年鉴 1983》，中国统计出版社 1983 年版，第 104 页；1978—2008 年数据，参见《中国统计摘要 2009》，中国统计出版社 2009 年版，第 40 页。

部地区的工业生产增速、固定资产投资增速等普遍高于东部沿海地区。2009 年上半年，全国规模以上工业增加值同比增长 7.0%；分地区看，东部地区增长 5.9%，中部地区增长 6.8%，西部地区增长 13.2%。2009 年上半年，全国城镇固定资产投资增长 33.6%；分地区看，东部地区增长 26.7%，中部地区增长 38.1%，西部地区增长 42.1%（见表 3）。

表 3　　　　　　　　2009 年上半年工业生产和投资增长率　　　　单位：%

| 指标 | 全国 | 东部 | 中部 | 西部 |
|------|------|------|------|------|
| 规模以上工业增加值增长率 | 7.0 | 5.9 | 6.8 | 13.2 |
| 城镇固定资产投资增长率 | 33.6 | 26.7 | 38.1 | 42.1 |

资料来源：国家统计局网站。

以上分析表明，改革开放以来我国的经济结构发生了许多重要变化。这些新变化也有助于当前应对国际金融危机对我国经济的影响；这些新变化还会在今后我国经济的发展中继续起到促进作用。

## 三　新一轮经济周期即将来临

从应对国际金融危机的角度看，我国经济走势可分为三个阶段。

1. 从 2008 年 7 月至 2009 年 2 月，为第一个阶段，即"急速下滑"阶段

当时，经济增长速度下滑过快，成为影响我国经济社会发展全局的突出矛盾。党中央、国务院明确提出把保持经济平稳较快发展作为经济工作的首要任务，实施了积极的财政政策和适度宽松的货币政策，出台了应对国际金融危机的一揽子计划。

2. 从 2009 年 3 月开始，预计持续到年底，为第二个阶段，即
"企稳回升" 阶段

我国经济目前正处于这个阶段。一系列宏观调控措施渐显成
效，扭转了经济增速过快下滑的趋势，但回升的基础尚须进一步
巩固。

3.2010 年，我国经济有望进入第三个阶段，即 "全面复苏"
阶段，也就是进入新一轮经济周期的上升阶段

所谓 "全面复苏" 是指，大部分的行业，或者大部分的经济
指标都陆续进入回升。而在企稳回升阶段，只有部分主导行业和部
分主导指标开始回升。

前两个阶段，可从工业生产增速（全国规模以上工业增加值
当月同比增长率）的波动明显看出（见图 4）。工业生产增速是反

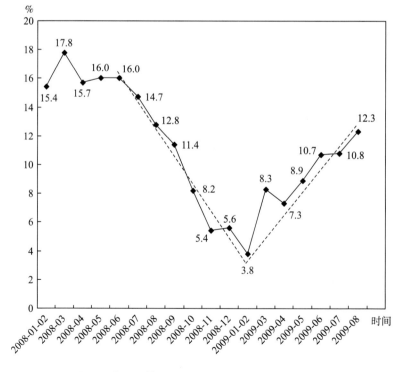

**图 4　全国规模以上工业增加值当月同比增长率**

资料来源：国家统计局网站。

映实体经济运行状态的一个具有代表性的指标。2008 年 6 月，工业生产增速在 16%，到 2009 年 1—2 月，猛降到 3.8%，历时 8 个月，下降了 12.2 个百分点。2009 年 3—8 月，已连续 6 个月回升，走出一个 V 字形（见图 4 中虚线）。

国际金融机构对中国 2010 年经济增长也作出了明显回升的预测。据 2009 年 7—10 月发布，各国际金融机构对中国 2010 年经济增长的预测为（见表 4）：摩根士丹利，10%；巴克莱资本，9.6%；法国巴黎银行，9.5%；汇丰银行，9.5%；国际货币基金组织，9%；摩根大通，9%；亚洲开发银行，8.9%；瑞银证券，8.5%。综合区间为 8.5%—10%。

表 4　　　　国际金融机构对 2010 年中国经济增长率的预测　　　单位：%

| 机构名称 | 预测值 |
| --- | --- |
| 摩根士丹利 | 10.0 |
| 巴克莱资本 | 9.6 |
| 法国巴黎银行 | 9.5 |
| 汇丰银行 | 9.5 |
| 国际货币基金组织 | 9.0 |
| 摩根大通 | 9.0 |
| 亚洲开发银行 | 8.9 |
| 瑞银证券 | 8.5 |
| 综合区间 | 8.5—10.0 |

## 四　努力延长新一轮经济周期的上升阶段

中国经济在有效地应对国际金融危机的严重冲击中，2010 年有望进入新一轮（第 11 轮）经济周期的上升阶段。现在，又到了要说"努力延长经济周期上升阶段"的时候了。

在第 10 轮经济周期的上升过程中，2003 年 11 月召开的中央经济工作会议曾提出："当前，我国经济发展正处于经济周期的上升阶段"，"要倍加珍惜当前经济发展的好势头，巩固和发展这个好势头"①。这是中央经济工作会议首次采用"经济周期"概念对我国经济走势进行分析和判断。当时，作者曾写了一篇文章，题为"努力延长经济周期的上升阶段"，载《人民日报》。②现在，第10轮经济周期即将结束，其实际运行结果是，上升阶段8年（2000—2007年），下降阶段2年（2008—2009年）。上升阶段一直延长到8年，这在中华人民共和国成立以来的经济发展史上还是首次。

新一轮经济周期即将到来。无疑，我们要继续努力，尽可能长地延长新一轮周期的上升阶段。怎样延长呢？根据以往历史的经验和教训，最基本的是要把握好两点：一是要把握好新一轮周期的波形，二是要把握好新一轮周期的适度增长区间。

**（一）把握好新一轮周期的波形**

从我国已有的10个周期看，在波形上，主要有三种波动模式：

第一种是"大起大落型"。这是1953年至20世纪80年代末，前8个周期中有代表性的波形，特别是以1958—1962年的第2个周期为典型。上升阶段一般很短，仅有1—2年，经济增长率说起就起，而且起的很高，紧接着就进入下降阶段，一般为2—4年，一个周期平均为5年左右。

第二种是"大起缓落型"。20世纪90年代初之后，波形发生了变化，由"大起大落型"变为"大起缓落型"。这反映在1991—1999年的第9个周期。这个周期上升阶段为2年，下降阶段为7年，共持续9年。其上升阶段与前8个周期一样，仍具有"大起"的特点；但下降阶段却与过去不同，吸取了历史上大起大落的教训，及时进行了"软着陆"的宏观调控，使过高的经济增长率缓慢下降，避免了过去"大起"之后的"大落"。到1996年，"软着

---

① 《中央经济工作会议在北京召开》，《人民日报》2003年11月30日。
② 刘树成：《努力延长经济周期的上升阶段》，《人民日报》2003年12月18日。

陆"基本成功。在此基础上，又抵御了亚洲金融危机的冲击和克服国内有效需求的不足。这样，经济增长率从1992年高峰时的14.2%，缓慢下降到1999年的7.6%，7年间平均每年下降仅0.9个百分点。

第三种是"缓起急落型"。这是2000—2009年的第10个周期。在这个周期中，从一开始就注意了吸取历史上大起大落的教训，注意了防止过高、过急的"大起"，使经济增长率平稳地上升，成功地延长了经济周期的上升阶段。经过连续8年的上升，到2007年，在国内经济运行的惯性推动下和国际经济增长的有利环境下，经济增长率上升到13%，逐渐偏快。2008年，在国际金融危机的严重冲击下和国内调整的趋势下，经济增长率一下子降到9%，一年间下降了4个百分点，于是形成"缓起急落"的波形。

在新一轮经济周期，我们应该争取实现一种新的良好的波动模式，即"缓起缓落型"。这就是既要缓起，也要缓落。在周期上升阶段，要尽可能长时间地缓起；在周期下降阶段，要平稳地小幅缓落。

**（二）把握好新一轮周期的适度增长区间**

要实现"缓起缓落型"的波动模式，关键是要把握好新一轮周期的适度增长区间，这就是对经济增长速度的高低把握问题。

目前，关于回升后中国经济应保持怎样的增长速度问题，已开始在媒体上讨论，预计很快会热烈起来。大体有五种意见：

第一种，认为中国经济今后不应再追求高速度，而应实现7%—8%的中速发展。

第二种，认为经济全面复苏后，仍可保持10%以上的高增长。

第三种，认为今后十几年（2008—2020年），有可能保持9%以上的增长。

第四种，认为5年内（2008—2012年），平均增速可达9.5%以上；随后10年（2013—2022年），将达8.5%；再随后10年（2023—2032年），将达7.5%。

第五种，认为在新一轮经济周期内，或者说在今后一个中期内（如 8 年左右，2010—2017 年），可保持 8% 至 10% 的适度高位增长。

我们主张第五种观点。这包含四层意思：一是速度不能太低；二是速度不能太高；三是把握适度增长区间及其相关因素；四是紧密跟踪和适时调控。

1. 速度不能太低

在我国目前经济发展阶段，经济增长速度不宜低于 8%。若低于 8%，就会给企业经营、城乡就业、居民收入提高和人民生活带来严重困难，给国家财政收入和社会事业发展带来严重困难，这将会影响整个社会的安定和谐。在国际金融危机影响下，我国 GDP 增长率在 2008 年第 4 季度降低到 6.8%，2009 年第 1 季度和第 2 季度分别降低到 6.1%、7.9%，给企业生产和城乡就业带来严重挑战，使全国财政收入在 2008 年 10 月至 2009 年 4 月（除 2008 年 12 月）连续出现负增长。可见，经济增长率低于 8% 不行。

2. 速度不能太高

我国经济周期波动的历史经验和教训反复告诉我们，"大起大落"的要害是"大起"。因为过急、过快、过高的"大起"，容易产生高能耗、高物耗、高污染、高通胀的巨大压力，容易造成对经济正常运行所必需的各种均衡关系的破坏，从而导致随后的"大落"。在我国以往 10 个周期中，各高峰年份的 GDP 增长率分别为：1956 年，15%；1958 年，21.3%；1964 年，18.3%；1970 年，19.4%；1975 年（"文化大革命"后期），8.7%；1978 年，11.7%；1984 年，15.2%；1987 年，11.6%；1992 年，14.2%；2007 年，13%。从我国的经验数据看，经济增长率不宜高过 11%。

3. 把握适度增长区间及其相关因素

在今后一个中期内，中国经济为什么能够保持 8%—10% 的适度高位增长呢？我们前面所分析的改革开放以来经济结构的七大变化，也就是推动经济高位平稳增长的七大因素（市场经济体制因素、所有制因素、资源供给因素、产业结构因素、城市化因素、消费升级因素、地区发展因素等），在新一轮周期中仍然会发挥作用。这里，需要特别指出的是，城市化率的提高，以及相应的房地产业特别是住宅业的发展，仍然是新一轮周期中重要的动力源之一。

对于我国未来城市化率的提高，学术界有不同看法，归纳起来主要有以下四种：

第一种看法，认为我国现有统计上的城市化率（2008 年为 45.7%）被低估了，因为没有包括全部进城的农民工。若包括全部农民工，则实际的城市化率已较高（为 60% 左右）。因此，未来城市化的发展空间已经不大，仅有 10 年时间和 10 个百分点左右的空间。

第二种看法，与第一种相反，认为我国现有统计上的城市化率被高估了，因为把在城镇居住半年以上的农民工也计算在内了。若考虑到这部分农民工还没有真正变为城里人，那么实际的城市化率还很低（不到 40%）。因此，未来城市化的发展空间还很大。

第三种看法，以现有统计为基础，认为我国仍处于快速城市化阶段。到 2020 年，城市化率可达到 60% 左右；2030 年，达到 65%—70%；2050 年，达到 75%—80%，即到 21 世纪中叶实现城市化。

第四种看法，认为我国人口众多，城市化率不必太高，到 2020 年达到 60% 多一点就可以了。

以上对我国城市化率的提高问题，虽然有各种不同看法，但至少有一点是相同的，即未来 10 年内城市化的发展还是有较大空间的。这不仅包括在数量上有提高城市化率的问题，而且包括在质量上还有提高城市化水平的问题，诸如在城市中加强日常生活基础设施建设、加强交通通信基础设施建设、加强文化教育卫生医疗基础设施建设、加强环境保护基础设施建设，以及加强广大居民（包括原有城市居民和进城农民工）的住宅建设等问题。目前在我国，一方面，大部分的一般商品是产能过剩，而另一方面，许多公共品或准公共品的供给（如上述各种基础设施和保障性住房等）还远远不足。这为我国经济未来的发展提供了重要动力。

为了顺利地推进我国城市化的发展，特别是更好地使住宅业成为新一轮经济周期的重要支柱产业，就必须有效地解决房价不断上涨的问题。这个问题解决不好，将会严重影响城市化的发展，甚至影响社会安定。我国住宅业的发展经历了三个阶段：原先，在高度集中的计划经济体制下，城市中的住宅问题主要是由政府包了，住宅严重短缺；后来，住宅商品化了，完全推向市场，推动了住宅业的大发展，也使房价不断攀升；再后来，把市场化和政府责任相结合。现在看来，为有效抑制房价不断上涨趋势，必须进一步采取"釜底抽薪"办法，即把政府保障部分再加以扩大，不仅把城市低收入群众住房问题从市场中抽出来，而且要把城市中等收入群众住房问题也从市场中抽出来，纳入政府保障范围。但对城市中等收入群众的住房保障是"保"人人都有居住权，都能租上房，而不是"保"人人都有房产权；而且是在政府保障下，进行市场化操作，租住房有高、中、低档，可自主选择。

4. 紧密跟踪和适时调控

我们说努力延长经济周期的上升阶段，并不是说在周期的上升阶段要使经济增长率一年比一年高，而是说要使经济在适度增长区间内保持较长时间的平稳增长和轻微波动，而不致很快引起经济增长率的显著下降。我们要充分注意，在一个经济周期的上升阶段，经济增长具有上升惯性。在上升过程中，在部门之间、行业之间、企业之间，在固定资产投资与产品生产之间，在经济扩张与物价上涨之间，具有连锁扩散效应或累积放大效应，这就使经济增长有从一般"较快"到"偏快"再到"过热"的风险。这就要求宏观调控部门紧密跟踪经济走势的发展和变化，适时适度地不断进行必要的调控，以尽可能长地延长经济周期的上升阶段和尽可能平稳地对过快上升态势进行调整。

## 参考文献

陈佳贵主编，刘树成、汪同三副主编：《经济蓝皮书：2009 年中国经济形势分析
　　与预测》，社会科学文献出版社 2008 年版。

陈佳贵主编，刘树成、汪同三副主编：《经济蓝皮书春季号：中国经济前景分析
　　——2009 年春季报告》，社会科学文献出版社 2009 年版。

刘国光、刘树成：《论"软着陆"》，《人民日报》1997 年 1 月 7 日。

刘树成：《中国经济的周期波动》，中国经济出版社 1989 年版。

刘树成：《中国经济周期波动的新阶段》，上海远东出版社 1996 年版。

刘树成：《繁荣与稳定——中国经济波动研究》，社会科学文献出版社 2000 年版。

刘树成：《经济周期与宏观调控——繁荣与稳定 II》，社会科学文献出版社 2005
　　年版。

刘树成：《中国经济增长与波动 60 年——繁荣与稳定 III》，社会科学文献出版社
　　2009 年版。

刘树成、张晓晶：《中国经济持续高增长的特点和地区间经济差异的缩小》，《经
　　济研究》2007 年第 10 期。

（原载《经济学动态》2009 年第 10 期）

# 宏观调控目标的"十一五"分析与
# "十二五"展望*

　　"十一五"时期即将结束，"十二五"规划已着手编制。本文旨在对我国"十一五"时期宏观经济调控目标的实现情况进行分析，对"十二五"时期的经济增长目标提出相应的政策建议和论证。本文分为四大部分：第一部分回顾《中华人民共和国国民经济和社会发展第十一个五年规划纲要》（以下简称《"十一五"规划纲要》）中所制定的有关宏观调控的指导原则和主要目标；第二部分说明这些宏观调控目标的实现情况；第三部分是对"十二五"时期经济增长目标提出政策建议；第四部分是对这些政策建议的测算与分析。

## 一　《"十一五"规划纲要》中关于宏观调控的指导原则和主要目标

　　《"十一五"规划纲要》的"第一篇"，即"指导原则和发展目标"中，提出了六条指导原则。第一条就是关于宏观调控的指导原则，提出"必须保持经济平稳较快发展"，要求"正确把握经济发展趋势的变化，保持社会供求总量基本平衡，避免经济大起大

　　* 合作者：张晓晶、汤铎铎。本文为中国社会科学院重大课题"中国经济重大问题跟踪分析"总课题中"宏观经济调控"分课题的最终研究成果。总课题负责人：陈佳贵。分课题负责人：刘树成。执笔：张晓晶、汤铎铎、刘树成。课题组成员还有：吴太昌、张平、常欣等。

落，实现又快又好发展。"

《"十一五"规划纲要》提出了经济社会发展的九组主要目标。第一组目标就是"宏观经济平稳运行"，这包括四个方面的目标：（1）经济增长方面分为 2 个具体目标，即总量 GDP 年均增长 7.5%；人均 GDP 年均增长 6.6%，比 2000 年翻一番。（2）就业方面分为三个具体目标，即城镇新增就业和转移农业劳动力各 4500 万人，城镇登记失业率控制在 5%。（3）价格方面，价格总水平基本稳定。（4）国际收支方面，基本平衡。

《"十一五"规划纲要》提出了 22 个量化指标，包括 14 个预期性指标和 8 个约束性指标。以上经济增长方面的两个具体目标和就业方面的三个具体目标，均为预期性指标。

## 二　《"十一五"规划纲要》中宏观调控目标的实现情况

### 1. 关于经济增长目标

"十一五"时期各年 GDP 增长率分别为：2006 年，11.6%；2007 年，13%；2008 年，9.6%；2009 年，8.7%；2010 年，我们预测为 9.5%（见图 1）。这五年，GDP 年均递增 10.5%，超过了《"十一五"规划纲要》所提出的年均增长 7.5% 的预期目标。

"十一五"时期 GDP 增长率的具体波动情况为：头两年，2006 年和 2007 年，承接了 2000 年以来 GDP 增长率连续上升的趋势，也就是承接了"九五"最后一年和整个"十五"期间 GDP 增长率的连续上升的趋势，分别达到 11.6% 和 13%。这样，从 2000 年至 2007 年，我国 GDP 增长率连续 8 年保持在 8% 至 13% 的上升通道内，走出了一条中华人民共和国成立以来在历次经济周期波动中从未有过的最长的上升轨迹。而在过去历次经济周期波动中，上升阶段往往只有短短的一两年。但是，随着 GDP 增长率的节节攀升，也出现了"三过"问题，即固定资产投资增长过快、货币信贷投放过多、贸易顺差过大等问题。这使我们面临着经济增长由偏快转为过热、价格由结构性上涨演变为明显通货膨胀的风险。针对这种情况，2007年年底举行的中央经济工作会议提出了宏观调控的"双防"任务（防止经济增长由偏快转为过热，防止价格由结构性上涨演变为明显通货膨胀）。与此相适应，稳健的货币政策调整为从紧的货币政策，并继续实行稳健的财政政策。

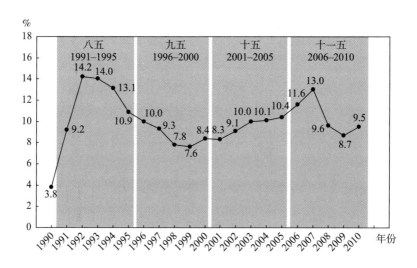

**图1　GDP 增长率（1990—2010 年）**

"十一五"的第三年，2008年，美国次贷危机恶化，并迅速演变为百年不遇的国际金融危机。这样，国内的经济调整与国际的金融危机相叠加，使经济增长过快下滑成为影响我国经济社会发展全局的突出矛盾。在应对国际金融危机的冲击中，我国及时采取了积极的财政政策和适度宽松的货币政策，实施了"一揽子计划"。经过努力，到2009年第2季度之后，有效遏制了经济增长明显下滑态势，在全球率先实现经济形势总体回升向好。从季度看，2008

年四个季度的 GDP 增长率分别为 10.6%、10.1%、9% 和 6.8%;①
2009 年四个季度分别为 6.2%、7.9%、9.1% 和 10.7%。从全年
看，2008 年和 2009 年，GDP 增长率分别回落到 9.6% 和 8.7%，实
属来之不易。

"十一五"的最后一年，2010 年，如果国内外经济环境不出现
重大意外情况，总体上看，经济发展环境将会好于 2009 年，GDP
增长率有可能回升到 9.5%。

如果把最近的四个五年计划或规划，即"八五"到"十一五"
做个比较的话（见表 1），我们看到，"十一五"期间 GDP 年均增
长 10.5%，低于"八五"期间的 12.3%，高于"九五"和"十
五"期间的 8.6% 和 9.6%。从各五年计划或规划期间 GDP 增长率
波动的标准差来看，"十一五"期间为 1.77 个百分点，小于"八
五"期间的 2.16 个百分点，大于"九五"和"十五"期间的 1.02
和 0.87 个百分点。若直观地看波动幅度，即从各五年计划或规划
期间 GDP 增长率的最高点与最低点之间的落差来看，"十一五"
期间为 4.3 个百分点，小于"八五"期间的 5 个百分点，大于
"九五"和"十五"期间的 2.4 和 2.1 个百分点。"八五"期间，
GDP 增长率一起一落，波动幅度较大（见图 1）;"九五"期间，
GDP 增长率基本处于平稳回落之中，波动幅度较小;"十五"期
间，GDP 增长率处于平稳上升之中，波动幅度最小;"十一五"
期间 GDP 增长率的波动小于"八五"，而大于"九五"和"十
五"，这在应对百年不遇的国际金融危机的背景下，可说是基本
实现了"十一五"规划所提出的保持经济平稳较快发展的总
要求。

值得提出的是，在"十一五"期间，我国 GDP 总量在 2006 年
超过英国，2007 年又超过德国，成为世界第三大经济体。按照国

---

① 国家统计局将 2008 年全年 GDP 增长率由 9% 修订到 9.6%，但没有公布 2008 年各
季度 GDP 增长率的修订数。这里的季度数是与原全年 GDP 增长率 9% 相对应的。

际货币基金组织的预测，我国在"十一五"的最后一年，即 2010 年，GDP 总量将超过日本，成为世界第二大经济体。

表 1　　　　"八五"至"十一五"经济增长的比较

| | GDP 年均增长率（%） | GDP 增长率的标准差（百分点） | GDP 增长率的最高点与最低点的落差（百分点） |
|---|---|---|---|
| "八五"计划 | 12.3 | 2.16 | 5.0 |
| "九五"计划 | 8.6 | 1.02 | 2.4 |
| "十五"计划 | 9.6 | 0.87 | 2.1 |
| "十一五"规划 | 10.5 | 1.77 | 4.3 |

从人均 GDP 的增长情况看，"十一五"时期各年分别为：2006 年，11%；2007 年，12.5%；2008 年、2009 年和 2010 年，分别预估为 9%、8.1% 和 8.9%。[①] 这五年，人均 GDP 年均递增 9.9%，超过了《"十一五"规划纲要》所提出的年均增长 6.6% 的预期目标。以 1978 年人均 GDP 为 100，2000 年其不变价指数为 575.5，2010 年将达 1411，为 2000 年的 2.45 倍，超额完成了《"十一五"规划纲要》所提出的比 2000 年翻一番的目标。

2. 关于就业目标

"十一五"时期的前三年，2006 年、2007 年、2008 年，我国城镇新增就业分别为 1184 万人、1204 万人、1113 万人。在国际金融危机严重冲击和国内经济增速下滑的影响下，我国就业形势严峻。2008 年第 4 季度后，城镇登记失业人数首次突破 900 万人（达 915 万人）。据对 15 个城市 513 家企业的持续监测，2008 年 10 月到 2009 年 3 月，岗位流失情况严重，累计减幅达 8% 以上。[②] 经

---

　① 近几年来，我国人均 GDP 增长率一般低于 GDP 增长率 0.6 个百分点。按照这个情况，在前面 2008 年、2009 年和 2010 年 GDP 增长率分别为 9.6%、8.7% 和 9.5% 的基础上，这三年人均 GDP 增长率的预估数分别为 9%、8.1% 和 8.9%。

　② 《就业形势逐季好转》，《人民日报》2009 年 12 月 25 日。

过各方面努力，2009 年第 2 季度之后，城镇新增就业走出低谷，企稳回升。2009 年城镇新增就业 1102 万人。① 这样，前四年合计共 4603 万人，已完成《"十一五"规划纲要》所提出的城镇新增就业 4500 万人的预期目标。

我国城镇登记失业率，2006 年、2007 年、2008 年分别为 4.1%、4%、4.2%。从 2008 年第 4 季度后，城镇登记失业率上升了 0.3 个百分点，达到 4.3%，是近五年来的新高。2009 年预计为 4.3%。② 据人力资源和社会保障部预测，2010 年，随着整个经济形势的好转，城镇新增就业和城镇登记失业率会相对稳定。这样，城镇登记失业率也可以完成"十一五"规划中控制在 5% 的预期目标。

关于转移农业劳动力的情况，还没有看到相关的统计。

3. 关于价格目标

"十一五"时期的前三年，2006 年、2007 年、2008 年，我国居民消费价格上涨率分别为 1.5%、4.8%、5.9%。2009 年由正转负，为 - 0.7%；2010 年，我们预测为 3%。总体上说，达到了"十一五"规划中价格总水平基本稳定的目标。但是，从居民消费价格月同比上涨率来看（见图 2），由 2007 年 6 月 4.4% 开始明显攀升，到 2008 年 2 月上涨到 8.7%，达到这一轮物价上涨的峰值。部分地区居民消费价格上涨率在多个月份超过 10%。随后，在一系列调控措施下，并随着经济增长率的回落，居民消费价格月同比上涨率逐步下降，到 2009 年 2 月出现负增长，一直到 2009 年 11 月由负略微转正。

4. 关于国际收支目标

1990 年至 2004 年，我国外贸顺差（净出口额）一直在 500 亿美元之下，2005 年开始急剧增长（见图 3）。"十一五"时期的前三

---

① 《人力资源和社会保障部 2009 年第四季度新闻发布会》，中国网，2010 年 1 月 22 日。

② 同上。

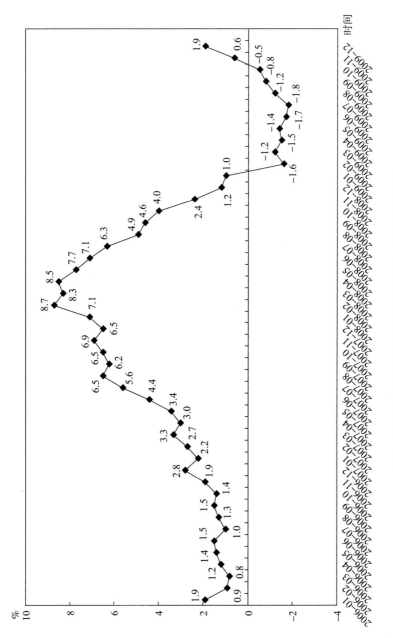

图 2 居民消费价格上涨率（2006 年 1 月—2009 年 12 月）

年，2006 年、2007 年、2008 年，我国外贸顺差分别为 1774. 8 亿美元、2618. 3 亿美元、2955 亿美元。外贸顺差偏大，成为我国经济发展中的一个问题。2009 年外贸顺差降为 1961 亿美元。2010 年，我们预测为 2200 亿美元。总的看来，要完成"十一五"规划中国际收支基本平衡的目标，还需要一个过程。

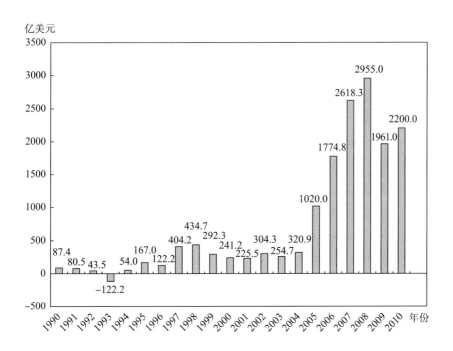

图 3　净出口额（1990—2010 年）

## 三　对"十二五"时期经济增长目标的政策建议

在宏观经济调控各项目标中，GDP 增长率目标具有综合性和核心性。这里，我们着重讨论"十二五"时期经济增长目标问题。先看从"八五"到"十一五"这四个五年计划或规划期间经济增长目标的设定与实际运行结果之间的差距（见表 2）。

表2　　　　　"八五"至"十一五"经济增长的目标值与实际值

| | GDP 增长的目标值 | GDP 实际年均增长率（%） | 实际值高于目标值（百分点） |
|---|---|---|---|
| "八五"计划 | 8%—9% | 12.3 | 3.3—4.3 |
| "九五"计划 | 8%左右 | 8.6 | 0.6 |
| "十五"计划 | 7%左右 | 9.6 | 2.6 |
| "十一五"规划 | 7.5% | 10.5 | 3.0 |

"八五"时期（1991—1995年），经济增长目标原设定为6%，后调整为8%—9%，而实际运行结果为12.3%，比调整后的目标高出3.3—4.3个百分点。

"九五"时期（1996—2000年），经济增长目标设定为8%左右，实际运行结果为8.6%，高出目标0.6个百分点。

"十五"时期（2001—2005年），经济增长目标设定为7%左右，实际运行结果为9.6%，高出目标2.6个百分点。

"十一五"时期（2006—2010年），经济增长目标设定为7.5%，实际运行结果为10.5%，高出目标3个百分点。

从这四个五年计划或规划看，除"九五"外，实际经济增长率都较高地超过了原来设定的目标。"十二五"规划怎样设定经济增长目标呢？可有三种方法。

第一种方法，仍沿用过去的习惯，把目标值设定得比较低，如仍像"十一五"规划那样设定为7.5%。这样做的好处是：一来，留有余地，有把握完成；二来，引导各方不要片面追求过高的速度；三来，长期以来大家都习惯了把五年计划或规划的目标设定得比较低，如果"十二五"提高了，容易使人误以为要追求高速度。但问题是，实际运行的结果往往过高地超过了目标，使目标失去了可信度。

第二种方法，设定目标区间。这一目标区间可称为以潜在经济增长率为基准的适度经济增长区间。从我国目前发展阶段出发，建议潜在经济增长率把握在9%，目标区间设定为8%—10%（这一设定的测算和分析，将在本文第四部分给出）。这样做的好处是：一来，使增长目标具有一定弹性，可以应对国内外经济形势的非预期变化，给宏观调控留有适度空间。二来，给不同地区经济增长目标的设定留有相应的调整空间，有利于各地区从实际出发设定本地的目标。一些地区可能增长得快一点，一些地区可能增长得慢一点，也都在目标区间内。三来，8%—10%的增长区间可能更接近于"十二五"期间的实际，执行结果不至于离实际太远。

第三种方法，不是给出单一的五年固定不变的目标值，也不是笼统地给出一个目标区间，而是对未来五年中的各年设定不同的、可以反映经济波动趋势的目标值。这就是以潜在经济增长率为基准，对未来各年给出高低有别的目标预测值（对"十二五"期间各年的测算和分析，也将在本文第四部分给出）。这样做的好处是：一来使各年增长目标具有动态性，即把经济的年度短期运行与五年的中期波动走势有机地结合起来，使大家在经济波动的动态中把握各年的目标。二来，有利于宏观调控政策将目光放得更远一些，即宏观调控不只是着眼于当年的经济增长目标和当年的经济平稳运行，而是着眼于各年间的相互衔接，使宏观调控政策既能保持连续和稳定，又可根据经济波动的不同态势具有相应的针对性和灵活性。三来，这也是国际上已有的做法。如《美国总统经济报告》，从1979年开始，每年都给出未来多年（5—6年）的目标预测值。世界银行的《全球发展金融》，一般会提供一个3年的预测。而国际货币基金组织的《世界经济展望》，也会提供一个未来5年的预测结果。现以《美国总统经济报告》为例。根据美国国会1946年《就业法》的规定，从1947年起，每年年初都由总统经济顾问委员会撰写经济报告，由总统签署后，提交国会。该报告主要回顾和总结上年的经济运行情况，分析和展望当年及下一年的短期经济发展，就政府的主要经济目标和国内外经济政策进行阐释。1978年，美国国会将1946年《就业法》修订为《充分就业和平衡增长法》。新法要求政府在每年年初的《总统经济报告》中不仅提出当年和下一年的短期经济发展目标，还要提出未来中期的经济发展目标。由此，从1979年起，每年《美国总统经济报告》都制定和阐明当年及未来若干年的经济发展目标，并列出一张相应的经济目标预测表。表3就是2009年1月最新发表的《总统经济报告》中的预测表。表中发布了对2009—2014年六年中各年的经济目标预测值。表中所包括的经济指标有8个：（1）名义GDP增长率；（2）实际GDP增长率；（3）GDP价格指数变化；（4）消费者价格指数变化；（5）失业率；（6）利息率（91天国库券）；（7）利息率（10年期国债）；（8）非农部门受雇就业人数。

**表3　　　　　《美国总统经济报告》中的政府经济目标预测**

| 年份 | 名义GDP | 实际GDP（环比） | GDP价格指数（环比） | 消费者价格指数（CPI－U） | 失业率（％） | 利息率，91天国库券（％） | 利息率，10年期国债（％） | 非农部门受雇就业人数（平均月度变化，第4季度对第4季度，千人） |
|---|---|---|---|---|---|---|---|---|
| 2007（实际值） | 百分比变化：第4季度对第4季度 | | | | 水平：日历年 | | | |
|  | 4.9 | 2.3 | 2.6 | 4.0 | 4.6 | 4.4 | 4.6 | 104 |
| 2008 | 2.4 | －0.2 | 2.5 | 2.8 | 5.7 | 1.4 | 3.8 | －114 |
| 2009 | 2.2 | 0.6 | 1.7 | 1.7 | 7.7 | 0.7 | 4.2 | －235 |
| 2010 | 6.6 | 5.0 | 1.5 | 1.7 | 6.9 | 2.0 | 4.6 | 222 |
| 2011 | 6.5 | 5.0 | 1.5 | 1.8 | 5.8 | 3.5 | 4.9 | 269 |
| 2012 | 5.1 | 3.4 | 1.6 | 1.9 | 5.0 | 3.9 | 5.1 | 261 |
| 2013 | 4.5 | 2.7 | 1.7 | 2.0 | 5.0 | 3.9 | 5.1 | 121 |
| 2014 | 4.5 | 2.7 | 1.8 | 2.1 | 5.0 | 3.9 | 5.1 | 115 |

　　以上第二、第三种方法也可以用于把握"十二五"时期的实际经济运行。

## 四　对"十二五"时期经济增长目标的测算与分析

### （一）潜在经济增长率及其测算方法

现对以上第二、第三种政策建议进行具体的测算和分析。这两种政策建议都要以潜在经济增长率为基准。"十一五"期间的实际经济运行也给了我们两方面的告诫：其一，经济增长率过高，如高过11%，就容易引发严重的通货膨胀，产生高能耗、高物耗、高污染等严重问题；其二，经济增长率过低，如低于8%，像在国际金融危机冲击下2008年第4季度和2009年第1季度那样，经济增长率低到6.8%和6.2%，也会给城乡就业等带来巨大压力。归结到一点，为了保持经济的平稳较快发展，在宏观调控中，一个重要的环节就是把握好潜在经济增长率。

所谓潜在经济增长率是指，一个经济体，一定时期内，在各种资源正常限度地充分利用且不引发严重通货膨胀的情况下，所能达到的经济增长率（刘树成、张晓晶、张平，2005）。潜在经济增长率表明一定时期内经济增长的中长期趋势。现实经济运行围绕潜在经济增长率上下波动。现实经济增长率过高地超过潜在经济增长率，会引起资源、环境等的严重制约，引起严重的通货膨胀；反之，现实经济增长率过低地小于潜在经济增长率，则会造成生产能力过剩和资源的严重闲置，引起失业，引起通货紧缩。现实经济增长率可在适当的幅度内围绕潜在经济增长率上下波动，既不引起资源的严重制约，也不引起资源的严重闲置，物价总水平也保持在社会可承受的范围内，这一波动幅度即为适度经济增长区间。因此，潜在经济增长率的测算和把握，是正确分析经济运行态势和实施宏观调控政策的重要基础。

精确地测算和判定潜在经济增长率，是一个困难的问题。这是因为，不同的测算方法所得出的结果可能不尽相同；同时，一定时期内潜在经济增长率的把握也还需要考虑各种实际情况的变化。因此，潜在经济增长率不单纯是一个数量上的测算问题，而且也包含着多种因素的分析和把握问题。这里，将根据我国改革开放 30 年来的数据资料，利用趋势滤波法、生产函数法和菲利普斯曲线法这三种方法分别测算我国的潜在经济增长率，以作为对"十二五"时期分析的基点。[①]

## （二）潜在经济增长率和适度经济增长区间的测算与分析

### 1. 趋势滤波法

趋势滤波法利用已有的经济增长数据，通过频率选择滤波方法分离长期增长趋势和短期波动成分，其中的长期增长趋势部分即代表潜在增长。该方法是最简单的潜在经济增长率的测算方法。该方法有很多滤波器可供选择，但是在年度数据上各个滤波器差别不大。因此，我们选择最简单也最常用的 HP 滤波器。HP 滤波器由 Hodrick 和 Prescott（1980）提出，此后获得了广泛应用。他们认为，虽然现代经济增长理论取得了重大进展，但是还不足以利用增长核算得出精确的长期增长趋势。在趋势分解方面，增长理论可以告诉我们的就是趋势是平滑的。据此，他们设计了一个滤波器，该滤波器从时间序列 $\{x_t\}_{t=1}^{T}$ 中得到一个平滑的序列 $\{y_t\}_{t=1}^{T}$。$\{y_t\}_{t=1}^{T}$ 是下列问题的解：

$$\min_{\{y_t\}_{T=-1}^{T}} \left\{ \sum_{t=1}^{T} (x_t - y_t)^2 + \lambda \sum_{t=1}^{T} [(y_t - y_{t-1}) - (y_{t-1} - y_{t-2})]^2 \right\}$$

上式大括号中多项式的第一部分是波动成分的度量，第二部分是趋势项平滑程度的度量，$\lambda$ 是自由参数，调节二者的权重。当 $\lambda$ 取 0 时，序列 $\{y_t\}_{t=1}^{T}$ 和原始序列重合；当 $\lambda$ 趋于无穷大时，序列 $\{y_t\}_{t=1}^{T}$ 在一条直线上。

测算的基本步骤如下：首先，将我国 1978—2009 年的 GDP 增

---

① 我们在《实现经济周期波动在适度高位的平滑化》（刘树成、张晓晶、张平，2005）一文中，曾利用趋势滤波法和菲利普斯曲线法做过测算，当时的样本期分别为 1978—2004 年和 1980—2004 年。本文这里的测算，样本期得以延长，分别为 1978—2009 年和 1978—2008 年。

长指数（1978 年为 100，2009 年为 1805.5）进行 HP 滤波，分解出趋势项和波动项，λ 取值 6.25。① 然后，将趋势项做一阶差分，得到 HP 滤波后的趋势增长率，如图 4 中的粗黑曲线所示。HP 滤波后的趋势增长率比实际增长率平滑，大体处于 8%—12% 的区间内。滤波后的 GDP 趋势增长的年均递增速度为 9.87%，这与 1979—2009 年 31 年间 GDP 实际增长的年均递增速度 9.78% 很接近，仅差 0.09 个百分点。我们可以将 8%—12% 这一区间视为我国改革开放以来以 9.8% 为潜在经济增长率中线的适度经济增长区间。

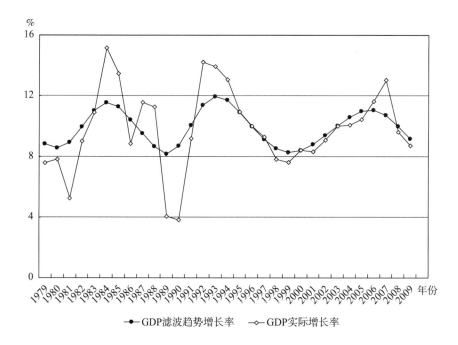

**图 4　GDP 滤波趋势增长率和 GDP 实际增长率（1979—2009 年）**

---

① 这里 λ 取值 6.25，是根据 Ravn 和 Uhlig（2002）的研究。他们的研究认为，λ 的取值应该是观测数据频率的 4 次方，即年度数据应取 λ = 6.25，季度数据应取 λ = 1600，月度数据应取 λ = 129600。

在今后的"十二五"时期，要考虑三大因素的变化：一是要更加注重提高经济增长的质量和效益，更加注重经济发展方式转变和经济结构调整；二是资源、能源、环境等约束不断强化；三是外需在一段时期内将处于萎缩和低迷状态。因此，在"十二五"时期，适度经济增长区间的上限可下调2个百分点，即适度经济增长区间可把握在8%—10%，潜在经济增长率的中线可把握为9%。这对宏观调控的政策含义是：当实际经济增长率高出10%时，就要实行适度的紧缩性宏观调控政策；当实际经济增长率低于8%时，就要实行适度的扩张性宏观调控政策；当实际经济增长率处于8%—10%的区间时，可实行中性的宏观调控政策。

在"十二五"时期，适度经济增长区间把握在8%—10%，也有一系列的支撑因素，它们主要是：（1）体制因素。社会主义市场经济体制在改革中的不断完善，以公有制为主体的多种所有制经济的共同发展和相互促进，为经济的适度增长提供了重要的制度基础。（2）资源供给因素。改革开放30年来的经济发展，为经济的适度增长提供了必要的物质条件。（3）工业化和城市化因素。我国工业化和城市化的加快发展，为经济的适度增长提供了强大的内需动力。（4）消费升级因素。收入水平提高和消费结构升级，为经济的适度增长提供了新的消费需求动力。（5）新兴产业和科技因素。新兴产业和科学技术的发展为经济的适度增长提供了新的增长源泉。（6）地区因素。东、中、西部各地区在应对国际金融危机中的调整和发展，为经济的适度增长提供了广阔的地理空间。

2. 生产函数法

生产函数法利用总量生产函数估计潜在增长率，需要搜集和测算资本存量、就业人口、人力资本等数据。从基本理论角度来看，生产函数法最为严格，利用的信息也最多。然而，从实际操作层面看，由于许多数据不易搜集，测算得到的数据也因方法不同而存在较大差异，因而导致最后所得到的潜在增长率存在较大差异。我们的测算方法和日本央行的方法（BOJ，2003）非常接近。假设形式如下的对数线性总量生产函数：

$$\ln Y = (1 - \alpha)\ln K + \alpha \ln L + \ln T \qquad (1)$$

其中，$Y$ 代表实际实现的 GDP，$K$ 代表实际投入的资本，$L$ 代表实际投入的劳动，$T$ 是全要素生产率（Total Factor Productivity，TFP）。$\alpha$ 是劳动投入份额，设定规模报酬不变，即资本投入和劳动投入份额之和等于 1。然后，再假设同样形式的潜在总量生产函数：

$$\ln Y^* = (1 - \alpha)\ln K^* + \alpha \ln L^* + \ln T \qquad (2)$$

其中带星号的变量是相应变量的潜在水平。（1）式中，$Y$、$K$、$L$ 和 $\alpha$ 是已知变量，可以据此求出全要素生产率 $T$。（2）式中，$K^*$ 和 $L^*$ 是已知变量，代入前面求出的 $T$，就可以推出潜在产出 $Y^*$。整个测算方法比较简单，关键在于如何确定这些已知变量。

测算过程中，5 个变量和 1 个参数需要事先确定，即 $Y$、$K$、$K^*$、$L$、$L^*$ 和 $\alpha$。$Y$ 数据的获得相对直接和容易。根据测算需要，把 1978—2008 年的实际 GDP 增长指数转换为以 1991 年价格表示的实际 GDP 序列，即得到（1）式中的 $Y$。现对其他数据和参数的测算及获得略做说明。

关于资本投入。在我国的宏观经济数据统计中，没有直接可用的总量资本数据，需要利用有关数据测算。最常用的测算方法是永续盘存法，以下式表示：

$$K_t = (1 - \delta)K_{t-1} + I_t/P_t \qquad (3)$$

其中，$K$ 是实际资本存量，$I$ 是名义资本形成，$P$ 是投资价格指数，$\delta$ 是折旧率。据此，要测算资本存量，4 个量需要确定：基期资本存量 $K_0$、名义资本形成总额、投资价格指数和折旧率。

关于基期资本存量的确定，在我国有很多讨论（张军、章元，2003；林毅夫等，2003）。由于我们的研究关心的是潜在经济增长率，基期资本存量的绝对数量对此影响不大。因此，我们直接采用林毅夫等（2003）测算的 1978 年资本存量 10072.51 亿元，并用投资价格指数将其转化为 1991 年价格，为 21302.53 亿元，相当于当年 GDP 的 3 倍。关于名义资本形成总额，可直接从历年《中国统计年鉴》获得。关于投资价格指数，1991 年之前，我国的宏观经济统计没有提供它，这成为测算资本存量的一个重要问题。有学者研究发现（张军、章元，2003），上海市的价格波动和全国相对一致，《上海市统计年鉴》提供了 1991 年之前的上海市固定资本形成价格指数，可以作为同期全国变量的良好替代。因此，我们以 1978—1990 年的上海数据和 1991—2008 年的全国数据合成投资价格指数序列，以 1991 年为基期。关于资本折旧率，从国际经验来看，大多数国家在 4%—6%。我国资本存量的许多研究也大体采用这一区间的数值。这里，我们采用 5% 的折旧率。至此，（3）式中的变量和参数均已确定，可以据此算出我国 1978—2008 年的资本存量。

应该注意的是，上面得到的资本存量是 $K^*$，而不是 $K$。因为 $K^*$ 是现实存在的全部资本，而 $K$ 则是实际投入生产的资本。这就牵扯到资本利用率的问题。在经济过热和繁荣时期，可能会存在固定资本的超负荷使用和运转；而在经济过冷和衰退时期，可能存在固定资本闲置或使用不足。与日本相比（Kamada & Masuda，2001；BOJ，2003），我国相对缺乏刻画资本利用程度的指标和数据。在本研究中，我们使用发电设备平均利用小时数来刻画我国的资本利用程度，它是指在一定时期内发电设备运行的平均小时数。这一指标首先是对电力行业资本利用程度的良好刻画，因为小时数高表明设备利用充分，甚至是超负荷运转，小时数低则表示设备利用率低，甚至存在闲置。其次，这一指标和总发电量正相关，而总发电量可以部分刻画整个国民经济的资本利用程度。发电量高表明电力需求旺盛，相关行业的固定资产利用充分；发电量低则表明电力需求萎缩，相关行业固定资产利用不足。1978—2008 年，发电设备平均利用小时数的最大值出现在 2004 年，为 5455 小时，最小值出现在 1999 年，为 4393 小时。我们取整个序列的中数作为固定资本合理充分利用时的小时数。用这个小时数除整个序列，构造资本利用率指标序列。然后，将资本利用率和此前算出的潜在资本存量相乘，得到实际投入生产的资本存量 $K$。

　　关于劳动投入。目前，我国就业人员统计数据有两种来源。一种是人口普查，给出每年就业人员总数，以家庭为调查单位；一种是"三合一"劳动统计[①]，给出每年分行业就业人员数，以企业为调查单位。有学者研究指出（岳希明，2005），由于这两种统计在方法上存在差异，因此统计结果也存在差异。人口普查的就业以当时状态为标准，即 15 岁以上，在调查周内从事过有收入的工作；"三合一"统计的就业采用经常状态标准，即以被调查人在较长一段时间内（一般是一年）的工作状态来判断就业。因此，人口普查统计出来的就业人口总数要比"三合一"统计的加总结果大。显然，人口普查统计的就业人数倾向于高估，因为一部分非充分就业的人员也被包括在内；"三合一"统计的就业人数倾向于低估，因为这部分人员的劳动投入被排除在外。由于我国的劳动统计很不全面，因此本文的研究用人口普查统计的就业人数代表潜在的就业人数，用"三合一"统计的就业人数代表实际投入的就业人数。从二者的统计方法上来看，这种设定方法大体能反映我国的真实就业状况。但是这样得到的还不是 $L$ 和 $L^*$，因为要得到真实的劳动投入，至少还有两个因素需要考虑。第一是劳动时间，即使劳动力数量不发生变化，工作时间的变化也会影响投入生产的劳动总量；第二是劳动的质量，高素质劳动者的增多在就业人数上无法反映，这样会低估投入生产的劳动总量（岳希明、任若恩，2008）。由于在我国缺乏可用的劳动时间数据，因此我们的研究只考虑第二个因素，即劳动者质量。

　　1990 年第四次人口普查之前，我国的总就业人员数采用"三

---

　　① "三合一"统计一词是国家统计局劳动统计部门内部的用法，由三种不同的统计构成：由国家统计局以及劳动和社会保障部负责的城镇单位劳动统计，国家工商行政管理总局对城镇私营企业就业人员、个体劳动者的行政登记，以及由农村社会经济调查总队负责的乡村就业人员统计（岳希明，2005）。

合一"统计的结果，此后即开始采用人口普查数。这样，我国的总就业人数序列在 1990 年出现了一个非常突出的异常点，从 1989 年的 55329 万人猛增加到 1990 年的 64749 万人，增长速度达到了 17%。从数据的可获得性上来看，1978—2002 年的"三合一"统计总就业人数可以直接获得，1990—2008 年的人口普查统计总就业人数可以直接获得。我们利用 2004—2008 年人口普查数的增长率推出"三合一"统计在对应年份的人数，再利用 1978—1990 年"三合一"统计人数的增长率推出人口普查统计在对应年份的人数。这样，我们不但解决了就业人数的异常点问题，也得到了研究所需要的潜在就业人数和实际就业人数。

劳动者质量又被称作人力资本。人力资本涵盖的内容比较广泛，但是一般的研究大多用劳动者的受教育情况来进行度量。刻画受教育情况的较好量化指标是受教育年限，因此，人力资本存量就等于劳动者受教育时间的加总。例如，一个受过小学教育的劳动者的人力资本为 6（人年），一个受过硕士研究生教育的劳动者的人力资本为 19（人年），如果这两个人组成一个经济体，则整个经济体的人力资本存量为 25（人年）。假设期初的人力资本存量为 $H_0$，此后各期的人力资本存量可以根据下式推算：

$$H_t = (1 - \delta_{t-1})H_{t-1} + \Delta H_t \tag{4}$$

其中，$\delta_{t-1}$ 代表 $t-1$ 期的人力资本折旧，包括人口自然死亡、退出劳动人口和知识折旧等因素。$\Delta H_t$ 则表示 $t$ 期新增的人力资本。有学者最近的研究（王小鲁等，2009）全面考虑了我国劳动力人口的受教育时间情况，计算出了我国 1952—2008 年的人力资本存量。然后，用劳动年龄人口（扣除在校学生）除人力资本存量，得到人均教育水平。我们的研究直接使用他们的数据。有了就业人数和人均教育水平，二者相乘就是全部劳动投入。用前面得到潜在就业人数乘人均教育水平得到 $L^*$，实际就业人数乘以人均教育水平得到 $L$。

关于劳动投入份额。确定要素投入份额有两种方法，一种是根据国民经济核算中资本和劳动的收入分配比例来计算，另一种是根据总量生产函数来估计。从相关研究的结果来看，两种方法存在巨大差异。林毅夫等（2003）根据第一种方法得到的资本投入份额为0.3，郭庆旺、贾俊雪（2004）根据第二种方法估计的资本投入份额为0.69，其他一些相关研究的估计值大体在这两个值之间。对于我们的研究而言，这意味着劳动投入份额的取值大致在0.3和0.7之间。

用收入分配数据计算要素投入份额，人力资本等劳动投入质量因素已经包含在内，也就是说，人力资本要素所获得的收入也计入劳动所得。本研究的劳动投入虽然也考虑了人力资本因素，但是平均受教育年限并不能完全度量劳动力数量，还有其他一些因素未能纳入。对本研究而言，0.7应该是高估了劳动投入份额。用总量生产函数估计要素投入份额，由于对资本存量和劳动投入数据的估算不一，结果也就出现了很大差异。另外，在相应的回归中一般都会出现比较严重的自相关和多重共线性等问题，估计结果不是很稳健。因此，本研究采用一个折中的结果，取劳动投入份额为0.6，即 $\alpha = 0.6$。

根据上面的数据和参数，先利用（1）式计算得到TFP。从（1）式得到的TFP不仅包括除了劳动和资本投入以外的其他要素的贡献，还包括一些随机扰动和噪音。因此，用HP滤波去除掉这些因素，得到相对平滑的趋势项。TFP是以1991年为100的指数，滤波中的参数 $\lambda$ 取6.25。结果如图5所示。

得到趋势TFP以后，再利用（2）式求出潜在产出。对潜在产出做一阶差分，就得到潜在增长率。结果如图6所示。根据生产函数法的计算，1979—2008年30年间我国潜在产出的年均递增速度为9.98%，这与同一期间我国GDP实际增长的年均递增速度9.82%很接近，仅差0.16个百分点。这一期间，潜在增长率的波动区间大体上亦处于8%—12%。生产函数法的计算结果与上述趋势滤波法的计算结果较为相似。根据生产函数法的计算，作为对

"十二五"时期的政策建议，同样出于上述趋势滤波法时的各种因素考虑，适度经济增长区间可把握在 8%—10%，潜在经济增长率的中线可把握为 9%。

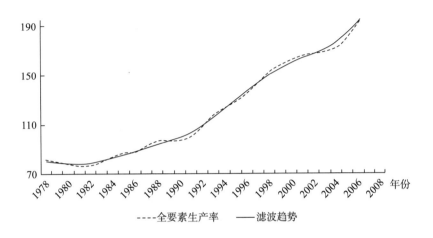

图5  全要素生产率（TFP）

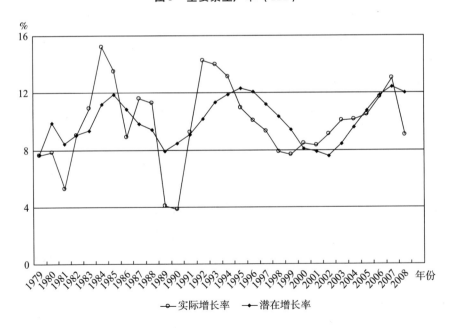

图6  中国经济的实际增长率和潜在增长率

　　现将我国的潜在增长率按照要素贡献进行分解，结果如图 7 所示。1978—2008 年，我国的潜在增长平均有 40.8% 来自资本的贡献，25.1% 来自劳动的贡献，34.1% 来自全要素生产率 TFP。从图 7 可以看出，与资本和劳动相比，TFP 的波动较大，可以解释我国大部分的趋势波动。1979—1984 年，劳动的贡献份额很大，这是因为此前我国人均教育水平基数很小，在这段时间增长很快，此后的增长则逐步趋缓。从图 7 还可以看出，进入 21 世纪后我国的潜在增长率平稳上升，其中劳动贡献基本保持不变，增量主要来自资本贡献和 TFP，TFP 贡献的增量又大于资本贡献。

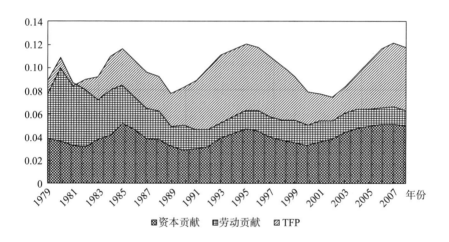

**图 7　中国潜在经济增长的要素贡献分解**

3. 菲利普斯曲线法

菲利普斯曲线法又称价格调整法，它利用经济增长和通货膨胀的替代关系，通过简单的回归方程来确定某一稳态通货膨胀率条件下的经济增长率。菲利普斯曲线法有一定的理论基础，所利用的经济增长率和通货膨胀率数据也简单易得，因而成为一种比较常用的测算方法。

　　根据菲利普斯曲线方程，我们建立通货膨胀率（以居民消费

价格 CPI 上涨率表示）与 GDP 增长率之间的关系，然后利用
1978—2009 年二者的年度数据进行回归。因为二者均为一阶差分
后的变量，所以应该都是平稳变量。单位根检验的结果支持这一结
论。这样，就可以用最小二乘法（OLS）进行回归。结果如下：

$$\Delta p_t = 0.9899 \times \Delta p_{t-1} - 0.3634 \times \Delta p_{t-2} + 0.9561 \times \Delta y_t - 7.4206$$
$$\qquad\quad (6.314) \qquad\quad (-2.361) \qquad\quad (3.401) \qquad\quad (-2.367)$$
$$R^2 = 0.6563，调整 R^2 = 0.6167，DW = 1.85$$

其中，$\Delta p_t$ 代表居民消费价格上涨率，$\Delta p_{t-1}$ 代表滞后一期的居
民消费价格上涨率，$\Delta p_{t-2}$ 代表滞后两期的居民消费价格上涨率，
$\Delta y_t$ 代表 GDP 增长率。方程中括号内数字为 t 统计量。从回归结果
看，各变量系数的 t 统计量都很显著，$R^2$ 为 65.6%，调整 $R^2$ 为
61.7%，DW 值为 1.85，计量结果是令人满意的。

该方程的经济含义是：（1）通货膨胀率受其自身的影响。滞
后一期的通货膨胀率变动 1 个单位，可使当期通货膨胀率同向变动
0.9899 个单位，即近 1 个单位，这符合适应性预期假说；同时，
滞后两期的通货膨胀率变动 1 个单位，可使当期通货膨胀率反向变
动 0.3634 个单位。综合看，过去一期和两期通货膨胀率变动 1 个
单位，可使当期通货膨胀率同向变动 0.6265 个单位。（2）通货膨
胀率受经济增长率的影响。GDP 增长率变动 1 个单位，导致当期
通货膨胀率变动 0.9561 个单位。这反映出通货膨胀率变动与 GDP
增长率变动的一致性。

根据该方程，可以计算出不同稳态通货膨胀率水平下的 GDP
增长率（见表 4）。稳态是指增长率保持不变。稳态通货膨胀率，
即没有加速通货膨胀。从表 4 可以看出，稳态通货膨胀率上升 1 个
百分点与 GDP 增速上升 0.39 个百分点是相对应的。根据一般经
验，社会可承受的通货膨胀率水平在 1%—5%，相对应的 GDP 增
长率为 8.15%—9.71%。如果通货膨胀率水平在 3%，则相对应的
GDP 增长率为 8.93%。根据菲利普斯曲线方程的计算，可以把通
货膨胀率水平 3% 条件下的 GDP 增长率 8.93% 视为潜在经济增长

率，把通货膨胀率水平 1%—5% 条件下的 GDP 增长率 8.15%—9.71% 视为适度经济增长区间。这个结果，与上面根据趋势滤波法和生产函数法对"十二五"时期所作的设定建议是比较接近的。

表4　　　　　　　　不同稳态通货膨胀率水平下的 GDP 增长率　　　　单位:%

| | | | | | | 通货膨胀 | | | | | |
|---|---|---|---|---|---|---|---|---|---|---|---|
| 通货膨胀率 | 0 | 1 | 2 | 3 | 4 | 5 | 6 | 7 | 8 | 9 | 10 |
| GDP 增长率 | 7.76 | 8.15 | 8.54 | 8.93 | 9.32 | 9.71 | 10.11 | 10.50 | 10.89 | 11.28 | 11.67 |
| | | | | | | 通货紧缩 | | | | | |
| 通货膨胀率 | -10 | -9 | -8 | -7 | -6 | -5 | -4 | -3 | -2 | -1 | 0 |
| GDP 增长率 | 3.85 | 4.25 | 4.64 | 5.03 | 5.42 | 5.81 | 6.20 | 6.59 | 6.98 | 7.37 | 7.76 |

### （三）宏观经济运行的中期预测与分析

这里，对我国未来 6 年（"十一五"最后一年和整个"十二五"期间）各年的经济增长率进行预测。具体来说，首先利用常用的自回归单整移动平均（Autoregressive Integrated Moving Average，ARIMA）模型进行初步的基准预测。这一基准在一定程度上反映了经济的周期波动成分。然后，再对预测结果进行一些调整。

1. 基准预测

1995 年诺贝尔经济学奖得主卢卡斯（Lucas，1977）在回顾宏观经济时间序列的数量特征时说：从技术上说，任何一个国家的 GNP 围绕其趋势的运动都可以用一个很低阶的具有随机干扰项的差分方程来很好地描述。因此，用单变量时间序列模型来刻画和预测产出序列非常常见。本文采用 ARIMA 模型作为经济增长率的预测基准。该模型的缺点是利用的信息量很少，只是实际 GDP 的历史值；优点是比较简明地刻画了产出的周期波动成分。

现利用 ARIMA 模型预测经济增长率。经济增长率是实际 GDP 序列的一阶差分，ADF 检验显示，在 1% 的置信水平上拒绝 GDP 序列（y）的一阶差分（$\Delta y$）有单位根。我们通过赤池信息准则

（AIC）和施瓦茨信息准则（SIC）（迪博尔德，2003），选择了 ARIMA（3，1，3）模型。利用 1978—2009 年 GDP 增长率数据，回归结果如下：

$$\Delta y_t = 0.099 + 1.295\Delta y_{t-1} - 0.47\Delta y_{t-2} - 0.155\Delta y_{t-3} + u_t - 1.027u_{t-1}$$
$$\quad (197) \quad (12.5) \quad\quad (-2.64) \quad\quad (-1.18) \quad\quad (-6.15)$$
$$\quad - 0.901u_{t-2} + 0.952u_{t-3}$$
$$\quad (-9.22) \quad\quad (5.94)$$

$$R^2 = 0.767，调整 R^2 = 0.704，DW = 2.05$$

根据括号中的 t 值，上式中除了 $\Delta y_{t-3}$ 项的系数之外，其他系数都是显著的，拟合优度和 DW 统计量也都比较合意。利用上述模型预测 2010—2015 年的经济增长率，结果如表 5 所示。

表5　　　　　　ARIMA（3，1，3）模型预测的经济增长率　　　单位:%

| 年份 | 2010 | 2011 | 2012 | 2013 | 2014 | 2015 |
|------|------|------|------|------|------|------|
| 经济增长率 | 9.8 | 9.8 | 9.6 | 9.5 | 9.5 | 9.6 |

从表 5 的初步预测结果看，经过 2008—2009 年我国第 10 轮经济周期的下降阶段之后，从 2010 年开始将进入新一轮经济周期的上升阶段。如果按照原始数据的以往惯性，经济增长率会在 2010 年和 2011 年出现一个 9.8% 的峰值，此后稍有回落。

2. 预测结果的调整

上面基准预测结果的一个显著特点是，在 2010 年和 2011 年出现一个增长峰值，此后略有回落，但仍然处在相对比较高的水平。考虑到新世纪以来我国经济增长表现出明显的经济周期上升阶段延长的特征，我们设想了另一种经济增长路径，即宏观调控政策根据新形势、新情况，适时适度地进行必要的微调，加之经济发展方式有所转变，从而使新一轮经济周期的上升阶段得以延长，避免经济增长的急上急下。由此，可以设想这样的情景，经济增长从 2010—2013 年逐步缓慢上行，此后才逐步回落至潜在水平附近，如表 6 所示。

表6　　　　　　　　宏观经济运行的中期预测　　　　　单位:%

| 年份 | 2010 | 2011 | 2012 | 2013 | 2014 | 2015 |
|------|------|------|------|------|------|------|
| 经济增长率 | 9.5 | 9.8 | 10.0 | 10.3 | 9.5 | 9.0 |

　　准确预测未来若干年内的经济增长是一项困难的任务，因此我们在这里特别强调，此处进行中期预测的主要目的并不是要完全准确地预测未来的增长，而是为如何设定经济波动趋势目标值做一个示例。以潜在经济增长率为基础，结合对一些基本宏观经济关系的分析和把握，可以为未来增长设定一个反映经济波动趋势的动态目标值，以供跟踪监测和社会各方面参考。

　　综合以上分析，我们对"十二五"时期经济增长目标的设定提出三种建议：其一，仍沿用过去的习惯，把目标值设定得比较低，如仍像"十一五"规划那样设定为7.5%。其二，可以设定目标区间。这一目标区间可称为以潜在经济增长率为基准的适度经济增长区间。从我国目前发展阶段出发，建议潜在经济增长率把握在9%，目标区间设定为8%—10%。其三，不是给出单一的五年固定不变的目标值，也不是笼统地给出一个目标区间，而是对未来五年中的各年设定不同的、可以反映经济波动趋势的目标值，具体列于表6。第二、三种建议也可以作为"十二五"时期在实际经济运行中的把握。

**参考文献**

［美］George E. P. Box、Gwilym M. Jenkins、Gregory C. Reinsel：《时间序列分析：预测与控制》，中国统计出版社1997年版。

［美］弗朗西斯·X. 迪博尔德：《经济预测》，中信出版社2003年版。

郭庆旺、贾俊雪：《中国潜在产出与产出缺口的估算》，《经济研究》2004年第5期。

黄赜琳、朱保华：《中国经济周期特征事实的经验研究》，《世界经济》2009 年第 7 期。

林毅夫、郭国栋、李莉、孙希芳、王海琛：《中国经济的长期增长与展望》，北京大学中国经济研究中心讨论稿，2003。

刘树成、张晓晶、张平：《实现经济周期波动在适度高位的平滑化》，《经济研究》2005 年第 11 期。

汤铎铎：《两个经典宏观经济关系在中国的检验》，《中国社会科学院研究生院学报》2007 年第 3 期。

王小鲁、樊纲、刘鹏：《中国经济增长方式转换和增长的可持续性》，《经济研究》2009 年第 1 期。

岳希明：《我国现行劳动统计的问题》，《经济研究》2005 年第 3 期。

岳希明、任若恩：《测量中国经济的劳动投入：1982—2000》，《经济研究》2008 年第 3 期。

张军、章元：《对中国资本存量 K 的再估计》，《经济研究》2003 年第 7 期。

中国社会科学院"中国经济形势分析与预测"课题组：《中国经济形势分析与预测——2009 年秋季报告》，载《经济蓝皮书：2010 年中国经济形势分析与预测》，社会科学文献出版社 2009 年版。

Bank of Japan, "The Output Gap and the Potential Growth Rate: Issues and Applications as an Indicator for the Pressure on Price Change," Bank of Japan Quarterly Bulletin, May, 2003.

Guerrero, Victor M., "ARIMA Forecasts with Restrictions Derived from a Structural Change," *International Journal of Forecasting*, Vol. 7, 1991.

Hamilton, James D., *Time Series Analysis*, Princeton University Press, Princeton, New Jersey, 1994.

Hodrick, Robert, and Edward Prescott, "Post – war Business Cycles: An Empirical Investigation," Working Paper, Carnegie – Mellon University (Published in *Journal of Money, Credit and Banking*, Vol. 29, No. 1, 1997).

Kamada, K., and K. Masuda, "Effects of Measurement Error on the Output Gap in Japan," *Monetary and Economic Studies*, Vol. 19 (2), Institute for Monetary and Economic Studies, Bank of Japan, 2001.

Kuttner, Kenneth N., "Estimating Potential Output as a Latent Variable," *Journal of*

*Business and Economic Statistics*, Vol. 12, 1994.

Lucas, Robert E. , "Understanding Business Cycles", In *Carnegie – Rochester Conference Series on Public Policy*, Vol. 5, 1977.

（原载《经济研究》2010 年第 2 期）

# 不可忽视 GDP

### ——当前中国经济走势分析

## 一 当前中国经济走势:超预期较低位运行

今年(2012年)以来,我国经济下行压力加大,经济增速进一步回落,出现了比社会预期更为明显的放缓。从 GDP 季度同比增长率来看,今年第一季度承接了去年(2011年)4 个季度连续回落的态势(去年 4 个季度分别为 9.7%、9.5%、9.1%、8.9%),进一步回落到8.1%,低于社会上的普遍预期(普遍预期为8.4%或8.5%)。这是自 2009 年第二季度我国经济增长率在应对国际金融危机冲击中回升以来,12 个季度中的最小增幅;也是自 2000 年起,12 年来少有的 6 个低于 8.1% 的季度增长率之一(见图1,另外 5 个低于 8.1% 的季度增长率是:2000 年第四季度,7.3%;2001 年第二季度,7.7%;2001 年第三季度,7.8%;2008年第四季度,7.4%;2009 年第一季度,6.6%)。

从我国规模以上工业增加值月度同比增长率来看,今年也承接了去年 7 月以来的回落态势,4 月进一步下降到 9.3%,亦低于社会上的普遍预期(普遍预期为12.2%)。这是自 2009 年 6 月我国工业增加值增长率在应对国际金融危机冲击中回升以来 35 个月中的最低增幅;也是自2000 年 1—2 月以来,148 个月中少有的 14 个低于 10% 的月同比增长率之一(见图 2,其他 13 个低于 10% 的

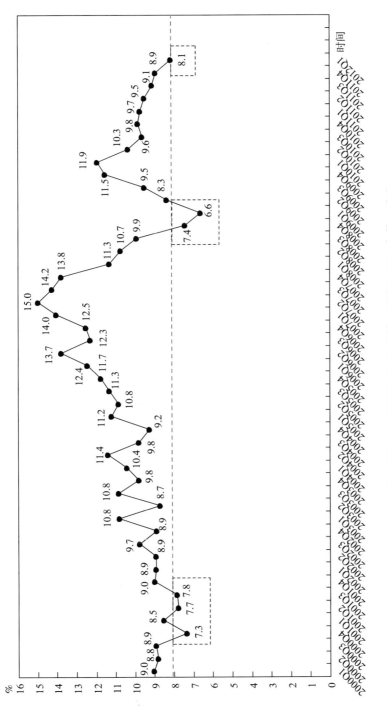

**图 1　GDP 季度同比增长率（2000 年第一季度至 2012 年第一季度）**

资料来源：国家统计局网站；历次国家统计局关于季度国民经济运行情况发布会。

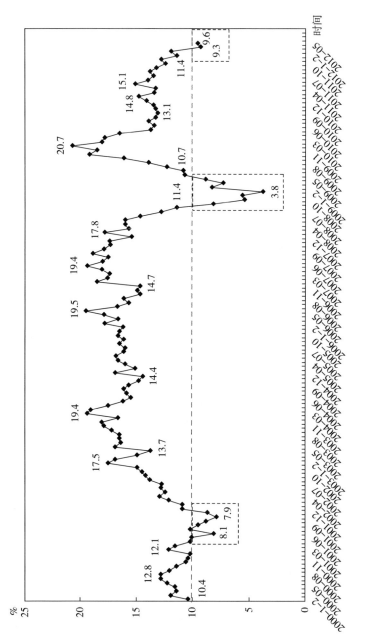

图 2　工业增加值月同比增长率（2000 年 1—2 月至 2012 年 5 月）

资料来源：国家统计局网站。

月份是：2001 年 7 月、9 月至 12 月，2008 年 10 月至 2009 年 5 月）。5 月，规模以上工业增加值月同比增长率 9.6%，虽比 4 月略高 0.3 个百分点，但仍处于 10% 以下的较低位运行。

对于今年以来我国经济增速超预期回落，既不能反应过度，也不能掉以轻心。"反应过度"的主要表现为：一是主张大力度地放松宏观调控政策，二是刚刚沉寂一点的中国经济崩溃论、中国经济危机论、中国经济硬着陆论、中国经济滞胀论等说法又浮出水面。"不能掉以轻心"就是要认真分析经济增速明显回落的各种可能原因，有针对性地采取各种措施，避免经济增长的大起大落，保持经济更长时间的平稳较快发展。

## 二　原因分析：注意一种倾向掩盖另一种倾向

经济增速的进一步回落是由多种原因造成的，从学术界已有的分析看，主要有以下 7 个方面的原因：其一，主动宏观调控的结果。其二，主动转变经济发展方式、加快结构调整的结果。其三，国际上外需低迷、出口不振，国际金融危机的影响还在发酵。其四，国内消费动力不足、投资需求不旺。其五，资源、环境、劳动力供给等约束强化，潜在经济增长率下移。其六，企业经营困难，各种成本上升，资金紧张，市场需求疲软，利润下降。其七，经济增速回落过程中有惯性。

以上的原因都存在。这里，我们想强调提出的是，可能还有第 8 个方面的原因，即一种倾向掩盖另一种倾向。一些地方在反对 GDP 崇拜、反对盲目追求和攀比 GDP 的过程中，出现了忽视 GDP、淡化 GDP 的倾向，不再下大力去做好经济工作。这是值得我们高度重视的。

从历史上看，改革开放以来的经验情况表明，每个五年计划（或规划）之后的第二年，又是各级领导班子换届之年（我们称为"双重推动年"），往往容易出现经济增长趋热的态势。改革开放以来，从"六五"计划到"十一五"规划，共有 6 个这样的"双重推动年"，即 1982 年、1987 年、1992 年、1997 年、2002 年、2007 年（见图 3 各年 GDP 增长率）。其中，有 3 个年份是经济增长较热或过热之年（1987 年 11.6%、1992 年 14.2%、2007 年 14.2%），有 2 个年份是经济增长回升年（1982 年由上年 5.2% 回升到 9.1%、2002 年由上年 8.3% 回升到 9.1%），仅有一个年份是经济增长回落年（1997 年由上年 10% 回落到 9.3%）。今年又是这种"双重推动年"，按照历史惯例，本应着重防止经济增长趋热，但实际情况却相反，出现了经济增幅的较大回落。当然，这也可能像 1997 年那样，受到亚洲金融危机冲击和国内需求不足的影响。但如果存在上述的一种倾向掩盖另一种倾向的问题，则是需要重视的。

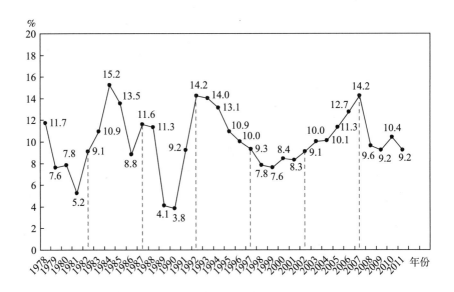

**图 3   中国 GDP 增长率（1978—2011 年）**

资料来源：《中国统计摘要 2012》，中国统计出版社 2012 年版。

为什么不可忽视 GDP？GDP（国内生产总值）是一个国家（或地区）在一定时期内，所有常住单位参与生产和服务活动所形成的增加值。物质资料生产，以及相关的生产性和生活性服务活动，是一个社会赖以生存和稳定发展的实体经济基础。当然，在现实经济运行中，GDP 增长速度不能太高。中华人民共和国成立以来，我国经济增长曾多次出现"大起大落"现象。"大起大落"的要害就是"大起"。因为经济增长速度过高、过急、过快的"大起"，也会很快产生"四高"问题，即高能耗、高物耗、高污染、高通胀，很快造成对经济正常运行所需要的各种均衡关系的破坏，由此而导致随后的经济增长速度的"大落"。因此，反对 GDP 崇拜、反对盲目追求和攀比 GDP，是正确的。但我们也应知道，在一定时期内，GDP 增长速度也不能太低。如果太低，也会带来一系列问题。一者，会给居民收入增长和人民生活带来困难。因为 GDP 是提高和改善人民生活的物质基础。GDP "蛋糕"做大了，不一定就能分好；但如果没有 GDP "蛋糕"的适度做大，也就更难去分好"蛋糕"。二者，会使财政收入受到影响。财政收入若大幅下降，则需要财政支持的经济结构调整、社会事业发展、社会保障实现，都会受到影响。三者，影响企业的宏观经营环境。较低的 GDP 增长，从需求面反映市场需求疲软，影响企业的生产和销售，影响就业的扩大。总的看来，经济增速过高，会恶化经济结构；而增速太低，也会恶化经济结构。经济增速过高，难以持续；而增速太低，也难以持续。因此，要保持一定的、适度的经济增速。

现在"稳增长"，保持适度的经济增速，不是简单地放松宏观调控政策，不是重返"高增长"，不是再次回归 GDP 崇拜、GDP 追求，而是在新形势下，向各级政府提出了新的更高的要求。这就是"稳增长"要与转方式、调结构、控物价、抓改革、惠民生相结合，努力实现科学发展。

那么，经济增长速度多高、多低为宜？这涉及潜在经济增长率的把握问题。

## 三 潜在经济增长率下移:应保持一个渐进过程

有学者正确指出,改革开放 30 多年来,我国经济以近两位数速度增长,现在进入到潜在经济增长率下移的新阶段。但这里有 3 个问题需要讨论。

*1. 潜在经济增长率的下移是一个突变过程,还是一个可以渐进的过程*

有学者提出,2013—2017 年,我国潜在经济增长率将由 10% 的高速降到 6%—7% 的中速,明显下一个大台阶。然而,我们从国际经验看,不同国家因其地域大小不同、人口多少不同、资源禀赋不同、国内外环境条件不同等,潜在经济增长率的下移表现为不同的情况。

第一种情况,有的国家表现为突变过程。如日本,"二战"后经历了 4 个阶段(见图 4):

(1) 1953—1959 年的 7 年中(1952 年为基年),GDP 年均增长 7.2%。

(2) 1960—1973 年的 14 年中(1959 年为基年),GDP 年均增长上升到 9.7%。

(3) 1974—1991 年的 18 年中(1973 年为基年),GDP 年均增长明显下降到 4.1%。

(4) 1992—2011 年的 20 年中(1991 年为基年),GDP 年均增长又显著下降到 0.7%。

第二种情况,有的国家则表现为相对平稳的渐进过程。如韩国,"二战"后也经历了 4 个阶段(见图 5):

(1) 1954—1962 年的 9 年中(1953 年为基年),GDP 年均增长 3.9%。

(2) 1963—1979 年的 17 年中(1962 年为基年),GDP 年均增

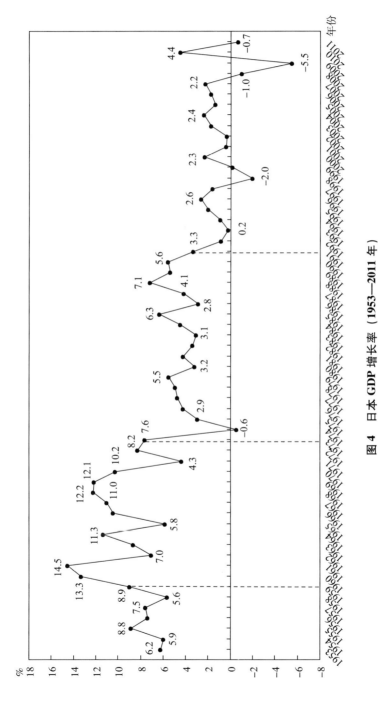

**图 4 日本 GDP 增长率（1953—2011 年）**

资料来源：IMF《国际金融统计年鉴》，1983，1993 年；IMF 数据库，2012 年 4 月。

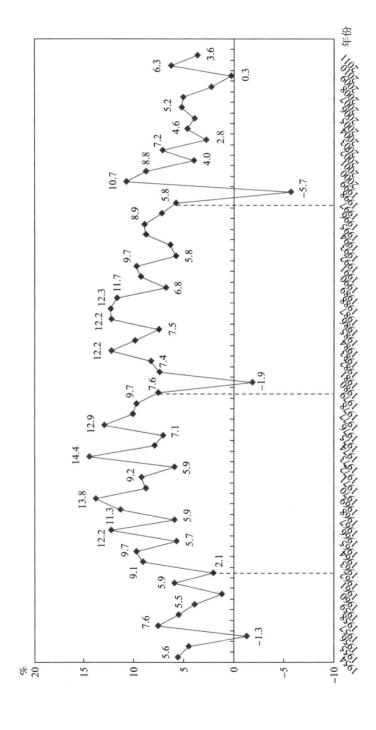

**图 5 韩国 GDP 增长率 (1954—2011 年)**

资料来源：IMF《国际金融统计年鉴》，1983，1993 年；IMF 数据库，2012 年 4 月。

长上升到 9.5%，其中有 5 年 GDP 增长率的峰值为 11%—14%。

（3）1980—1997 年的 18 年中（1979 年为基年），GDP 年均增长略下降到 8.2%，仅下降了 1.3 个百分点，其中有 4 年 GDP 增长率的峰值为 11%—12%。

（4）1998—2011 年的 14 年中（1997 年为基年），GDP 年均增长明显下降到 4.2%。

第三种情况，有的国家，潜在经济增长率下移后，在一定时期随着科技发展等因素的推动，还可能重新上移。如美国在 20 世纪 90 年代，在以 IT 产业为代表的新技术革命推动下，潜在经济增长率又有所上升。"二战"后，美国亦经历了 4 个阶段（见图 6）：

（1）1953—1973 年的 21 年中（1952 年为基年），GDP 年均增长 3.45%。

（2）1974—1992 年的 19 年中（1973 年为基年），GDP 年均增长下降到 2.65%。

（3）1993—2000 年的 8 年中（1992 年为基年），GDP 年均增长又上升到 3.5%。

（4）2001—2011 年的 11 年中（2000 年为基年），GDP 年均增长又下降到 1.57%。

每个时期潜在经济增长率究竟是多少，难以给出精确的测算。在宏观调控实践中，这也是一个经验把握问题。在潜在经济增长率下移的过程中，如果现实经济增长率过快、过急地下落，有可能引起经济和社会的震荡。对潜在经济增长率的下移，社会各方面（政府、企业、个人）都要有一个适应的过程。为了避免带来经济和社会的震荡，宏观调控应力求使经济增长率的下移成为一个渐进的过程。比如，由高速（10%）先降到中高速（8% 以上、10% 以下），再降到中速（7%—9%），再降到中低速（6%—8%）和低速（5% 以下）等，分阶段地进行。当然，现实经济生活不会完全按照人们的主观意志运行，但我们可以尽可能地把握经济增长率的平缓下落。特别是我国是一个地域辽阔、人口众多的国家，国内需

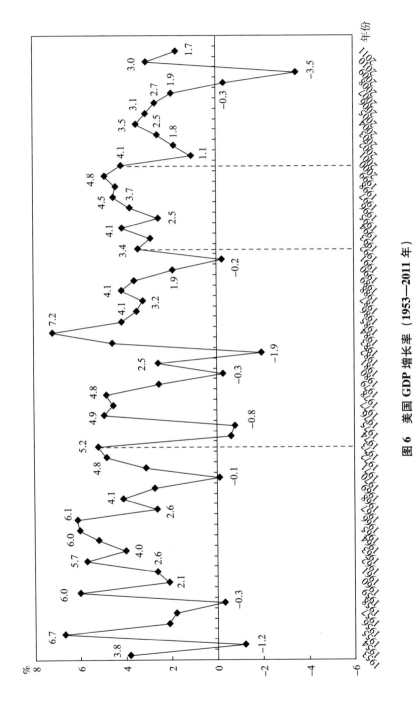

图 6  美国 GDP 增长率（1953—2011 年）

资料来源：IMF《国际金融统计年鉴》，1985，1997 年；IMF 数据库，2012 年 4 月。

求的回旋余地较大，工业化、城镇化的纵深发展都有一个逐步推移的过程，可以说，有条件使潜在经济增长率的下移平滑化。

2. 潜在经济增长率下移过程中，对其上下限下移的把握可以不对称

我们课题组曾根据我国 1978—2009 年 GDP 增长指数，利用 HP 趋势滤波法，得到滤波后的趋势增长率。计算表明，改革开放以来的 30 余年中，滤波后的趋势增长率大体处于 8%—12% 区间，即上限为 12%，下限为 8%。现在，当我们考虑潜在经济增长率下移情况时，并非上限、下限都要同时下移。在最近一段期间，在宏观调控的实际把握中，可以首先将其上限下移 2 个百分点，即降为 10% 以内，而下限 8% 则可暂时不动。这是因为过去我们的主要问题是经济增长往往容易冲出 10%。实践表明，经济增长率冲出 10%，就会使经济运行出现偏快或过热的状况而难以为继。现在，从资源、能源、环境等约束不断强化的情况出发，我们首先应该把经济增长率的上限降下来，把握在 10% 以内比较妥当。

多年来的实践还表明，经济增长率 8% 是我国目前经济发展阶段的一个基本底线。若低于 8%，如在国际金融危机影响下，2008 年第四季度和 2009 年第一季度我国 GDP 增长率分别下降到 7.6% 和 6.6%，给企业生产和城乡就业带来严重困难，使全国财政收入呈现负增长。今年第一季度 GDP 增长率降到 8.1%，各方面也立即感到经济运行的下行压力，使企业经营和国家财政收入再度紧张。今年 3 月《政府工作报告》将 GDP 增长预期目标由原来多年的 8% 降为 7.5%，主要是导向性的，引导各方面把经济工作的着力点放到转变经济发展方式、提高经济增长质量和效益上来。但在宏观调控的实际把握中，仍以 8% 作为适度增长区间的下限为宜。

由此，在宏观调控的实际操作中，当经济增长率冲出 10% 时，就要实行适度的紧缩性政策；当经济增长率低于 8% 时，就要实行适度的宽松性政策；当经济增长率处于 9% 左右的区间时，经济运行状况比较良好，可实行中性政策。如果说我们过去在宏观调控中

经常要把握好经济增长率的"峰位",防止"大起",那么今后,在潜在经济增长率下移过程中,则要特别关注经济增长率的"谷位",防止"大落"。

3. 潜在经济增长率下移过程中,并非经济增速一年比一年低

在潜在经济增长率下移过程中,就年度经济增长率来说,并不一定是直线下落的,也就是说并不一定是一年比一年低,年度间仍会有高低波动。比如,国内外许多经济预测机构都预测2012年中国经济增长率会比2011年低,但在预测2013年时,一般都认为会比2012年略高。如国际货币基金组织预测中国经济增长率,2012年降为8.2%,而2013年将升为8.8%。亚洲开发银行预测中国经济增长率,2012年降为8.5%,而2013年将升为8.7%。世界银行在2011年11月发布预测时,认为中国经济增长率2012年将降为8.4%,2013年继续降为8.3%。但世界银行在2012年4月重新发布预测时,则将2012年中国经济增长率降为8.2%,而2013年上升为8.6%。

为什么2013年中国经济增长率有可能比2012年略高?我们简要回顾一下2008年应对百年不遇的国际金融危机冲击以来,我国宏观调控侧重点由"保增长"到"稳物价",再到近期转为"稳增长"的过程。2008年下半年至2010年的两年半期间,为了迅速扭转经济增速明显下滑趋势和促进经济企稳回升,宏观调控的侧重点是"保增长"。我国采取了积极的财政政策和适度宽松的货币政策,实施了"一揽子"刺激计划,到2009年第二季度之后,有效遏制了经济增长急速下滑的态势,在全球率先实现经济总体回升向好,走出一个V形回升轨迹。2009年经济增长率为9.2%,仅比上年回落0.4个百分点。2010年,经济增长率回升到10.4%。随着经济回升和货币信贷超常增长,从2010年1月起,物价开始新一轮逐月攀升,连续破三、破四、破五,到2010年11月居民消费价格月同比上涨率攀升至5.1%(见图7)。在此背景下,2010年12月召开的中央经济工作会议提出"把稳定价格总水平放在更加突出

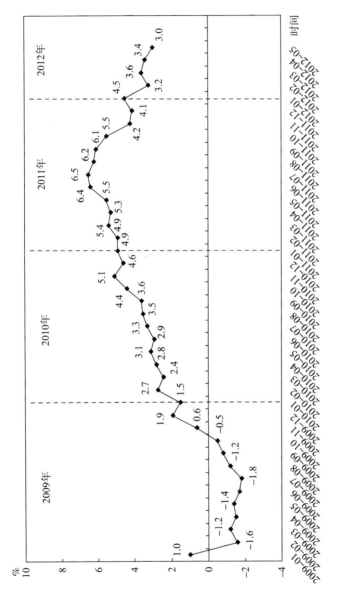

图 7  居民消费价格月同比上涨率（**2009 年 1 月—2012 年 5 月**）

资料来源：国家统计局网站。

的位置"，并强调"坚决防止借'十二五'时期开局盲目铺摊子、上项目"，强调"把好流动性这个总闸门"。这样，在"稳物价"的努力下，2011 年 7 月物价涨幅攀升到 6.5% 的峰值后，又逐月回落下来，到 2011 年 12 月回落至 4.1%。与物价涨幅的回落相伴随，2011 年经济增长率回落至 9.2%，比上年低 1.2 个百分点。进入 2012 年，物价涨幅继续回落，5 月份回落至 3%，这就为防止经济增速过度下滑、宏观调控实施适度宽松的微调留出了一定的空间。到 2012 年 5 月，当工业生产和固定资产投资的增幅，以及进出口增长等经济指标出现明显下降之时，又提出宏观调控要"把稳增长放在更加重要的位置"。由此，一系列相关措施出台，扩大内需，促进消费，鼓励投资，推进"十二五"规划项目的实施，结构性减税，降低存款准备金率，下调存贷款利率等。与 2008 年至 2010 年的"一揽子"刺激计划相比，这次的刺激力度不需要那么大。这样，如果国内外经济环境没有重大的意外冲击，今年下半年经济增速有望进入小幅回升通道，明年经济增速有望略高于今年。

从年度经济增长率的波动看，2010 年开始进入新一轮经济周期（第 11 轮周期）。到今年年底，本轮周期已进行 3 年。2010 年、2011 年经济增长率分别为 10.4% 和 9.2%，2012 年预计为 8.5%。本轮周期不会像第 9 轮周期那样走出一个"2 + 7"周期，即 2 年上升期加 7 年平稳回落期；也不会像第 10 轮周期那样走出一个"8 + 2"周期，即 8 年平稳上升期加 2 年回落期。本轮周期有可能走出一个新的轨迹，即锯齿形的缓升缓降轨迹。

## 四　内需动力：重消费，但不可忽视投资

与前述忽视 GDP 倾向相伴随的，还有忽视固定资产投资的倾向。

有学者提出，改革开放以来，我国经济的高速增长主要是靠投资拉动的，这种增长的动力结构不可持续，必须改变。这里，我们

需要提出的问题是，如果说"近十余年来"我国经济的高速增长主要是靠投资拉动的，这种增长的动力结构需要改变，这是正确的。因为统计数据表明，近十余年来（除 2005 年），我国投资需求对 GDP 增长的贡献率连续大于消费需求的贡献率。但如果说"改革开放以来"我国经济的高速增长"一直"主要是靠投资拉动的，这则不符合实际情况。从我国消费、投资、净出口三大需求对 GDP 增长的贡献率的统计数据看，1979—2001 年的前 23 年间，除 1993 年、1994 年、1995 年的 3 年外，其他 20 年均是消费的贡献率大于投资的贡献率，只是从 2002 年起至 2011 年的近十年间（除 2005 年），投资的贡献率才大于消费的贡献率。同时，数据表明，1979—2011 年的 33 年间，净出口对 GDP 增长的贡献率超过 15% 的只有 10 年，净出口对 GDP 增长的拉动超过 2 个百分点的只有 7 年。从支出法 GDP 的角度看，改革开放以来，外需对我国经济增长的贡献率和拉动并不起主导作用。

近十余年来，投资的贡献率和拉动连续大于消费的贡献率和拉动，主要是城镇化加快发展的结果。城镇化加快发展的影响，明显反映在支出法 GDP 总量中消费所占的比重即消费率连续下降，而投资所占的比重即投资率不断上升。图 8 绘出我国 1952—2011 年消费率、投资率和城镇化率 3 条曲线。从图 8 中看到，2001—2011 年，城镇化率呈明显的上升趋势，并与消费率呈现出高度的负相关关系，与投资率呈现出高度的正相关关系。对于城镇化与消费二者的相关关系，在我国学术界存在着 4 种不同看法：

第一种，正相关。认为城镇化率的提高可以有力地拉动消费需求的增长（刘艺容，2005）。目前，倡导用城镇化促进消费需求，基本成为舆论界的一个共识。

第二种，零相关。认为改革开放以来，我国城镇化率的提高对消费率上升的贡献几乎为零（范剑平、向书坚，1999）。

第三种，负相关。认为城镇化率的提高反而降低了消费率。持

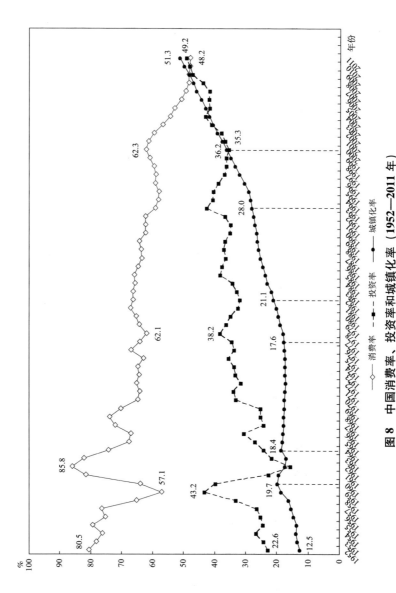

**图 8　中国消费率、投资率和城镇化率（1952—2011 年）**

资料来源：《中国国内生产总值核算历史资料 1952—1995》，东北财经大学出版社 1997 年版；《中国统计摘要 2012》，中国统计出版社 2012 年版；历年《中国统计年鉴》。

这种观点的学者对此又有两种不同的判断。一种认为这种负相关是"违背常规"的，是"不正常现象"（王飞、成春林，2003）。另一种认为这种负相关完全是"正常现象"（刘艺容，2007），指出目前我国正处于城镇化的加速期，城镇化能拉动"消费量"的增长（城镇化对消费绝对水平的影响），但又会引起"消费率"的下降（城镇化对消费相对水平的影响）。这是因为城镇化率的提高既会带动消费量的上升，也会带动投资量的上升，但相比之下，对投资量的带动更大，因而在支出法 GDP 总量中消费所占的比重会相对下降，而投资所占的比重会相对上升（刘艺容，2007；陈昌兵，2010）。上述第一种"正相关"的观点，其实说的是城镇化与投资量的关系，而不是与投资率的关系。而上述认为"负相关"是"违背常规"的观点，实际上是混淆了消费量与消费率两个不同的概念。

第四种，U 形相关，即先负相关，后正相关。认为在城镇化的前期，城镇化率的提高会降低消费率，而在后期才会促进消费率的提高。与此相对应，城镇化率与投资率则呈倒 U 形相关，即在前期，城镇化率的提高会推动投资率的上升，而在后期则会降低投资率（陈昌兵，2010）。

关于城镇化率与消费率、投资率的关系，在现实经济生活中会出现较为复杂的情况。从图 8 看到，1953—2011 年，可以分为 7 个时段：

（1）1953—1960 年，这是中华人民共和国成立后城镇化初期阶段，城镇化率年均上升 0.9 个百分点，消费率年均下降 2.06 个百分点，投资率年均上升 2.11 个百分点。城镇化率与消费率表现为一上一下的负相关，相关系数为 -88%。城镇化率与投资率表现为同向上升中的强正相关，相关系数高达 93%（见表 1）。

（2）1961—1964 年，处于"大跃进"之后的经济调整期，城镇化率下降，消费率上升，投资率下降。城镇化率与消费率表现为一下一上的负相关，相关系数为 -41%，城镇化率与投资率表现为同向下降中的正相关，相关系数为51%。

（3）1965—1977年，这是处于"文化大革命"特殊时期，城镇化率下降（大批知识青年上山下乡），消费率下降，投资率上升。城镇化率与消费率表现为同向下降中的正相关，相关系数为67%。城镇化率与投资率表现为一下一上的负相关，相关系数为-56%。

（4）1978—1982年，处于改革开放之初的调整期，城镇化率上升，消费率上升，投资率下降。城镇化率与消费率表现为同向上升中的正相关，相关系数为90%。城镇化率与投资率表现为一上一下的负相关，相关系数为-98%。

（5）1983—1993年，城镇化率上升，消费率下降，投资率上升。城镇化率与消费率表现为一上一下的负相关，相关系数为-90%。城镇化率与投资率表现为同向上升中的正相关，相关系数为55%。

（6）1994—2000年，这是一个应对1992—1993年经济过热和随后受到亚洲金融危机影响的时期，城镇化率上升，消费率上升，投资率下降。城镇化率与消费率表现为同向上升中的正相关，相关系数为95%。城镇化率与投资率表现为一上一下的负相关，相关系数为-96%。

（7）2001—2011年，这是我国城镇化加速发展时期，城镇化率年均上升1.37个百分点，这是中华人民共和国成立以来城镇化率上升最快的时期。消费率年均下降1.28个百分点，投资率年均上升1.26个百分点。城镇化率与消费率表现为一上一下的负相关，相关系数为-95%。城镇化率与投资率像中华人民共和国成立初期那样表现为强正相关，相关系数高达94%（见表1）。

总的来看，中华人民共和国成立以来1953—2011年、改革开放前1953—1977年、改革开放后1978—2011年，城镇化率与消费率均表现为负相关，城镇化率与投资率均表现为正相关（见表1）。

表 1　　　　　　　城镇化率、消费率、投资率的变动及相关系数

| 时段 | 城镇化率年均变动（百分点） | 消费率年均变动（百分点） | 投资率年均变动（百分点） | 城镇化率与消费率相关系数（%） | 城镇化率与投资率相关系数（%） |
|---|---|---|---|---|---|
| （1）1953—1960 年 | 0.90 | −2.06 | 2.11 | −88 | 93 |
| （2）1961—1964 年 | −0.33 | 2.55 | −3.85 | −41 | 51 |
| （3）1965—1977 年 | −0.06 | −0.76 | 0.78 | 67 | −56 |
| （4）1978—1982 年 | 0.71 | 0.44 | −0.48 | 90 | −98 |
| （5）1983—1993 年 | 0.62 | −0.65 | 0.97 | −90 | 55 |
| （6）1994—2000 年 | 1.10 | 0.43 | −1.04 | 95 | −96 |
| （7）2001—2011 年 | 1.37 | −1.28 | 1.26 | −95 | 94 |
| 1953—2011 年 | 0.66 | −0.55 | 0.45 | −82 | 76 |
| 1953—1977 年 | 0.20 | −0.65 | 0.47 | −46 | 37 |
| 1978—2011 年 | 0.98 | −0.47 | 0.32 | −92 | 80 |

可见，近十余年来，在我国经济增长中，投资的贡献率和拉动连续大于消费的贡献率和拉动，主要是城镇化加快发展的结果，有其一定的客观必然性。但投资率过高、消费率过低，是不可持续的。然而，2011 年我国的城镇化为 51.3%，在我国未来经济发展中，还需要一段较长时间的城镇化过程。这是我国经济发展的阶段性特征。今后一段时期内，城镇化率的提高不一定有前十年那么快，但是还处于城镇化发展的中期。城镇化的发展，特别是城镇化质量的进一步提高，都还需要适度的投资。同时，转方式、调结构、惠民生，不是说说而已，也需要一定的投资。比如，（1）企业加强技术创新、技术改造，更新设备，提升产品质量和提高经营效益；（2）发展战略性新兴产业；（3）搞好节能减排、环境治理；（4）发展现代农业；（5）加强科学、教育、文化、卫生等社会事业的基础设施建设；（6）加强保障房等民生工程建设，都需要一定的投资。要重在改善投资结构，提高投资效率，扩大投资资金来源，充分发挥市场配置资源的基础性作用，充分发挥民间投资的作用。"钱从哪里来，用到哪里去"，向我们的经济工作提出了更高的要求。总之，在未来我国经济发展中，我们要坚持扩大国内需求

特别是消费需求的方针，促进经济增长向依靠消费、投资、出口协调拉动转变。据此，我们要重消费，但也不可忽视投资。一定的、适度的投资，仍然是一定时期内我国经济增长的重要动力。

### 参考文献

陈昌兵：《城市化与投资率和消费率间的关系研究》，《经济学动态》2010 年第 9 期。

陈佳贵、李扬主编：《经济蓝皮书：2012 年中国经济形势分析与预测》，社会科学文献出版社 2011 年版。

陈佳贵、李扬主编：《经济蓝皮书春季号：中国经济前景分析——2012 年春季报告》，社会科学文献出版社 2012 年版。

范剑平、向书坚：《我国城乡人口二元社会结构对居民消费率的影响》，《管理世界》1999 年第 5 期。

刘世锦：《增长速度下台阶与发展方式转变》，《经济学动态》2011 年第 5 期。

刘树成：《新中国经济增长 60 年曲线的回顾与展望——兼论新一轮经济周期》，《经济学动态》2009 年第 10 期。

刘树成：《2011 年和"十二五"时期中国经济增长与波动分析》，《经济学动态》2011 年第 7 期。

刘艺容：《加快城市化进程是拉动消费增长的持久动力》，《消费经济》2005 年第 4 期。

刘艺容：《我国城市化率与消费率关系的实证研究》，《消费经济》2007 年第 6 期。

王飞、成春林：《城镇化对我国居民消费率的影响》，《甘肃农业》2003 年第 11 期。

中国社会科学院经济研究所宏观经济调控课题组（执笔张晓晶、汤铎铎、刘树成）：《宏观调控目标的"十一五"分析与"十二五"展望》，《经济研究》2010 年第 2 期。

（原载《经济学动态》2012 年第 7 期）

# 中国特色政治经济学的基础建设

—— 《马克思主义政治经济学概论》编写原则和特点

2004 年 4 月，马克思主义理论研究和建设工程拉开序幕。实施该工程是党中央从深入推进马克思主义中国化时代化大众化、坚持和发展中国特色社会主义的战略高度，作出的一项重大决策。这是党的十六大以来，我们党实施的最重大、最基础、最具深远意义的思想理论建设工程。由工程安排，组建了多个相关的课题组，《马克思主义政治经济学概论》教材编写课题组是其中之一①，该教材为第一批重点教材之一。本课题组以中国社会科学院为主管单位，中国社会科学院经济研究所为具体组织和依托单位。经过六年的艰苦努力，教材编写完成，已经在全国高校投入使用（《马克思主义政治经济学概论》编写组，2011）。该教材的编写和出版，表明中国特色政治经济学的理论研究和教材建设迈出了新的基础性的一步。

## 一　本教材编写的重要原则

本教材编写所遵循的重要原则是，努力做到四个"必须"：

第一，必须始终坚持以马克思主义为指导，确保理论研究和教

---

① 《马克思主义政治经济学概论》教材编写课题组首席专家：刘树成、吴树青、纪宝成、李兴山、张宇、胡家勇；主要成员（以姓氏笔画为序）：于祖尧、卫兴华、王振中、史晋川、李连仲、杨承训、吴易风、张卓元、张宗益、张雷声、何自力、林岗、林兆木、周振华、逄锦聚、洪银兴、曹玉书、程恩富。中国人民大学、南京大学、南开大学为主要写作单位，负责人分别为林岗、洪银兴、逄锦聚。

材建设的正确方向。

长期以来，在我国政治经济学领域存在着两种不良学术倾向。一种是传统政治经济学中的"僵化"思想，以教条主义、本本主义态度对待马克思主义。另一种是盲目崇拜西方经济学的"西化"思想，鼓吹自由化、私有化等。在教材编写中，我们始终毫不动摇地坚持以马克思主义为指导，做到"两个反对、六个厘清"，即坚决反对歪曲马克思主义的"僵化"思想，坚决反对否定马克思主义的"西化"思想；厘清哪些是必须坚持的马克思主义基本原理和观点，哪些是需要结合当代国内外新的实际加以丰富和发展的理论创新，哪些是必须破除的对马克思主义的教条式理解，哪些是必须澄清的附加在马克思主义名下的错误认识，哪些是必须抛弃的资产阶级自由化观点和主张，哪些是应该借鉴吸收的反映现代化大生产和市场经济运行规律的有用知识。在教材编写中，我们用发展着的马克思主义来指导构建政治经济学的理论框架和逻辑体系，着力阐释好马克思主义中国化、时代化的最新成果，充分体现中国共产党人对马克思主义继承、丰富和发展中所作出的伟大历史性贡献。

第二，必须立足我国改革发展的生动实践，努力运用中国话语的政治经济学理论深入总结中国经验、阐释中国实践。

改革开放是我们党在新的历史时期带领全国人民进行的新的伟大革命。在社会主义条件下发展市场经济，是前无古人的伟大创举。改革开放以来，我们党成功开辟了中国特色社会主义道路，我国成功实现了从高度集中的计划经济体制到充满活力的社会主义市场经济体制、从封闭半封闭到全方位开放的伟大历史转折，实现了国民经济的平稳较快发展和人民生活总体上由温饱向小康的历史性跨越，创造了举世公认的辉煌成就。但与这种伟大的实践成就相比，我们的理论和学术研究工作的创造性还相对滞后。在教材编写中，我们立足于我国改革发展的生动实践与历史进程，创造性运用逻辑清晰、学理性强的中国语言，系统阐释建立和完善社会主义市场经济体制的伟大创造，全面总结应对国际金融危机、不断加强和改善宏观调控的成功经验，以及顺应经济全球化趋势、深化改革开放的宝贵经验。认真地把这些经验上升为理论，纳入学科内容体系，使马克思主义政治经济学理论更具创造力、生命力和影响力。

第三，必须运用马克思主义基本原理对当代资本主义经济的新变化作出辩证的有说服力的剖析，增强对资本主义本质的认识和把握。

马克思主义政治经济学是马克思主义的重要组成部分。列宁曾经指出：使马克思的理论得到最深刻、最全面、最详尽的证明和运用的是他的经济学说。马克思主义政治经济学是被一百多年来世界历史发展进程所证明了的科学理论体系。但是，从其创立到今天，世界经济的发展又经历了一百多年，当代资本主义在生产、分配、交换、消费等各个方面出现了许多新变化。在教材编写中，我们在遵循马克思主义政治经济学基本原理的基础上，对资本主义经济的分析也坚持了与时俱进。我们从现代生产力发展与生产关系变化两个方面的统一中，深入剖析当代世界经济和资本主义经济的新发展新特点，深刻阐明当代资本主义的局部调整和改良虽然延缓了资本主义的衰亡，在一定程度上适应和促进了生产力的发展，但并没有改变资本主义社会固有的基本矛盾，并没有改变社会主义代替资本主义的历史客观趋势。这样，才能更好地认识和把握当代资本主义的本质，更加坚定中国特色社会主义的理想信念。

第四，必须以高度责任感和使命感投入教材编写工作，以重大工程方式动员组织理论研究与学术攻关。

在教材编写中，课题组全体成员以及所有参与讨论、写作的人员，都以高度的责任感和使命感，团结合作，认真钻研，精心施工，确保质量。中央以重大工程的方式，动员和组织理论研究与学术攻关，有利于汇集学术界已有的研究成果，有利于集中集体智慧和力量，有利于老中青三代学者相互交流和深入探讨，有利于理论研究工作者和实际部门工作者相互切磋、相互学习，极大地推动了哲学社会科学的繁荣与发展。改革开放以来，我国政治经济学界的专家学者满怀激情，积极投入到社会主义现代化建设和改革开放的时代大潮之中，紧紧围绕一系列重大理论问题和现实问题，不断开展热烈的讨论和深入的探索，取得丰硕的学术成果。与此同时，我国政治经济学界的专家学者也曾多次编写政治经济学教科书，在学科发展中起到了重要作用。① 本教材认真吸取这些理论研究和学科建设的有益成果，最大限度地凝聚专家学者的共识。在教材编写中，为了准确把握我国马克思主义政治经济学的教学与研究现状，深入探讨相关的理论热点问题，课题组先后在全国高等院校召开了五次调研会、七次专题研讨会和五届理论论坛②，广泛听取教学第一线教师和学生的意见，认真研讨了有关的理论问题。据不完全统计，在工程办公室的组织协调下，在马克思主义理论研究和建设工程咨询委员会、中国社会科学院党组的指导下，课题组对教材提纲和书稿在广泛征求意见的基础上进行了 20 多次重要修改，并组织

---

① 如改革开放初期和 20 世纪 80 年代，北方十三所高等院校编写组（1979，1986），南方十六所大学《政治经济学教材》编写组（1979，1980）分别编写的《政治经济学（社会主义部分）》和《政治经济学（资本主义部分）》，蒋学模主编的《政治经济学教材》（1980），宋涛主编的《政治经济学教程》（1982）。20 世纪 90 年代，吴树青、谷书堂、吴宣恭主编的《政治经济学（社会主义部分）》（1993），吴树青、卫兴华、洪文达主编的《政治经济学（资本主义部分）》（1993）。进入 21 世纪，吴树青顾问，逄锦聚、洪银兴、林岗、刘伟主编《政治经济学》（2002）。

② 本课题组在全国高等院校召开的五次调研会是：（1）2004 年 9 月，华南地区调研会，中山大学主办；（2）2004 年 10 月，西部地区调研会，西南财经大学主办；（3）2004 年 11 月，东北地区调研会，吉林大学主办；（4）2004 年 12 月，华中地区调研会，武汉大学主办；（5）2004 年 12 月，华东地区调研会，上海大学主办。

七次专题研讨会是：（1）"市场经济中的政府职能"研讨会，2005 年 4 月，华中师范大学主办；（2）"马克思主义政治经济学基本理论问题"研讨会，2005 年 4 月，复旦大学主办；（3）"经济人假说"研讨会，2005 年 5 月，福建师范大学主办；（4）"马克思主义政治经济学方法论"研讨会，2005 年 7 月，陕西师范大学主办；（5）"国际价值理论"研讨会，2005 年 10 月，厦门大学主办；（6）"马克思主义政治经济学与中国的发展道路"研讨会，2005 年 11 月，中国人民大学主办；（7）"当代资本主义经济现状和发展趋势"研讨会，2005 年 12 月，华南师范大学主办。

五届理论论坛，即由中国社会科学院经济研究所、《经济研究》编辑部会同有关高校组织召开的"全国马克思主义经济学发展与创新论坛"。五届分别是：（1）2007 年 4 月，河南大学主办；（2）2008 年 6 月，福建师范大学主办；（3）2009 年 12 月，华南师范大学主办；（4）2010 年 12 月，西南财经大学主办；（5）2011 年 10 月，南京大学主办。（6）2012 年 8 月，清华大学政治经济学研究中心主办。

力量进行严格认真的统稿。①

## 二　本教材内容上的主要特点

本教材在内容上具有以下几方面的突出特点：

其一，框架结构上的创新。

从我国以往的政治经济学教材看，在总体框架结构上，大多为"两分法"，即分为资本主义经济和社会主义经济两大部分。近些年来，一些教材也有采用"一分法"的，即不再分资本主义部分和社会主义部分，而把这两部分完全打通；也有采用"三分法"的，即分为政治经济学一般理论部分、资本主义部分和社会主义部分。

本教材在最初编写提纲、设立框架结构时，曾直接组织本课题组的成员单位——中国人民大学、中央党校、南开大学、上海财经大学、中国社会科学院经济研究所，分别设计出5个提纲方案。与此同时，工程协调小组也组织教育部、中央党校、国防大学、北京市、上海市、广东省的"邓小平理论和'三个代表'重要思想研究基地"，为本教材分别设计出7个提纲方案。这12个方案也提出了"一分法""两分法""三分法"等各种不同的框架结构，同时，新提出了"四分法"方案。经过广泛征求意见和反复讨论，本教材在框架结构上采用了"四分法"，即在导论之后，分为四大部分：一是商品和货币，即市场经济一般理论；二是资本主义经济；三是社会主义经济；四是经济全球化和对外开放，即国际经济关系。这一框架结构充分吸收和体现了近年来我国政治经济学界对于该问题探讨的最新成果。这一框架结构的优越之处在于：一是有利于把握市场经济的一般特点和发展规律，避免传统社会主义经济

———————

① 由工程办公室组织，本教材提纲曾在北京、上海、天津、江苏、福建、湖北、辽宁、重庆、甘肃、新疆等东中西部十个省（区、市），广泛征求党政部门、高等院校、科研机构等理论工作者和实际工作者的意见。

理论中把市场经济与资本主义等同起来的缺陷；二是有利于把握资本主义经济和社会主义经济的根本区别，避免把社会主义市场经济与资本主义市场经济完全混同起来；三是有利于把握中国特色社会主义经济理论的基本内容，科学认识中国特色社会主义道路的发展规律；四是有利于把握国际和国内两个大局，深刻认识经济全球化条件下我国对外开放的基本国策。

其二，在资本主义经济部分，对当代资本主义经济新变化进行了深入分析。

在资本主义经济部分，本教材全面阐述了资本主义经济制度的形成及其演变，资本主义生产、流通、分配的规律，资本主义再生产和经济危机，资本主义的历史地位和发展趋势。特别是在阐明马克思《资本论》和列宁《帝国主义论》等有关政治经济学基本原理的基础上，突出了对当代资本主义经济新变化的分析，增设了"国家垄断资本主义及其新发展""当代资本主义生产新变化""当代资本主义分配关系的新变化""当代资本主义的金融——经济危机""当代资本主义基本矛盾的运动"等内容。如对资本主义经济危机的分析是政治经济学资本主义部分的一个重要内容，本教材以马克思主义关于经济危机理论为基础，重点揭示当代资本主义经济危机和金融危机所发生的背景条件出现了一系列新的深刻变化，指明信息化技术的发展为资本的全球化和金融化提供了技术基础和物质条件，新自由主义政策的盛行为资本的全球化和金融化提供了制度基础和政策保障，虚拟经济相对于实体经济的急剧膨胀使经济发展的不确定因素明显增强。在此背景下，过度的金融投机越来越成为危机爆发的主要的直接因素。而危机爆发的根本原因仍在于资本主义社会中社会化生产和资本主义占有这一基本矛盾。这些分析有助于我们全面认识当代资本主义经济的本质和特点。

其三，在社会主义经济部分，系统阐述了中国特色社会主义经济理论的基本内容。

本教材在社会主义经济部分系统地阐述了中国特色社会主义经

济理论的基本内容，主要包括：社会主义经济制度的建立及其解放和发展生产力的根本任务，社会主义初级阶段，经济体制改革和社会主义市场经济体制，社会主义初级阶段以公有制为主体、多种所有制经济共同发展的基本经济制度，社会主义初级阶段的分配制度，中国特色社会主义的经济发展，社会主义市场经济中的政府经济职能等。这些内容，涵盖了中国特色社会主义经济的生产、分配、交换、消费等主要环节，以及社会经济制度、经济体制、所有制结构、经济发展、经济运行和政府职能等主要方面，形成了一个比较完整的逻辑体系。这样的逻辑结构和章节安排，体现了马克思主义政治经济学所揭示的生产力决定生产关系、生产关系对生产力具有反作用，经济基础决定上层建筑、上层建筑对经济基础具有反作用的基本规律；同时，有利于把我们党在成功开辟中国特色社会主义道路上所形成的一整套经济方面的理论、路线、方针、政策和最新经验纳入教材体系，使教材具有较强的时代性、针对性和政策性。

社会主义经济部分作为本教材的重中之重，在一些重要问题的具体分析和论述方面也有许多新亮点。

1. 关于社会主义经济部分的逻辑出发点问题

在社会主义经济部分，以社会主义经济制度的建立开篇之后，以什么理论逻辑来铺排各方面内容，特别是以什么内容作为社会主义经济部分的逻辑出发点，是一个重要问题。在以往教材中，大多把生产资料所有制问题作为社会主义经济部分的逻辑出发点，以此来展开其他内容。经过反复讨论，本教材则以社会主义社会解放和发展生产力的根本任务作为逻辑出发点，再展开其他重要问题。这种逻辑安排更加符合生产力决定生产关系这一马克思主义唯物史观的基本原理。

2. 关于社会主义初级阶段的基本经济制度问题

生产资料所有制是一个社会经济制度的基础，是决定一个社会基本性质和发展方向的根本因素。本教材全面分析了为什么在社会主义初级阶段必须坚持公有制为主体、多种所有制经济共同发展的基本经济制度，并从世界上一些国家推行私有化改革、使生产力遭受严重破坏和从中华人民共和国成立以来正反两个方面的实际经验教训出发，阐明了在社会主义初级阶段生产力发展水平的多层次客观上要求必须有多种所有制经济与之相适应的基本原理，说明了既不能搞私有化、也不能搞单一公有制的基本道理。

3. 关于社会主义市场经济中政府经济职能问题

经常可以看到这样一些流行的观点，认为政府作用只是弥补市场的不足，政府管得越少越好；或认为政府职能只是宏观调控，而不需进行微观规制。本教材根据我国社会主义市场经济的实践，把政府经济职能概括为以下六个方面，即计划统筹、经济调节、市场监管、社会管理、公共服务、国有资产管理等。这有助于更加全面和科学地把握社会主义市场经济条件下政府的经济职能，认识社会主义市场经济中的政府经济职能不仅在于弥补市场的缺陷，而且包括巩固和完善社会主义制度，推动经济和社会全面协调可持续发展；不仅在于不断加强和改善宏观调控，而且包括搞好微观规制，营造公平竞争环境和维护市场正常秩序。

4. 关于经济波动与宏观调控问题

在以往传统的政治经济学社会主义部分，是不讲经济波动的。从我国社会主义经济运行所遇到的实际问题出发，我国经济学界曾在20世纪50年代末60年代初探讨过社会主义经济波浪式发展问题；改革开放以后，20世纪80年代中期经济波动问题再次成为理论界研讨的一个热点。此后，在我国一些政治经济学（社会主义部分）教材中开始纳入和分析社会主义社会中的经济波动问题。本教材结合中国国情，从社会供求的总量平衡与失衡、社会供求的结构平衡与失衡，分析了社会供求的矛盾运动与经济波动，并将我国在宏观调控中特别是在应对这次国际金融危机冲击中所积累的宝贵经验概括为"六个坚持"，即坚持运用市场机制和宏观调控两种手段，坚持处理好短期目标和长期发展两方面关系，坚持统筹国内国际两个大局，坚持发展经济与改善民生的内在统一，坚持发挥中央和地方两个积极性，坚持宏观调控与微观监管相结合。

5. 关于国民经济核算体系及其相关概念问题

1992 年以前，我国的国民经济核算体系采用的是"物质产品平衡表体系"（简称 MPS）。这种核算体系当时在苏联等实行计划经济的国家中通行。1993 年后，我国现行的国民经济核算体系采用的是联合国通用的"国民账户体系"（简称 SNA）。该核算体系是适应市场经济运行而设计的，目前世界各国基本都采用这种核算体系。但在我国一些政治经济学（社会主义部分）教材中，直到进入新世纪之后仍沿用旧的"物质产品平衡表体系"，并用这个体系来解释国民收入、国民收入的初次分配和再分配等重要概念。本教材在这方面的内容中，统一使用了我国现行的国民经济核算体系，并用这个体系对相关概念的内涵进行了解释。同时，本教材特别指出，国民经济核算体系中所使用的"生产活动"概念，与马克思劳动价值论中的"生产劳动"概念是不相同的。马克思劳动价值论中的"生产劳动"，是与价值创造相联系的概念。"生产劳动"是价值和剩余价值的源泉。而国民经济核算体系中所使用的"生产活动"概念，仅仅指能够提供货物和服务、从而获得收入的经济活动，反映的是市场经济条件下国民经济运行中所有经济活动的货币交易量，并不涉及价值和剩余价值的创造源泉问题。

其四，把国际经济关系分析纳入马克思主义政治经济学的研究视野。

在以往的政治经济学教材中，大多只在社会主义经济部分设一章来分析我国的对外经济关系，而本教材专设一篇来分析经济全球化和我国对外开放中所涉及的政治经济学基本理论和实践问题。这是适应我国对外开放不断扩大和当今时代经济全球化深入发展的新形势所作出的结构安排。马克思当年在设计政治经济学的"五篇结构计划"和"六册结构计划"时，曾把生产的国际关系和世界市场列为政治经济学的一个重要组成部分。本教材全面阐述了经济全球化的迅速发展及其影响，经济全球化的主要表现，建立国际经济新秩序等问题。在此基础上阐述了我国经济对外开放政策的形成、发展、主要内容和主要经验等。本教材从生产力发展与生产关系变化两个方面的统一中，把握经济全球化的发展和双重影响。一方面，经济全球化是社会化大生产不断发展和生产力特别是科学技术发展到较高水平的必然趋势及客观要求；另一方面，经济全球化又是在资本主义发达国家主导下推进的，并充满着各种不确定因素和国际市场风险。由此阐明我们既要充分认识经济全球化对生产力发展的推动作用，又要高度重视经济全球化中的潜在风险；既要强调对外开放是我国的基本国策，又要注重在对外开放中维护国家主权和国家经济安全，把经济发展的立足点放在主要依靠自身力量的基础上。本教材还从四个方面总结了我国对外开放的主要经验，即坚持独立自主同参与经济全球化相结合，实施互利共赢的开放战略，统筹国内发展和对外开放，渐进有序地推进开放。

建设中国特色、中国风格、中国气派的马克思主义政治经济学是一项长期的艰巨任务。《马克思主义政治经济学概论》的编写出版，只是为实现这一任务做出了基础性的有益尝试，一定还存在许多缺点和不足之处。期待广大读者多提宝贵意见，为不断完善这部教材、为建设中国特色政治经济学而共同努力。

### 参考文献

北方十三所高等院校编写组：《政治经济学（社会主义部分）》，陕西人民出版社1979 年版。

北方十三所高等院校编写组：《政治经济学（资本主义部分）》，陕西人民出版社1986 年版。

《高校理论战线》记者：《〈马克思主义政治经济学概论〉的意义与创新——中国人民大学张宇教授访谈》，《高校理论战线》2011 年第 9 期。

何自力：《参与工程教材编写的体会》，《光明日报》2012 年 6 月 11 日第 11 版。

胡家勇：《我国马克思主义政治经济学教材的与时俱进》，《经济学动态》2011 年第 10 期。

蒋学模主编：《政治经济学教材》，上海人民出版社 1980 年版。

列宁：《卡尔·马克思》，《列宁专题文集·论马克思主义》，人民出版社 2009
　　年版。

李兴山：《在科学性和实践性上下功夫》，《人民日报》2004 年 8 月 3 日第 9 版。

刘树成：《努力建设中国特色的政治经济学》，《中国社会科学院院报》2006 年 1
　　月 26 日第 6 版。

刘树成：《不辱使命编好教材》，《人民日报》2012 年 6 月 6 日第 16 版。

《马克思主义政治经济学概论》教材编写课题组，执笔刘树成、张宇、胡家勇：
　　《建设中国特色政治经济学》，《人民日报》2011 年 1 月 4 日第 5 版。

《马克思主义政治经济学概论》编写组：《马克思主义政治经济学概论》，人民出
　　版社、高等教育出版社 2011 年版。

南方十六所大学《政治经济学教材》编写组：《政治经济学（社会主义部分）》，
　　四川人民出版社 1979 年版。

南方十六所大学《政治经济学教材》编写组：《政治经济学（资本主义部分）》，
　　四川人民出版社 1980 年版。

宋涛主编：《政治经济学教程》，中国人民大学出版社 1982 年版。

王振中：《从教条思维中解放出来》，《人民日报》2004 年 8 月 3 日第 9 版。

卫兴华：《继承和发展马克思主义政治经济学》，《人民日报》2004 年 8 月 3 日第
　　9 版。

吴树青、谷书堂、吴宣恭主编：《政治经济学（社会主义部分）》，中国经济出版
　　社 1993 年版。

吴树青、卫兴华、洪文达主编：《政治经济学（资本主义部分）》，中国经济出版
　　社 1993 年版。

吴树青顾问，逄锦聚、洪银兴、林岗、刘伟主编：《政治经济学》，高等教育出版
　　社 2002 年版。

杨承训：《中国经济学的发展方向》，《人民日报》2004 年 11 月 25 日第 9 版。

张宇：《马克思主义理论研究和建设工程重点教材实现了"三个充分反映"》，
　　《光明日报》2012 年 5 月 25 日第 2 版。

（原载《经济研究》2012 年第 10 期）

# 中国经济增长由高速转入中高速

## 一 中国经济进入增长速度换挡期

2010—2012 年，中国经济发展所面临的国内外环境发生了重大变化。从国际看，世界经济已由国际金融危机前的"快速发展期"进入"深度转型调整期"。从国内看，经济发展已由"高速增长期"进入"增长速度换挡期"，或称"增长阶段转换期"。改革开放 30 多年来，中国经济以近两位数的高速增长创造了世界经济发展史上的"奇迹"，已成为世界第二大经济体。现在，中国经济发展开始进入潜在经济增长率下降的新阶段。在这个新阶段，从宏观调控方面来说，怎样保持经济的长期持续健康发展呢？一个重要的问题就是把握好潜在经济增长率下降的幅度，也就是把握好经济增长的适度区间，把握好经济增长速度究竟换到哪一挡。

关于潜在经济增长率下降的幅度问题，近两年多来引起学术界的热烈讨论。有观点认为，潜在经济增长率的下降是一个大幅度的突变过程。笔者认为，潜在经济增长率的下降可以是一个逐步的渐进过程，先由"高速"降到"中高速"，然后再降到"中速"，再降到"中低速"，最后降到"低速"，分阶段地下降。（刘树成，2012a、2012b、2013a）

从近几年实际经济运行的情况看，2010 年第一季度，在应对国际金融危机中 GDP 季度同比增长率回升到 11.9% 的高峰后，从2010 年第二季度至 2013 年第二季度，GDP 季度增长率出现了连续

13 个季度的下滑（见图 1）。其中，2012 年第四季度 GDP 增长率曾出现了反弹，小幅回升到 7.9%。但进入 2013 年后，第一、二季度，GDP 增长率又连续下滑到 7.7% 和 7.5%。如果这一下滑趋势不止住，第三、四季度继续滑下去，全年 GDP 增长率就有可能低于 7.5%，这会是 1999 年以来的 15 年中，唯一一个低于年初《政府工作报告》经济增长预期目标的年份。

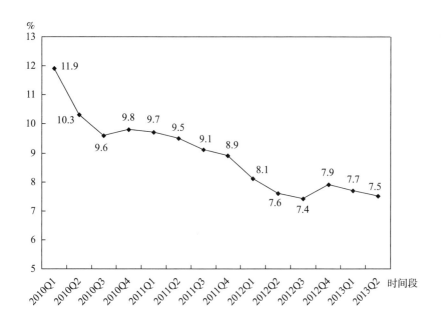

**图 1　GDP 季度同比增长率（2010 年第一季度至 2013 年第二季度）**

　　这一下滑趋势给现实经济生活带来新问题，并引起国内外的广泛关注和担忧。从国内看，全国规模以上工业企业实现利润，2012 年仅增长 5.3%，跑输了 GDP（7.7%）；2013 年上半年虽略有恢复性增长，但新增利润主要集中于少数几个行业。中央财政收入近两年中出现了多年来少有的负增长，2013 年上半年仅增长 1.5%，远低于年初 7% 的预算目标。城镇居民可支配收入实际增速，2013 年上半年降至 6.5%，跑输了同期 GDP（7.6%）。更重要的是，这关乎经济前景预期和市场信心问题。从国际看，中国经济"恶化论""崩溃论""硬着陆论""复苏夭折论"等说法再次接踵而来。

在国内外新的经济环境背景下，面对经济增速的这种下滑趋势，经济增速降到什么时候为底？宏观调控究竟要不要"出手"？这些问题突出起来。2013 年 6 月中旬以后，中央政府采取了一系列"稳增长、调结构、促改革"的措施，7、8 月份，经济运行的许多指标出现企稳向好势头，并初步稳定了市场预期。但经济企稳回升的基础仍不牢固，不确定因素很多，经济增速下行的压力仍很大。

## 二　关注宏观调控中的三个重要命题

针对经济运行的新形势、新问题，在这次宏观调控中，提出了三个相互关联的命题。

一是关于宏观调控的指导原则，提出"稳中有为"的命题，即宏观调控要根据经济形势变化，适时适度进行预调和微调，稳中有为。[①] 回答了宏观调控要不要"出手"的问题。

二是关于宏观调控的政策规则，提出"合理区间"的命题，即宏观调控要使经济运行处于合理区间，经济增长率、就业水平等不滑出"下限"，物价涨幅等不超出"上限"，统筹稳增长、调结构、促改革。[②] 回答了宏观调控什么时候"出手"和怎样"出手"的问题。

三是关于宏观调控的换挡定位，提出"中高速增长"的命题，即当前中国经济已进入中高速增长阶段，宏观调控要保证经济的长

---

① 见《中共中央政治局召开会议讨论研究当前经济形势和下半年经济工作，中共中央总书记习近平主持会议》，《人民日报》2013 年 7 月 31 日。

② 见《李克强主持召开部分省区经济形势座谈会》，《人民日报》2013 年 7 月 10 日。

期持续健康发展。① 回答了宏观调控"出手"的力度问题。要维持"中高速增长",防止经济增速大幅度下降。

## 三　"合理区间"和"中高速增长"的量化探讨

20 世纪 90 年代中期,学术界曾提出"适度增长区间"及其"上限""下限""中线"问题。1996 年年底,在总结当时宏观调控成功地实现了"软着陆"的经验时,应《人民日报》之邀,刘国光和笔者(1997)曾合写了一篇《论"软着陆"》的文章。该文提出,"软着陆"的基本经济含义是:国民经济的运行经过一段过度扩张之后,平稳地回落到适度增长区间;所谓"适度增长区间"是指:在一定时期内,由社会的物力、财力、人力即综合国力所能支撑的潜在的经济增长幅度。该文指出,1996 年经济增长率虽已回落到适度区间,但是处于适度区间的上限边缘,仍要谨防经济增长率的强烈反弹。之后,在《论中国经济增长的速度格局》(刘树成,1998)、《宏观调控目标的"十一五"分析与"十二五"展望》(中国社会科学院经济研究所宏观经济调控课题组,2010)等文章中,都讨论过适度增长区间的上限、下限和中线问题。

过去,我国经济增长的主要问题是经常冲出上限,因此对上限的把握成为宏观调控中的突出问题。那时,在学术界讨论中,一般认为经济增长率 8% 的下限不成问题,上限应把握在 10%。但从实际经济运行的情况看,经常冲出 10%。1979—2010 年的 32 年间,经济增长率超出 10%(含 10%)的年份就有 16 个,占一半。总的来看,我们曾用趋势滤波法对 1979—2009 年的经济增长率进行趋势平滑计算(中国社会科学院经济研究所宏观经济调控课题组,

---

① 李克强:《以改革创新驱动中国经济长期持续健康发展——在第七届夏季达沃斯论坛上的致辞》,《人民日报》2013 年 9 月 12 日。

2010），现实经济增长呈现出一条以 8%—12% 为区间、约 10% 为中线的趋势增长率曲线（见图 2）。

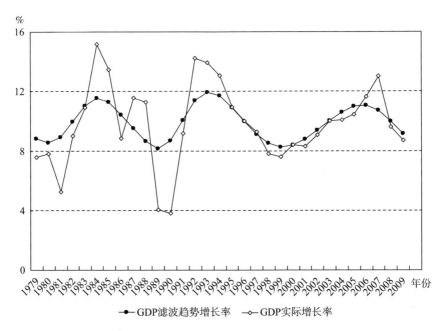

图 2   GDP 滤波趋势增长率和 GDP 实际增长率（1979—2009 年）

现在，在国内外新的经济环境背景下，我国经济正处于增长速度下降的换挡期。经济增速下降具有惯性。由此，经济增长由过去经常冲出上限，转变为要守住下限的情况。当前，对下限的把握成为宏观调控中的突出问题。那么，在当前和未来五年左右的时段里，经济增长的适度区间或称合理区间究竟应该把握在什么范围呢？对此，学术界具有不同的意见，这是正常的。对于适度区间的计算，由于计算的方法不同，计算的假设条件不同（如是否考虑了今后改革红利的释放，是否考虑了改革对经济的供给面和需求面的影响，是否考虑了国际条件可能的变化等），计算的时间段不同（如计算的是未来五年，还是十年、二十年等），而会有不同的结果。

　　为了从现实国情出发，为了容易达成共识和容易在宏观调控实践中把握，一种选择是以 2013 年 3 月《政府工作报告》中经济增长率和物价上涨率的预期目标为参照系。今年经济增长率的预期目标为 7.5%，可作为适度区间的下限。从实践看，今年第二季度 GDP 增长率降到 7.5%，有进一步下滑的危险，宏观调控就实施了一系列"微刺激"政策，托住了底。

　　关于适度区间的上限，可从物价上涨率把握，也可从经济增长率把握，一般说来二者是密切相关的。二者的数量关系可以通过菲利普斯曲线来建立。我们曾利用 1978—2009 年 GDP 增长率与居民消费价格上涨率数据，得出一个菲利普斯曲线方程（中国社会科学院经济研究所宏观经济调控课题组，2010）。根据此方程的计算，在居民消费价格涨幅 3% 条件下，相对应的 GDP 增长率为 8.93%；在居民消费价格涨幅 3.5% 条件下，相对应的 GDP 增长率为 9.13%；在居民消费价格涨幅 4% 条件下，相对应的 GDP 增长率为 9.32%。这是过去 30 余年的历史数据。今后，GDP 增长率与居民消费价格上涨率二者的数量关系可能会有新的变化，需要不断跟踪研究。但从当前看，我们不妨先借鉴一下历史数据。从今年《政府工作报告》中居民消费价格涨幅的预期目标 3.5% 出发，相对应的 GDP 增长率大体为 9%。我们可暂以 GDP 增长率 9% 作为适度区间的上限。现在，对经济增长率下限讨论的比较多，而对经济增长率上限讨论的比较少。眼下看来，9% 的经济增长率好像是很高的，今后似乎是较难出现的。但从今后新的改革红利释放的角度看，从新型城镇化和城乡发展一体化深入推进的角度看，等等，以 GDP 增长率 9% 作为上限还是有必要的。

　　对于经济增长适度区间的确定和把握，需要根据国内外经济形势的变化而调整。同时，也需要参考其他重要经济指标的运行情况而调整，如就业状况，企业运行状况，三大收入（国家财政收入、企业利润收入、居民收入）状况，等等。总之，这里提出的 GDP 增长率 7.5%—9% 的适度区间，需要在经济运行实践中修订和把握。

经济增长的适度区间把握在 7.5%—9%，表明中国经济已从高速转入中高速增长阶段。其含义是：

一者，从世界范围看，7.5% 的经济增速在世界主要经济体中仍然是较高的速度。

二者，从国内看，与过去 30 多年实际经济增长趋势曲线的 8%—12% 区间相比，下限由 8% 下降到 7.5%，下降 0.5 个百分点，上限由 12% 下降到 9%，下降 3 个百分点。7.5%—9% 的区间可称为中高速增长。这体现出我们主动将经济增长速度降下来一些，使经济发展更加注重转方式和调结构，更加注重提高质量和效益，更加注重资源节约和环境保护，更加注重民生。

三者，中国经济增长刚刚从过去 30 多年间经常冲到 10% 以上的高速路走下来，社会各方面（政府、企业、居民个人等）都要有一个适应的过程。如果经济增长率过快、过急地大幅度下降，不利于转方式和调结构，不利于形成良好的市场预期，甚至会引起经济和社会的震荡。经济增长先从高速转入中高速，分阶段地逐步下降是有利的。

四者，我国是一个地域辽阔、人口众多的国家，工业化、信息化、城镇化、农业现代化正在向纵深发展，国内市场和需求的回旋余地很大，加之改革开放的不断深化和推动，充分释放改革红利，更大程度更广范围发挥市场在资源配置中的基础性作用，更好地转变政府职能，我们有条件实现经济的中高速增长。

## 四　政策建议：与其守住下限，不如把握中线

过去我们讨论"适度增长区间"问题时，主要针对的情况是经济增长经常冲出上限，由此而提出要把握适度增长区间的中线。但现在的问题是，经济增长由过去经常冲出上限，转变为要守住下限的情况。经济增长冲出上限，不利于转方式、调结构；而经济增

长滑出下限，或连续在下限边缘运行，也会带来一系列新问题，也不利于转方式、调结构。守住下限，是被动的。而且，经济下滑具有惯性，一旦有个"风吹草动"，就很容易滑出下限。因此，宏观调控"与其守住下限，不如把握中线"。现在，是针对经济增长有可能滑出下限而提出要把握适度增长区间的中线。

怎样把握适度增长区间的"中线"，或者说，在当前和未来一个时期怎样保持经济的中高速增长而防止经济增速的大幅度下降呢？从我国地域辽阔、人口众多的国情出发，我们要充分利用我国经济发展中"两大差距"所带来的"两大空间"：一是由地区差距所带来的发展空间，二是由城乡差距所带来的发展空间。笔者曾在《2013—2017 年中国经济的增长与波动》一文中（刘树成，2013b），提出和讨论过我国经济未来发展的两大空间问题，现作进一步分析，并对 2012 年我国各地区人均 GDP 数据和世界银行关于 2012 年不同经济体人均国民总收入的最新分组标准等有关资料进行了更新。

**（一）由地区差距所带来的发展空间**

以各地区人均 GDP 水平为代表来进行分析。依据 2012 年全国 31 个省、市、自治区人均 GDP 的最新统计数据，各地区可分为以下四大梯队（见表 1）：

表 1　　　　　　　　　2012 年我国各地区人均 GDP

| 地区 | 所处位置 | 人均 GDP（人民币元） | 人均 GDP（美元） | 分组 |
|---|---|---|---|---|
| 天津 | 东部 | 93110 | 14750 | |
| 北京 | 东部 | 87091 | 13797 | |
| 上海 | 东部 | 85033 | 13471 | |
| 江苏 | 东部 | 68347 | 10827 | 第一梯队 |
| 内蒙古 | 西部 | 64319 | 10189 | |
| 浙江 | 东部 | 63266 | 10022 | |

续表

| 地区 | 所处位置 | 人均 GDP<br>（人民币元） | 人均 GDP<br>（美元） | 分组 |
|------|----------|----------------------|------------------|------|
| 辽宁 | 东部 | 56547 | 8958 | |
| 广东 | 东部 | 54095 | 8570 | |
| 福建 | 东部 | 52763 | 8358 | |
| 山东 | 东部 | 51768 | 8201 | 第二梯队 |
| 吉林 | 中部 | 43412 | 6877 | |
| 重庆 | 西部 | 39083 | 6191 | |
| 湖北 | 中部 | 38572 | 6110 | |
| 陕西 | 西部 | 38557 | 6108 | |
| 全国 | | 38449 | 6091 | |
| 河北 | 东部 | 36584 | 5795 | |
| 宁夏 | 西部 | 36166 | 5729 | |
| 黑龙江 | 中部 | 35711 | 5657 | |
| 山西 | 中部 | 33629 | 5327 | |
| 新疆 | 西部 | 33621 | 5326 | |
| 湖南 | 中部 | 33480 | 5304 | |
| 青海 | 西部 | 33023 | 5231 | 第三梯队 |
| 海南 | 东部 | 32374 | 5129 | |
| 河南 | 中部 | 31723 | 5025 | |
| 四川 | 西部 | 29579 | 4686 | |
| 江西 | 中部 | 28799 | 4562 | |
| 安徽 | 中部 | 28792 | 4561 | |
| 广西 | 西部 | 27943 | 4427 | |
| 西藏 | 西部 | 22757 | 3605 | |
| 云南 | 西部 | 22195 | 3516 | 第四梯队 |
| 甘肃 | 西部 | 21978 | 3482 | |
| 贵州 | 西部 | 19566 | 3100 | |

资料来源：各地区人均 GDP（人民币元），《中国统计摘要 2013》，中国统计出版社 2013 年版，第 28 页。人均 GDP（美元），按 2012 年平均汇率折算，1 美元 = 6.3125 美元。

　　第一梯队，人均 GDP 超过 10000 美元。有 6 个地区：天津、北京、上海、江苏、内蒙古、浙江。比 2011 年时多了 3 个地区（江苏、内蒙古、浙江）。其中，除西部的内蒙古之外，全为东部地区。

　　第二梯队，人均 GDP 在 10000 美元以下、6000 美元以上（也就是比全国平均水平 6091 美元为高）。有 8 个地区：辽宁、广东、福建、山东、吉林、重庆、湖北、陕西。其中，东部地区 4 个，中、西部地区各两个。

　　第三梯队，人均 GDP 在 6000 美元以下、4000 美元以上。有 13 个地区：除东部地区的河北、海南之外，全部为中、西部地区。中部 6 个：黑龙江、山西、湖南、河南、江西、安徽。西部 5 个：宁夏、新疆、青海、四川、广西。

　　第四梯队，人均 GDP 在 4000 美元以下。有 4 个地区：西藏、云南、甘肃、贵州，全为西部地区，比 2011 时少了 2 个地区（安徽、广西）。

　　世界银行于 2013 年 9 月 23 日最新公布了关于 2012 年不同经济体人均国民总收入的分组标准。其中，12616 美元及以上为高收入经济体，4086—12615 美元为上中等经济体，1036—4085 美元为下中等经济体，1035 美元及以下为低收入经济体。大体参照这个标准，我国上述第一梯队的地区已经达到或接近高收入水平，第二、三梯队的地区大体处于上中等水平，第四梯队的地区大体处于下中等水平。从各地区人均 GDP 水平的差距看，我国经济未来发展在地区间的梯度推移和升级还有很大空间。

　　**（二）由城乡差距所带来的发展空间**

　　在未来一个时期，我国经济发展的第二大空间，是由城乡差距所带来的发展空间。这两大发展空间也是相互关联的。新型城镇化和城乡一体化的深度推进，城乡差距的缩小，是缩小各地区人均 GDP 差距的重要途径。新型城镇化和城乡一体化是人类社会发展的历史必然进程和客观大趋势，是实现现代化的必由之路。从目前看，我国的城镇化还是不完全、不成熟的城镇化。一者，2012 年我国城镇化率达到 52.57%，这是按照城镇常住人口统计的，包括了在城镇居住半年以上的进城农民，但他们还没有完全融入现代城市生活。如果按城镇户籍人口计算，目前的城镇化率仅为 35% 左右。二者，我国城镇化的质量还不高，城镇各种基础设施建设和各项社会事业发展都还跟不上，交通拥堵、环境污染等 "城市病" 突出显现，群众生活中最为关切的 "三座大山" 问题，即 "看病难、看病贵，上学难、上学贵，买房难、买房贵" 问题一直没有得到有效的解决。当前，在我国，与一般制造业产品严重产能过剩同时并存的是，许多公共品或准公共品的供给还远远不足而处于严重短缺状态。在医院，每天看病的人比超市的人还多。儿童医院更是拥挤不堪、"人满为患"。这表明医院的 "供给" 远远不足。原有城镇居民的住房问题还没有解决好，两亿多新进城农民工的住房问题的解决更是 "望尘莫及"。这反映住房的 "供给" 更远远不足。

　　一方面要继续提高城镇化率，另一方面又要提高城镇化质量，有序推进农业转移人口市民化，走集约、智能、绿色、低碳的新型城镇化道路，同时还要推进城乡发展在建设规划、基础设施、公共服务等方面的一体化，这些将为我国未来经济发展提供巨大的潜力。特别是，新型城镇化和城乡一体化是转方式、调结构、促改革的聚合点。从转方式来说，新型城镇化和城乡发展一体化有利于扩大内需，既能扩大消费，又能扩大投资。从调结构来说，新型城镇化和城乡一体化有利于地区结构和产业结构的优化升级。从促改革来说，新型城镇化和城乡一体化涉及户籍制度、土地制度、收入分配制度、社会保障制度、财政体制、金融体制、投融资体制、基本公共服务体制等多方面的配套改革。

　　总的来看，30 多年来我国经济发展取得的辉煌成就，主要靠的是改革开放。今后的经济发展，特别是充分利用 "两大差距" 所带来的 "两大空间"，仍然要靠改革开放。改革开放是我国经济发展的最大红利，我国经济发展的前景依然广阔。

### 参考文献

崔吕萍：《中国经济或将驶入中高速增长之路》，《人民政协报》2012年4月17
　　日B1版。

刘国光、刘树成：《论"软着陆"》，《人民日报》1997年1月7日第9版。

刘树成：《论中国经济增长的速度格局》，《经济研究》1998年第10期。

刘树成（2012a）：《立足发展阶段　把握经济走势》，《人民日报》2012年7
　　月16日。

刘树成（2012b）：《不可忽视GDP——当前中国经济走势分析》，《经济学动态》
　　2012年第7期。

刘树成（2013a）：《当前和未来五年中国宏观经济走势分析》，《中国流通经济》
　　2013年第1期。

刘树成（2013b）：《2013—2017年中国经济的增长与波动》，《经济蓝皮书春季
　　号：中国经济前景分析——2013年春季报告》，社会科学文献出版社2013
　　年版。

中国社会科学院经济研究所宏观经济调控课题组：《宏观调控目标的"十一五"
　　分析与"十二五"展望》，《经济研究》2010年第2期。

（原载《经济学动态》2013年第10期）

# 美国《总统经济报告》法制化研究<sup>*</sup>

我国《宪法》第十五条明确规定："国家实行社会主义市场经济。国家加强经济立法，完善宏观调控。"推进政府经济管理的法制化，依法实施和完善宏观调控，是我们坚持依法治国、依法执政、依法行政，促进国家治理体系和治理能力现代化的一个重要方面。为此，更多地研究和更好地借鉴发达国家市场经济的有关经验是十分必要的。早在1993年党的十四届三中全会通过的《中共中央关于建立社会主义市场经济体制若干问题的决定》中，就曾指出：要"从中国国情出发，借鉴世界各国包括资本主义发达国家一切反映社会化生产和市场经济一般规律的经验"。

美国《总统经济报告》（*Economic Report of the President*），是联邦政府关于经济形势和宏观经济目标的分析与展望，阐述其国内外经济政策的权威性报告。它由第二次世界大战结束后的《1946年就业法》（*Employment Act of 1946*）所创立，其内容又由《1978年充分就业和平衡增长法》（*Full Employment and Balanced Growth Act of 1978*）所扩展。在开头的6年中，1947—1952年，每年年初和年中向国会提交两次；1953年至今，每年年初向国会提交一次。这样，1947年至2017年的71年间，共提交77次，形成一个系列。一般来说，每本《总统经济报告》的前面几页，是一个由总统签署的、简短的致国会的说明函；然后，是该报告的主体，即在总统

---

   \* 本文为中国社会科学院创新工程学部委员创新岗位项目"美国《总统经济报告》法制化研究"的最终成果之一。

直接负责下，由总统经济顾问委员会撰写的长篇经济报告（一般谈及《总统经济报告》的内容，主要是指这个长篇报告）。在《总统经济报告》的最后，附有经济统计表格。每本《总统经济报告》，由最初的 100 页左右，逐步扩展到 200 页、300 页、400 页、500 页左右，甚至近 600 页。如 2017 年 1 月奥巴马提交的其任期内最后一个《总统经济报告》，长达 594 页，是迄今为止篇幅最长的一个。美国《总统经济报告》是美国联邦政府经济管理法制化的一个重要体现。《总统经济报告》的创立、提交、基本的内容框架、宏观经济目标的确立、撰写的组织保障、国会的审议程序等整个运作过程都是由法律规定的。本文拟对美国《总统经济报告》的法制化进行研究，以期对我们有所启示和借鉴。

## 一　《1946 年就业法》:《总统经济报告》的创立

### （一）背景情况

1929—1933 年的大危机、大萧条，给美国经济以巨大的冲击。从失业率看，1932—1935 年的 4 年中，高达 20.1%—24.9%；接着，1936—1940 年的 5 年中，仍高居 14.3%—19.0%。之后，在第二次世界大战期间，在战时经济的带动下，失业率逐渐下降，到1944 年，仅为 1.2%。1945 年年初，第二次世界大战即将结束的美国，鉴于战时高额的军费支出即将被削减，加之大量的士兵将要退伍，人们十分担心大萧条和大规模失业将会卷土重来。美国国会和联邦政府急于寻找战后经济发展的对策。

在这种背景下，1945 年 1 月 22 日，詹姆斯·默里（James E. Murray）、罗伯特·瓦格纳（Robert F. Wagner）、艾尔伯特·托马斯（Elbert D. Thomas）、约瑟夫·奥马霍尼（Joseph C. O'Mahoney）四位参议员提出《1945 年充分就业法》议案（*Full Employment Act of 1945*，*the bill under consideration*）。经过激烈辩论和反复修改，参议院于 1945 年 9 月 28 日通过，众议院于 1945 年 12 月 14

日通过。之后，两院联合委员会的报告分别由众议院和参议院于1946年2月6日和2月8日通过。1946年2月20日，由杜鲁门总统签署生效，成为法律，即《1946年就业法》。

**（二）联邦政府的总体经济政策、职责与宏观经济目标**

《1946年就业法》的篇幅并不长，按照美国《联邦法律汇编》（*The Statute at Large*）的页面，用A4纸打印，仅为3页，但其在美国联邦政府经济管理方面具有开创性的意义和作用。该法共分五节。第1节只一句话，说明该法的名称为《1946年就业法》；第2节是政策声明，仅一段话，为该法的核心，开宗明义，确定了美国联邦政府的总体经济政策、职责与宏观经济目标；第3节是关于《总统经济报告》；第4节是关于总统经济顾问委员会；第5节是关于国会有关总统经济报告的联合委员会。

该法第2节申明："联邦政府一贯的政策和职责是，使用一切可行的手段，即使用与其需要、义务和其他重要国家政策相一致的手段，使用向工业、农业、劳动者、州和地方政府提供援助和合作相一致的手段，协调和利用其所有的计划、职能和资源，采用培育和推动自由竞争企业与公共福利的方式，旨在创造和维护各种条件，为那些能够工作、愿意工作和寻找工作的人，提供有用的就业机会，包括自我雇佣，促进最大限度的就业、生产和购买力。"由此，在法律上设立了美国联邦政府的宏观经济目标："促进最大限度的就业、生产和购买力"。采取一切政策措施，实现这三大宏观经济目标，成为美国联邦政府义不容辞的职责。其中，"购买力"主要包括收入和价格指标。

为了实现联邦政府的经济职责和宏观经济目标，《1946年就业法》创立了一个载体和两个组织保障。一个载体是，每年年初总统要向国会提交《总统经济报告》（或简称《经济报告》）。两个组织保障是，专门成立了总统经济顾问委员会和国会有关总统经济报告的联合委员会。

### （三）《总统经济报告》的创立和主要内容

按照《1946 年就业法》第 3 节的规定，《总统经济报告》的主要内容包括 4 个方面：

（1）提出美国现有的就业、生产和购买力的水平，以及达到这样水平所需要实行的在该法第 2 节声明的政策。

（2）对就业、生产和购买力的水平，提出近期的和可预见的趋势。

（3）回顾上一年度联邦政府的经济项目，回顾相关的经济条件及其对就业、生产和购买力的影响。

（4）为落实该法第 2 节声明的政策，提出一个实施项目规划，连同总统认为必要的或适宜的立法建议。

1947 年 1 月 8 日提交给国会的第一本《总统经济报告》的目录共七章，从中可看出其基本内容框架。

第一章，1946 年回顾

就业

生产

购买力

第二章，1946 年的价格、工资、利润

第三章，国民经济预算

第四章，1947 年目标

就业目标

生产目标

购买力目标

第五章，1947 年的有利因素和不利因素

第六章，关于经济条件和趋势的总结

第七章，建议

短期实施项目

价格和工资

社会保障

　　　　住房

　　　　税收

　　　　劳工—经理关系

　　长期实施项目

　　　　劳动力的有效使用

　　　　生产资源的最大限度利用

　　　　鼓励自由竞争企业

　　　　促进福利、健康和安全

　　　　国家经济关系中的合作

　　　　防治经济波动

### （四）总统经济顾问委员会的设立和职责

　　按照《1946 年就业法》第 4 节的规定，在总统行政办公室中设立一个经济顾问委员会（Council of Economic Advisers，CEA）。该委员会由 3 人组成，由总统提名，由参议院批准。他们在经济分析、政策制定、项目评价等方面具有极深的造诣。总统任命其中 1 人担任主席，1 人担任副主席。后来，撤销了副主席的设置，并且规定只有该委员会主席须经参议院批准，而其他 2 位成员不再经参议院批准。这样，加强了主席的职责和权威性。该委员会被授权设立由专家组成的工作班子。

　　按照《1946 年就业法》第 4 节的规定，该委员会有 5 个方面的职责和作用。

　　（1）协助总统准备《经济报告》和提出建议。

　　（2）收集近期与未来有关经济发展和经济趋势的及时、权威的信息，并根据该法第 2 节所声明的政策，对这些信息进行分析和说明，旨在判断对于实现这些政策来说，这些经济发展和趋势是否正在受到干扰或有可能受到干扰，编制并向总统提交关于这些经济发展和趋势的研究结果。

　　（3）根据该法第 2 节所声明的政策，评估联邦政府的各种实施项目和活动，旨在判断对于实现这些政策来说，这些实施项目和活动的有利程度和不利程度，并向总统提出建议。

（4）在培育和推动自由竞争企业方面，制定和向总统建议相关的国家经济政策，以避免经济波动或减少其影响，保持就业、生产和购买力。

（5）在有关联邦经济政策和总统可能期望的立法事宜方面，编制和提供相关的研究、报告和建议。

另外，按照《1946年就业法》第4节的规定，经济顾问委员会每年12月要向总统呈交一份有关其本身工作与活动的年度报告。

经济顾问委员会与其他政府机构不同，它不是主管某种具体业务的职能部门，而是比较超脱的顾问性机构。从此，使总统有了一个具有法律地位的，正式、公开、权威的经济智囊机构。

**（五）国会关于《总统经济报告》的联合委员会的建立和功能**

按照《1946年就业法》第5节的规定，国会建立一个关于《总统经济报告》的联合委员会（Joint Committee on the Economic Report）。后来，在1956年6月18日对《1946年就业法》进行修订的第591号公法（Public Law 591）中，将该委员会更名为"联合经济委员会"（Joint Economic Committee）。

对于该委员会的成员构成，先后有过3次规定：

（1）按照《1946年就业法》第5节的规定，由参议院和众议院各7名议员组成，分别由参议院主席和众议院议长任命。

（2）在1959年第86-1号公法（Public Law 86-1）中，修改为由参议院和众议院各8名议员组成。同时规定，在每院，多数党5名，少数党3名。

（3）在1967年第90-2号公法（Public Law 90-2）中，又修改为由参议院和众议院各10名议员组成；在每院，多数党6名，少数党4名。

关于该委员会的功能，按照《1946年就业法》第5节的规定，有3条：

其一，对有关《总统经济报告》的问题进行连续的研究；

其二，研究实施项目的协调方法，以完善政策；

其三，作为向国会中一些委员会在处理《总统经济报告》中有关立法问题时的指导，每年不迟于 5 月 1 日，向参议院和众议院提交一份报告，对《总统经济报告》中的每一个重要提议提出研究结果和建议。关于这份报告的提交时间，后来，在有关的法律中，又曾做过两次修改。一次是在 1946 年 8 月 2 日的《1946 年立法机构重组法》中，修改为 2 月 1 日。另一次是在 1948 年 2 月 2 日的相关法律中，又修改为 3 月 1 日。同时，该联合委员会还可随时向参议院和众议院提交其他必要的报告和建议。

另外，该联合委员会或由其正式授权的任何附属委员会，有权举行它认为必要的听证会。

### （六）从《1945 年充分就业法》议案到《1946 年就业法》

《1946 年就业法》的前身是《1945 年充分就业法》议案。原议案的提出，曾引起激烈的辩论。最后通过的《1946 年就业法》，几乎是对原议案的重新改写。在原议案中，要求总统每年年初向国会提交的，并不是《总统经济报告》，而是《国民生产和就业预算》。

在原议案中，联邦政府的经济职责和宏观经济目标集中于一点，即"保证持续的充分就业"，并把就业上升到是美国人的"权利"的高度，申明"所有能够工作并寻找工作的美国人，都有获得有用的、有报酬的、正规的和全时的就业权利"。为了实现联邦政府的这一经济职责和宏观经济目标，原议案提出了一个凯恩斯主义的计划机制，即要求总统每年年初向国会提交一个《国民生产和就业预算》（*National Production and Employment Budget*，以下简称《国民预算》）。在其中，首先要把充分就业目标定量化，即首先要求估算和确定劳动力规模及相应的"充分就业产量"；然后，估算全社会"未来预期的投资和支出总量"。如果全社会"未来预期的投资和支出总量"不能达到"充分就业产量"的需要，联邦政府就要扩大其投资和支出，以刺激经济增长；反之，联邦政府就要缩减其投资和支出，以防止通货膨胀。具体来看，原议案规定《国民预算》要对下一个财政年度或较长时期内的三种经济指标进行定量估算：

（1）估算劳动力的规模。

（2）估算全社会投资和支出总量。这些投资和支出是由私人企业、消费者、州和地方政府，以及联邦政府所承担的；是在预期的价格水平下，为生产一定量的国民生产总值所要求的。而这一定量的国民生产总值是为那些劳动力提供就业机会所必要的。这个以美元计量的国民生产总值，称为"充分就业产量"。

（3）估算全社会"未来预期的投资和支出总量"。所谓"未来预期的投资和支出"是指，在不考虑预算实施项目预计可能需要的投资和支出有任何增减的情况下，私人企业、消费者、州和地方政府，以及联邦政府的投资和支出。

除以上三种经济指标外，还要求估算影响国民生产总值的、进出口中的外国投资和支出。

在定量估算的基础上，原议案进一步提出，如果第3种估算的"未来预期的投资和支出总量"小于第2种估算的"充分就业产量"所需要的投资和支出总量，就会出现一个"未来预期赤字"。在这种情况下，总统应该提出一个总体实施方案，以鼓励增加非联邦政府的投资和支出，特别是能够促进私人企业扩大就业机会的投资和支出，从而防止"未来预算赤字"达到最大可能的程度。这个总体实施方案可能包括，但不限于近期的与预计的联邦政府的政策和活动，它涉及银行和货币、垄断和竞争、工资和工作条件、对外贸易和投资、农业、税收、社会保障、自然资源开发，以及其他可能直接或间接影响非联邦政府投资和支出的事项。如果总体实施方案不足以提供"充分就业产量"，总统就要提交一个增加联邦政府投资和支出的总体实施方案。这个总体实施方案应该设计的有利于增加国民财富和福祉，并能刺激非联邦政府的投资和支出的增加。

　　而如果以上第 3 种估算的"未来预期的投资和支出总量"大于第 2 种估算的"充分就业产量"所需要的投资和支出总量，总统就要提出一个防止通货膨胀、缩减投资和支出总量的总体实施方案。

　　在原议案的辩论中，反对者主要提出，在美国这样一个自由竞争的市场经济和私人企业制度下，持续的充分就业既是不可能的，也是不可取的。之所以"不可能"，是因为市场经济运行会出现周期性的繁荣与萧条的相互交替。繁荣与萧条同样都不可避免。这种交替不能被法律推翻，也不能被法律改变。萧条是对繁荣做出的调整，是为自由付出的代价。面对萧条，人们能够期望做的，就是限制衰退的深度和持续的时间。之所以"不可取"，是因为它必然导致通货膨胀，会造成劳动力市场的紧缩，也会破坏个人的主动性。而如果政府要保证持续的充分就业，将意味着对经济采取严厉控制；为实现持续充分就业而提出的《国民生产和就业预算》，要对充分就业目标进行具体的定量估算和预测，并相应制定联邦政府的经济政策和实施项目，这带有明显的计划色彩。这些做法都违背了美国的自由社会基本信条。任何人都不可能预知未来，而政府的预言本身就有可能制造繁荣和萧条。政府的职责应该限制在贫困救济上。

　　支持者主要强调，20 世纪 30 年代，在美国，充分就业和实际就业之间存在着巨大的、持久的缺口。数据表明，私人企业制度易于导致大规模的周期性的破坏。私人企业自行其是，不能提供充分就业。美国就业和生产的历史就是一部繁荣与萧条的记录。一个短暂的增长和发展达到繁荣的高峰之后，就让位于灾难性的崩溃。政府对就业负有责任。美国经济学家、曾任尼克松总统任期内总统经济顾问委员会主席（1972 年 1 月至 1974 年 8 月）的斯坦，在其所著《总统经济学》一书中曾回顾了 1945 年原议案辩论的情况。他写道（斯坦，1989）：就在战争即将结束的时候，政府中主张新政的经济学家，连同他们在国会的同伴，发起一个尝试，要以凯恩斯主义的模式为蓝本制定经济政策。最初的《充分就业议案》就是这个尝试的具体体现。这一议案引起一场大论战。有人彻头彻尾地否定了它的全部看法。但是，在1945年时，要否认政府对就业负有责任，实际上是不现实的。

经过激烈的辩论，鉴于20世纪30年代大萧条和"二战"期间战时繁荣的深刻经历，鉴于罗斯福新政和凯恩斯主义的影响，支持者和反对者最终达成了折中的妥协，通过了《1946年就业法》。归纳起来，《1946年就业法》与《1945年充分就业法》议案相比，主要有7处重要修改：

（1）该法的名称由原议案的《充分就业法》，改为《就业法》，删除了"充分"一词。

（2）取消了对"充分就业"的保证，将宏观经济目标由原议案的"保证持续的充分就业"，改为"促进最大限度的就业、生产和购买力"。这样，宏观经济目标由1个扩展为3个，对就业做了弱化处理。

（3）删除了原议案中就业是美国人的一种"权利"的提法。

（4）将原议案中总统每年年初要向国会提交的、计划色彩很浓的《国民生产和就业预算》，改为计划色彩较弱的《总统经济报告》。

（5）取消了原议案《国民预算》中对宏观经济目标进行定量化的规定，代之以《总统经济报告》中的一般原则性要求，即仅对宏观经济目标所能达到的水平及其趋势进行分析与展望，而不设定必须实现的数量目标。

（6）原议案在规定总统每年年初向国会提交《国民预算》时，没有设定专门的机构来执行，而提出由总统行政办公室负责准备，实际上是由总统行政办公室中的预算局负责准备，定案时则改为在总统行政办公室中设立一个新的机构——总统经济顾问委员会，负责准备《总统经济报告》。

预算局（Bureau of the Budget）成立于1921年，当时设在财政

部，但局长直接对总统负责。根据美国《1921 年预算和会计法》的规定，总统每年要向国会提交《联邦政府预算》。预算局的主要职责就是协助总统编制联邦政府年度预算，并监督预算的执行。1939 年，总统行政办公室创建，预算局从财政部转到总统行政办公室，作为总统直属机构。由此，形成了财政部管收入、预算局管支出的格局。1970 年，预算局重组为"行政管理和预算局"（Office of Management and Budget，OMB），仍归于总统行政办公室，直至今天。

就此，斯坦在《总统经济学》中写道（1989）：实质上，原议案背后的许多考虑都出自预算局。原议案是想把经济政策的决策大权拱手让给预算局。论战的结果是，预算局被免去执行该法的权力，而由参议院敦促下成立的总统经济顾问委员会代替。新成立的这个组织至少可以防止由预算局所引起的种种偏见。也许，《就业法》最重要的持久的结果，就是在白宫成立了经济顾问委员会。如果没有《就业法》，也就不会成立这个委员会。

（7）原议案提出要在国会设立关于《国民生产和就业预算》的联合委员会，定案时改为设立关于《总统经济报告》的联合委员会。

### （七）《1946 年就业法》的历史意义

《1946 年就业法》在联邦政府经济管理方面具有开创性的意义。美国从 1776 年建国到 20 世纪 30 年代的 150 多年中，其自由市场经济基本上是由市场这只"看不见的手"调节的。1929—1933 年大危机、大萧条的严重冲击，及第二次世界大战的战时经济，使"看不见的手"失去效力，随之，政府这只"看得见的手"的调节作用逐步扩展起来。《1946 年就业法》的诞生，标志着在自由市场经济条件下从法律上确认了政府对宏观经济稳定运行的责任。

美国经济学家萨缪尔森和诺德豪斯曾评价道（萨缪尔森、诺德豪斯，2004）：第二次世界大战以后，鉴于凯恩斯主义的影响不断扩大和对于下一次大萧条的恐惧，美国国会正式宣布授权联邦政府担负起稳定宏观经济运行的责任。国会通过的《1946 年就业法》是一个里程碑。

美国经济学家、曾任小布什总统任期内总统经济顾问委员会主席（2003 年 5 月至 2005 年 2 月）的曼昆，曾写道（曼昆，2005）：1946 年的《就业法》是一个关键的立法，在该法中政府第一次使自己对宏观经济运行负责。

在 1979 年的《总统经济报告》中，即《1978 年充分就业和平衡增长法》执行后的第一个《总统经济报告》（*Economic Report of the President*，1979）中曾评论道：在过去的三十年里，《1946 年就业法》已经成为总统和国会在制定经济政策中的基本指南。

## 二 《1978 年充分就业和平衡增长法》：《总统经济报告》的扩展

### （一）背景情况

《1946 年就业法》通过后，从 20 世纪 40 年代后半期到 70 年代初的 30 余年间，美国失业率保持了较低且较稳定的水平，一般保持在 3% 至 5%。特别是 1961 年 2 月至 1969 年 12 月，美国经济出现了"二战"后的第一次长期繁荣，历时 106 个月。这其中的原因是多方面的，《1946 年就业法》也起了一定的作用。

但到 20 世纪 70 年代中期，美国经济出现了新情况，累积了新问题，陷入了滞涨困境，低增长、高失业、高通胀并存。1974 年和 1975 年，美国国民生产总值（GNP）为负增长，分别为 -1.7% 和 -1.9%；失业率分别上升到 5.6% 和 8.5%。8.5% 的失业率，是《1946 年就业法》颁布以来在美国从未出现过的最高失业率。而消费价格上涨率分别高达 11% 和 9.1%。11% 的通货膨胀率，达到了自 1918 年第一次世界大战结束至当时，在美国从未有过的最高水平（*Economic Report of the President*，1980）。

为应对日趋严重的滞涨困境，参议员休伯特·汉弗莱（Hubert H. Humphrey）和众议员奥古斯塔斯·霍金斯（Augustus Hawkins），于1976年年初提出《充分就业和平衡增长法》议案（*Full Employment and Balanced Growth Act of 1976*），作为对《1946年就业法》的修订和扩充。经过两年多的激烈争论，1978年10月14日，该法分别由众议院和参议院通过，最后于1978年10月27日由卡特总统签署生效。该法的名称为《1978年充分就业和平衡增长法》，也称为《汉弗莱—霍金斯充分就业法》（*Humphrey – Hawkins Full Employment Act*）。

### （二）《1978年充分就业和平衡增长法》的重要修订和扩充

《1978年充分就业和平衡增长法》对《1946年就业法》进行了大幅度的、重要的修订和扩充。从篇幅上看，新法由《1946年就业法》的3页，扩展为25页。新法分为总论和四篇，共31节。第一篇，目标和总体经济政策的建立；第二篇，结构性政策和项目；第三篇，国会审议的政策和程序；第四篇，一般条款。总的看来，新法最重要的修订和扩充是，对总体目标进行了扩展，并提出在《总统经济报告》中设立明确的年度数量目标，也就是将宏观经济目标定量化。具体看，新法与《1946年就业法》相比，主要有以下9处重要修订和扩充：

（1）在法的名称上，由原来的《就业法》，改为《充分就业和平衡增长法》。虽然又重新使用了"充分就业"一词，但增加了"平衡增长"一词，使其内容更为扩展。

（2）在总体目标方面，《1946年就业法》提出"促进最大限度的就业、生产和购买力"3项目标，而新法扩展为9项目标，其表述为："联邦政府一贯的政策和职责是，使用一切可行的手段，即使用与其需要、义务和其他重要国家政策相一致的手段，使用向工业、农业、劳动者、州和地方政府提供援助和合作相一致的手段，协调和利用其所有的计划、职能和资源，采用培育和推动自由竞争企业与公共福利的方式，旨在创造和维护各种条件，为那些能够工作、愿意工作和寻找工作的人，提供有用的就业机会，包括自我雇佣，促进充分就业和生产，增加实际收入，平衡增长，平衡联邦预算，充分的生产率增长，恰当关注国家优先重点，通过增加出口和提高农业、企业、工业的国际竞争力来实现贸易平衡的改善，以及合理的价格稳定。"

这一段表述的前面部分，与《1946 年就业法》相同，其后面部分，即目标部分做了多项扩展。总体目标的扩展，反映了在新情况下联邦政府所承诺的职责更加广泛，所要应对的经济问题更为复杂和多样。

（3）除总体目标外，新法还确定了如下一些国家经济的优先重点：①新法确立了一个国家目标，即"对所有能够工作、愿意工作和寻找工作的人，都有实现以公平的报酬率获得有用的和有酬的充分就业机会的权利"。这样，新法又恢复了《1945 年充分就业法》议案中把就业作为美国人"权利"的提法。②新法确认通货膨胀是一个重要的国家问题，同时规定把"合理的价格稳定"作为一个国家目标，提出需要改善政府应对通货膨胀的政策。③新法提出为实现总体目标，需改善各种政策和实施项目的协调与一体化。④新法提出减少政府的干预和控制，最大限度地扩大私人就业，主要依靠私人部门来扩展经济活动和创造新的就业岗位，为此，鼓励采取使联邦政府支出占 GNP 份额逐步减少的财政政策。⑤新法还规定，一个平衡的联邦预算也是国家政策的一个目标。⑥新法要求使用一切可行的手段，提供充分的激励，以保证私人企业的投资需求，包括小型和中型企业的投资需求。⑦新法确认国际贸易逆差是一个重要的国家问题，把改善贸易平衡作为一个国家目标。

国家优先重点和总体目标的多项扩展，使就业目标相对被冲淡。斯坦在其所著《总统经济学》一书中也曾回顾了当时美国的情况。他写道：1979 年，正值美国人民进行总统大选之际，经济政策的变革成为中心问题。国家重点将会有所转移，转向提高价格的稳定性，加快经济增长的步伐等，而不再强调扩大就业。

（4）《1946 年就业法》要求在《总统经济报告》中，对就业、生产和购买力的水平提出近期的和可预见的趋势。新法则扩展为，对就业、失业、生产、资本形成、实际收入、联邦预算的支出和收入、生产率、国际贸易和支付，以及价格等的水平，提出近期的和可预见的趋势，并且对影响国家经济趋势的近来国内外经济发展进行回顾和分析。

（5）《1946 年就业法》要求在《总统经济报告》中仅对宏观经济目标所能达到的水平及其趋势进行分析与展望，但并不作为联邦政府必须努力实现的数量目标。实际上，"促进最大限度的就业、生产和购买力"只是没有数量约束的定性目标。而新法提出，为实现这些总体目标，在《总统经济报告》中要设立明确的年度数量目标。新法提出 7 个数量目标：①就业；②失业；③生产；④实际收入；⑤生产率；⑥联邦支出占国民生产总值的比重；⑦价格。这样，将宏观经济目标完全定量化了。

（6）新法还提出，年度数量目标分为短期（2 年）和中期（5 年）两种。同时，新法还对失业率、通货膨胀率、联邦支出占国民生产总值的比重这三个重要目标确定了今后一段时期内的具体目标值及其要求实现的时间表。

（7）新法提出，为实现该法确立的经济目标，必须加强总统、国会和美联储三者之间的协调。新法将国会对《总统经济报告》、《联邦政府预算》、美联储《货币政策报告》的审议程序衔接起来。

（8）新法对总统每年例行向国会提交的《联邦政府预算》提出了新要求。《联邦政府预算》应该提出近期关于支出和收入水平的建议，其水平应该与新法所规定的短期经济目标相一致。《联邦政府预算》还应该提出 5 年支出和收入的预计，其预计应该与新法所规定的中期经济目标相一致。

（9）新法对《1913 年联邦储备法》（*Federal Reserve Act of 1913*）进行了修订，规定联邦储备委员会在每年不迟于 2 月 20 日和 7 月 20 日向国会提交独立的书面报告，要求美联储提出当年的货币和信贷总量目标及计划，并提出这些目标及计划与最近的《总统经济报告》中所确定的短期经济目标之间的关系。

### （三）关于原议案《1976 年充分就业和平衡增长法》

《1978 年充分就业和平衡增长法》通过之前的原议案，是《1976 年充分就业和平衡增长法》。原议案一个突出的内容是：与《总统经济报告》并行，要求总统再制订一个《充分就业和平衡增长计划》。

原议案提出，每年与《总统经济报告》一起，总统还要向国会提交一个拟议的《充分就业和平衡增长计划》（*Full Employment and Balanced Growth Plan*）。该计划由经济顾问委员会协助准备，并与行政管理和预算局磋商。原议案具体要求：

（1）该计划要从定量与定性的角度，提出若干年内可行的长期国家目标，也就是与充分就业、生产和购买力有关的，与其他必要的优先目的有关的，以及与重要的政策和项目有关的长期国家目标，包括实现这些目标和优先重点的立法建议。在制定这些目标中，总统应该考虑保持经济平衡和资源充分利用所需要的，以及满足重点所需要的每一种要素的水平和结构。

（2）该计划要提出经济和社会条件方面可预见的趋势，提供未满足国家经济和社会需要的估算，确定为实现该计划中所建立的目标和重点而可得到的与所需要的人力、资本和国家资源。

（3）该计划应该包括以下长期经济目标：

充分就业目标设定为，为成年的美国人所能提供的工作岗位数量，把失业降低至摩擦性失业的最低水平，也就是与有效寻找工作和劳动力流动相一致的最低水平。

充分生产目标设定为，对实现以上确定的充分就业目标所需要的，并随着预期生产率改善而估算的产出水平。

充分购买力目标设定为，对达到与保持充分就业和生产所需要的，并有助于购买力公平分配而估算的水平。

（4）上述充分就业目标应该符合于失业率不超过居民劳动力

中成年美国人的 3%，在本议案颁布后不超过 4 年的时间里尽可能快地达到。在本议案颁布后一年内，总统应该审核上述充分就业目标及其时间表，并向国会报告实施过程中的任何障碍，如果有必要，应提出修正的经济措施，以保证充分就业目标及其时间表的实现。

（5）为有助于实现本议案设立的总的经济目标，该计划应该提出优先政策和项目，作为一个综合的蓝图，作为适于私人、联邦政府、州和地方政府行动的一个长期指南。

（6）总统应该制定有关程序，以保证内阁成员、相关的管制机构、其他执行部门相关的官员，以及充分就业和平衡增长咨询委员会主席，有机会对《充分就业和平衡增长计划》进行审议和提出建议。政府各部门和机构的年度报告，应该包括有关实施该计划所进行的任何活动与研究的内容。

（7）在该计划提交国会时，总统应该将该计划的副本转送给每个州的州长，以及州和地方政府的其他适当的官员。在该计划提交国会后的 60 天内，每个州的州长应该向国会联合经济委员会提交一个报告，内容是有关该计划的研究结果和建议。

《1976 年充分就业和平衡增长法》原议案除要求总统每年向国会新提交《充分就业和平衡增长计划》之外，还对《总统经济报告》提出了新要求。要求在《总统经济报告》中设立明确的短期年度数量目标和长期数量目标。年度数量目标是 3 个：就业、生产、购买力。长期数量目标是与《充分就业和平衡增长计划》中提出的就业、生产、购买力目标相一致。

《1976 年充分就业和平衡增长法》原议案引起了激烈的辩论。反对者认为原议案在很多方面承袭了《1945 年充分就业法》的主张，原议案的核心内容是《1945 年充分就业法》的一个复制本。辩论的结果，最后通过的《1978 年充分就业和平衡增长法》对原议案进行了重大修改，完全删除了与《充分就业和平衡增长计划》有关的内容，而要求在《总统经济报告》中设立短期和中期两种年度数量目标。同时，在总体目标方面，《1976 年充分就业和平衡增长法》原议案仍维持《1946 年就业法》中提出的 3 项：就业、生产和购买力，而最后通过的《1978 年充分就业和平衡增长法》扩展为 9 项。

在 1979 年的《总统经济报告》中曾指出（*Economic Report of the President*，1979），1978 年新法在 3 个重要方面加强了《1946 年就业法》：

其一，明确地确定了国家经济的优先重点和总体目标。

其二，建立了基于这些优先重点和总体目标的具体目标，也就是为了使政府更好地努力实现总体目标，新法要求政府对经济中的关键指标设定年度数量目标。

其三，为总统、国会和美联储改善经济政策的协调和制定，提出了新的程序和要求。

本文前面已对第一个方面的问题进行了说明，由于篇幅有限，将另外行文对第二、三个方面的问题，以及美国《总统经济报告》法制化对中国的启示等，进一步进行研究。

### 参考文献

陈宝森：《美国经济与政府政策——从罗斯福到里根》，世界知识出版社 1988 年版。

陈宝森、侯玲：《美国总统与经济智囊》，世界知识出版社 1995 年版。

[美] 曼昆：《宏观经济学》，第 5 版中文版，中国人民大学出版社 2005 年版。

[美] 萨缪尔森、诺德豪斯：《经济学》第 17 版中文版，人民邮电出版社 2004 年版。

[美] 斯坦：《总统经济学》，中译本，中国计划出版社 1989 年版。

Assuring Full Employment in A Free Competitive Economy, Report From the Committee on Banking and Currency, to Accompany S. 380, 79th Congress, 1st Session, U. S. Government Printing Office, Washington, D. C. 1945.

Economic Report of the President, from 1947 to 2017 each year, http://www. Presidency. ucsb. edu/economic_ report. php.

Employment Act of 1946, 79th Congress, 2nd Session, Public Law 79 – 304, Feb. 20, 1946; 60 Stat. 23; 15U. S. C. Ch21.

Full Employment Act of 1945, Hearings Before a Subcommittee of the Committee on Banking and Currency, United States Senate, S380, 79th Congress, 1st Session, 1945.

Full Employment and Balanced Growth Act of 1976, Hearings Before the Committee on Banking, Housing and Urban affairs, United States Senate, S. 50, 94th Congress, 2nd Session, 1976.

Full Employment and Balanced Growth Act of 1978 (also known as the Humphrey – Hawkins Full Employment Act), 95th Congress, 2nd Session, Public Law 95 – 523, Oct. 27, 1978; 92 Stat. 1887; 15U. S. C. Ch58.

Santoni, C. J. , "The Employment Act of 1946: Some History Notes", Federal Reserve Bank of St. Louis, Nov, 1986.

（原载《经济学动态》2017 年第 3 期）

# 美国《总统经济报告》法制化研究之二<sup>*</sup>

—— 兼对"中国应取消 GDP 增长目标"意见的回应

笔者在 2017 年《经济学动态》第 3 期发表的《美国〈总统经济报告〉法制化研究》一文中，对《1946 年就业法》与《总统经济报告》的创立，《1978 年充分就业和平衡增长法》与《总统经济报告》的扩展进行了探讨。在《1978 年充分就业和平衡增长法》（以下简称《1978 年新法》）执行后的第一个《总统经济报告》中，即 1979 年的《总统经济报告》中曾指出，《1978 年新法》在3 个重要方面加强了《1946 年就业法》：

其一，明确地确定了国家经济的优先重点和总体目标。

其二，建立了基于这些优先重点和总体目标的具体目标，也就是为了使政府更好地努力实现总体目标，新法要求政府对经济中的关键指标设定年度数量目标。

其三，为总统、国会和美联储改善经济政策的协调和制定，提出了新的程序和要求。

笔者在《美国〈总统经济报告〉法制化研究》一文中，已对以上第一个方面的问题进行了说明，本文将对第二、三个方面的问题进行具体的研究，即进一步研究《总统经济报告》中宏观经济目标制定的法制化问题，《总统经济报告》与《联邦政府预算》、国会、美联储等有关方面政策协调的法制化问题。此外，

---

\* 本文为中国社会科学院创新工程学部委员创新岗位项目"美国《总统经济报告》法制化研究"的最终成果之二。

本文还将研究《总统经济报告》中政策重点的演变，每年年初美国总统的三大咨文，以及美国《总统经济报告》法制化对中国的借鉴意义。

## 一 《总统经济报告》中宏观经济目标制定的法制化

### （一）年度数量目标的设立及其排序的变化

《1978 年新法》提出，为了实现该法确定的总体目标，在《总统经济报告》中要设立明确的年度数量目标，也就是将宏观经济目标定量化。该法提出 7 个数量目标：①就业，②失业，③生产，④实际收入，⑤生产率，⑥联邦支出占国民生产总值的比重，⑦价格。由此，从 1979 年起至今，在每年的《总统经济报告》中都列出了一个年度数量目标表（仅在 2013 年《总统经济报告》中没有列出此表）。表 1 是 1979 年《总统经济报告》中首次列出的年度数量目标表，称为"经济目标"（Economic Goals）表。从表 1 看到，在 1979 年首次列出的"经济目标"表中，实际包括 6 个数量目标：①就业人数，②失业率，③消费者价格，④实际 GNP，⑤实际可支配收入，⑥生产率。在表 1 中，没有列出"联邦支出占国民生产总值的比重"这个目标（此目标仅在 1982 年和 1983 年的《总统经济报告》中列出过）。在以后的《总统经济报告》中，年度数量目标表所列出的目标有所增减，如去掉了实际可支配收入、生产率等指标，增加了 91 天国库券利率、10 年期国债利率等指标。

**表 1    1979 年《总统经济报告》中首次列出的"经济目标"**

| 项目 | 1979 | 1980 | 1981 | 1982 | 1983 |
|------|------|------|------|------|------|
| 就业人数（百万） | 水平，第四季度 | | | | |
| | 97.5 | 99.5 | 102.6 | 105.5 | 108.3 |

续表

| 项目 | 1979 | 1980 | 1981 | 1982 | 1983 |
|---|---|---|---|---|---|
| 失业率（％） | 6.2 | 6.2 | 5.4 | 4.6 | 4.0 |
| | 百分比变化，第四季度对第四季度 | | | | |
| 消费者价格 | 7.5 | 6.4 | 5.2 | 4.1 | 3.0 |
| 实际 GNP | 2.2 | 3.2 | 4.6 | 4.6 | 4.2 |
| 实际可支配收入 | 2.8 | 2.3 | 4.4 | 4.4 | 4.0 |
| 生产率 | 0.4 | 1.1 | 1.8 | 2.0 | 2.0 |

注：表中的就业人数、失业率为当年第四季度水平指标，消费者价格、实际 GNP、实际可支配收入、生产率为当年第四季度与上年第四季度的百分比变化指标。

特别需要提及的是，后来，这些年度数量目标的排序发生了变化。1979—1985 年，就业一直排在首位。而从 1986 年起，实际 GNP 增长率排到首位。1992 年之后，实际 GNP 增长率改为实际 GDP 增长率，仍排首位。从 1996 年起，又新增加了名义 GDP 增长率，排在首位。由此，名义 GDP 增长率和实际 GDP 增长率排在前两位，随后是价格，而就业退居于价格之后。

（二）年度数量目标的期限

《1978 年新法》提出，年度数量目标分为短期目标和中期目标两种。提交《总统经济报告》的该日历年和下一个日历年的年度数量目标，称为短期目标；随后 3 个日历年的年度数量目标，称为中期目标；合起来称为 5 年数量目标。从表 1 看到，其中列出了 1979—1983 年共 5 年的年度数量目标。在以后的《总统经济报告》中，该表所列出的年数不断扩展，从 5 年到 6 年、7 年、9 年不等，而 2010 年以后，扩展到 13 年，包括了短期、中期和长期的年度数量目标。

（三）3 个重要目标的目标值及其实现的时间表

《1978 年新法》不仅提出设立短期和中期的年度数量目标，而且还对失业率、通货膨胀率、联邦支出占国民生产总值的比重这 3 个重要目标确定了今后一段时期内的具体目标值，以及要求实现的时间表。

（1）失业率，到 1983 年，以年龄 20 岁及以上范围计算，降低至不超过 3%；以年龄 16 岁及以上范围计算，降低至不超过 4%。

（2）通货膨胀率，到 1983 年，降低至不超过 3%；到 1988 年，降低至 0%。

（3）联邦支出占国民生产总值的比重，到 1981 年，降低至 21% 或更少；到 1983 年及以后，降低到 20% 或更少。

该法规定，如果有必要，总统可以对这些年度数量目标及其实现的时间表提出修改建议。从后来的实际情况看，这些目标值都过于乐观了，均未能如期实现。

### （四）年度数量目标的性质及其变化

从 1979 年起，每年的《总统经济报告》都列出一个年度数量目标表。1979 年首次列出的年度数量目标表，称为"经济目标"表。随后，该表的名称有几次变化，反映出这些数量目标的性质的变化。该表名称和性质的变化，可分为以下四个阶段：

第一个阶段，1979 年和 1980 年，为期 2 年，该表的名称为"经济目标"（Economic Goals）。以 1979 年《总统经济报告》里列出的第一张"经济目标"表为例（见本文表 1），1979 年至 1983 年的目标分为 3 种不同的性质：

第一种，1983 年失业率降至 4% 和通货膨胀率（消费者价格上涨率）降至 3% 的目标，是法定性目标，即在新法中直接规定的具体数值目标。

第二种，1979 年和 1980 年头两年的短期目标，是预测性目标，即在未来两年，对于总统在 1979 财年和 1980 财年已提出的预算政策，以及 1978 年 10 月 24 日已宣布的反通货膨胀措施，经济将如何作出反应。也就是说，在政府的宏观经济政策已确定的条件下，经济运行将会作出什么反应。

第三种，1981—1983 年的中期目标（除 1983 年失业率和通货膨胀率两个法定目标外），是预计性目标。该年《总统经济报告》

特别指出，1981 年至 1983 年的中期目标不是预测（forecasts），而是预计（projections），即在实现新法已确定的 1983 年失业率和通货膨胀率目标的条件下，对所需要的经济运行进行的预计、设计或规划。

　　总的来看，1979 年和 1980 年的"经济目标"表，是以实现法定性目标为主要特征的。

　　第二个阶段，1981—1983 年，为期 3 年，该表的名称改为"经济预计"（Economic Projections），或"经济目标预计"（Projections of Economic Goals）。以 1981 年《总统经济报告》为例。到 1981 年，失业率和通货膨胀率不仅没有下降，反而严重上升。新法所规定的到 1983 年失业率降至 4% 和通货膨胀率降至 3% 的目标过于急迫，过于雄心勃勃，是不可能实现了。这样，在 1981 年《总统经济报告》中，将实现失业率和通货膨胀率法定目标的时间表不定期地往后拖延了，并强调要以更加渐进的路径去实现这两个目标。在该年所列出的年度数量目标表中，第五年（1986 年）的失业率和通货膨胀率目标已不再是原来的法定目标。1982—1986 年这 5 年内各年的目标均是在以更加渐进的路径实现原法定目标的条件下，对经济运行所做的预计、设计或规划。由此，该表的名称改为"经济预计"。1982 年、1983 年《总统经济报告》中的年度数量目标表，与 1981 年的情况相同。总的看来，1981 年至 1983 年的"经济预计"表，是以预计性目标为特征的。

　　第三个阶段，1984—1991 年，为期 8 年，该表的名称又改为"政府经济设想"（Administration Economic Assumptions）。以 1984 年《总统经济报告》为例。到 1984 年，失业率仍处于高位，通货膨胀率也下降得很缓慢，新法所规定的失业率降至 4% 和通货膨胀率降至 3% 的目标仍难以实现。该年所列出的年度数量目标表中，1985—1989 年 5 年内各年的目标既不是预测（因为这些目标不是在政府早已确定的宏观经济政策条件下，经济运行将会作出的反应），也不是原来的法定目标（因为法定目标的实现已遥遥无期），而被称为"设想"（Assumptions）。按照该年《总统经济报告》的解释，这些目标反映的是在一定的财政政策和货币政策的假设下，政府对可能的基本经济趋势的设想、看法（view）或认识（recognition）。如果不同的政策被实行，那么一套不同的经济设想将是相对应的。1985—1991 年《总统经济报告》中的"政府经济设想"表，与 1984 年的情况相同。总的来看，这一阶段的年度数量目标表是以设想性目标为特征的。

第四个阶段，1992—2018 年，为期 27 年，该表的名称改为"政府预测"（Administration Forecasts），或"政府经济预测"（Administration Economic Forecast）。以 1992 年《总统经济报告》为例。在该年《总统经济报告》中将预测分为两种：一种是政策预测（policy forecast），是指在给定政府将采取某种经济政策的情况下，经济运行的预期过程；另一种是常规预测（business as usual forecast），是指在政府没有采取新的经济政策的情况下，即假定一切相关条件不变的情况下，经济被预期按照原来惯性运行的过程。该年的年度数量目标表中，列出了 1992—1997 年 6 年内各年的目标，同时给出了这两种预测值。政策预测的条件是，总统将采取在年初国情咨文演讲中概述的，以及在年初《联邦政府预算》中详细提出的促进经济增长的政策建议，经济强健增长的前景将显著改善。政策预测的结果将好于不采取总统政策建议的常规预测。如实际GDP 增长率，政策预测的结果高于常规预测；失业率，政策预测的结果则低于常规预测。该年《总统经济报告》中特别指出：经济预测是一门不精确的科学，未预期事件和政策变化会导致实际结果大幅度地不同于预测。预测在很大程度上是基于对人类行为的推断，通常采取以前的行为模式作为指南。但人类行为是复杂的，预先推断是困难的，人们并不总是以相同的方法和相同的速度作出反应。由此，经济前景仍存在着不确定性。

在 1993 年《总统经济报告》中，对于 1993—1998 年 6 年内各年的目标，除了给出政府的政策预测之外，还给出了两种供选择的预测方案：一种是高增长方案，其实际 GDP 增长率和通货膨胀率均高于政府的政策预测，其失业率则低于政府的政策预测；另一种是低增长方案，其实际 GDP 增长率和通货膨胀率均低于政府的政策预测，其失业率则高于政府的政策预测。以此表明经济预测的不确定性。

1994 年之后，在《总统经济报告》的年度数量目标表中，一般给出的是政府的政策预测。在《总统经济报告》内，阐明相关的政策假定条件、分析可能的风险因素和不确定性。在许多年份的《总统经济报告》中（如 1998 年、1999 年、2017 年等），都曾强调指出：所有经济预测都隐式或显式地对政府的未来经济政策作出假设。政府预测最重要的目的是，建立一个良好的预测，尽可能地充分利用一切可得到的信息，准确捕获可能的经济趋势。政府预测还有一个重要目的，就是作为联邦政府预算的支撑，用于设计联邦政府的收入、支出和预算赤字。联邦政府预算是贯彻总统的施政纲领和各项政策的资金保障。

由以上四个阶段可以看出，美国联邦政府宏观经济目标的制定经历了一个发展演变过程，即由总体定性目标到年度定量目标；由法定性、预计性、设想性，到预测性；由就业居于第一位，到 GDP 升至第一位；由短期和中期目标，到短、中、长期目标相结合。而且，随着时间的推移，在《总统经济报告》里有关宏观经济目标的分析中，预测（forecast）、预计（project）、预期（expect）、预料（anticipation）、设想（assumption）、推测（predict）等词语的表述也都逐渐通用了。

**（五）2018 年表与 1979 年表的比较**

2018 年 2 月 21 日，特朗普总统向国会提交了其就任后的第一份《总统经济报告》。该报告长达 568 页，其中，同样列出了一个"政府经济预测"表（见表 2，以下简称"2018 年表"）。

表2          2018 年《总统经济报告》中的"政府经济预测"表

| 年份 | 百分比变化（第四季度对第四季度） | | | | 水平（日历年） | | |
|---|---|---|---|---|---|---|---|
| | 名义 GDP | 实际 GDP （环比） | GDP 价格指数 （环比） | 消费者价格指数 | 失业率 （%） | 91 天国库券利率（%） | 10 年期国债利率（%） |
| 2016 （实际） | 3.4 | 1.8 | 1.5 | 1.8 | 4.9 | 0.3 | 1.8 |
| 2017 | 4.1 | 2.5 | 1.6 | 2.1 | 4.4 | 0.9 | 2.3 |
| 2018 | 4.7 | 3.1 | 1.6 | 1.9 | 3.9 | 1.5 | 2.6 |
| 2019 | 5.1 | 3.2 | 1.8 | 2.0 | 3.7 | 2.3 | 3.1 |
| 2020 | 5.1 | 3.1 | 1.9 | 2.3 | 3.8 | 2.9 | 3.4 |
| 2021 | 5.1 | 3.0 | 2.0 | 2.3 | 3.9 | 3.0 | 3.6 |
| 2022 | 5.1 | 3.0 | 2.0 | 2.3 | 4.0 | 3.0 | 3.7 |
| 2023 | 5.1 | 3.0 | 2.0 | 2.3 | 4.2 | 2.9 | 3.7 |
| 2024 | 5.1 | 3.0 | 2.0 | 2.3 | 4.3 | 2.9 | 3.6 |
| 2025 | 5.0 | 2.9 | 2.0 | 2.3 | 4.5 | 2.9 | 3.6 |
| 2026 | 4.9 | 2.8 | 2.0 | 2.3 | 4.7 | 2.9 | 3.6 |
| 2027 | 4.9 | 2.8 | 2.0 | 2.3 | 4.8 | 2.9 | 3.6 |
| 2028 | 4.9 | 2.8 | 2.0 | 2.3 | 4.8 | 2.9 | 3.6 |

    将 2018 年表与 1979 年《总统经济报告》中第一次列出的年度数量目标表（见前面表1，以下简称"1979 年表"）进行比较，可以看到三点重要变化：

    其一，表的名称与目标性质的变化。1979 年表的名称为"经济目标"（Economic Goals），而 2018 年表的名称为"政府经济预测"（Administration Economic Forecast），表明这些数量目标的性质由最初的法定性演变为预测性。

    其二，具体目标及其排序的变化。1979 年表包括 6 个数量目标：①就业人数，②失业率，③消费者价格，④实际 GNP，⑤实际可支配收入，⑥生产率。而 2018 年表包括 7 个数量目标：①名义 GDP，②实际 GDP，③GDP 价格指数，④消费者价格指数，

⑤失业率，⑥91 天国库券利率，⑦10 年期国债利率。可以看到，反映就业情况的指标（失业率）不再排到前列，而名义 GDP 和实际 GDP 排在前两位。

其三，目标期限的变化。1979 年表涵盖 5 年，而 2018 年表涵盖 13 年，其中，2016 年是已完成年，统计数据为实际值；2017 年是刚刚过去的一年，统计数据是估计值，尚待最后确定；2018 年是本报告提交年，为预测值；2019—2028 年是今后十年的长期预测。

## 二　《总统经济报告》与有关方面政策协调的法制化

《1978 年新法》将《总统经济报告》的撰写、向国会提交、国会审议过程，与总统的《联邦政府预算》的编制、向国会提交、国会审议和立法过程，以及与美联储《货币政策报告》的提交和审议过程等，紧密衔接起来，在经济政策的协调上形成了一整套比较系统的、公开透明的法制化程序。

（一）《总统经济报告》与《联邦政府预算》的协调

1. 《总统经济报告》与《联邦政府预算》在提交时间上的协调

每年年初，向国会提交《总统经济报告》的具体时间，是由法律明文确定的，先后共有如下 5 次规定：

（1）在 1946 年 2 月 20 日颁布的《1946 年就业法》中最初规定，《总统经济报告》要"在每年国会会议开始之后 60 天内"向国会提交。一般情况下，每年国会会议的开始日期为 1 月 3 日。这样，《总统经济报告》要在国会会议开始之后 60 天内提交，也就是大约要在 3 月初提交。

（2）在 1946 年 8 月 2 日的《1946 年立法机构重组法》（*Legislative Reorganization Act of 1946*），亦称《国会重组法》（*Congressional Reorganization Act*）中，把《总统经济报告》的提交时间提

前了两个月，改为"在每年国会会议开始之时"提交，也就是大约要在 1 月初提交。

（3）在 1956 年 6 月 18 日对《1946 年就业法》进行修订的第 591 号公法（Public Law 591）中，又将这个时间改为"每年不迟于 1 月 20 日"提交。

（4）在 1978 年 10 月 27 日颁布的《1978 年充分就业和平衡增长法》中，又调整为"在每年国会会议的头 20 天内"提交，即大约在 1 月 23 日之前提交。

（5）在 1990 年 11 月 5 日的《1990 年综合预算调节法》（Omnibus Budget Reconciliation Act of 1990）中，又改为"每年不迟于提交预算后的 10 天内"提交《总统经济报告》。由此，把《总统经济报告》的提交时间与总统《联邦政府预算》的提交时间直接挂起钩来。在《1990 年综合预算调节法》中规定，总统每年向国会提交新财政年度《联邦政府预算》的时间为"在每年 1 月第一个星期一或之后，但不迟于 2 月第一个星期一"。新财政年度是指，提交预算的该日历年 10 月 1 日至下个日历年 9 月 30 日。这样，《总统经济报告》的提交时间为 1 月中旬至 2 月中旬。

2. 《总统经济报告》与《联邦政府预算》在内容上的协调

按照《1978 年新法》的规定，《总统经济报告》与《联邦政府预算》在内容上要紧密衔接。新法要求《联邦政府预算》应该提出近期关于支出和收入水平的建议，其水平应该与《总统经济报告》中的短期经济目标相一致；《联邦政府预算》还要提出 5 年支出和收入的预计，这些预计应该与《总统经济报告》中的中期经济目标相一致。与此同时，新法规定《联邦政府预算》中的重要内容应该在每一个《总统经济报告》中简要提出，使《联邦政府预算》与《总统经济报告》中的目标和政策之间的关系更加清晰。这表明，《总统经济报告》是《联邦政府预算》的主要经济论据。《总统经济报告》中提出的宏观经济目标，是联邦政府预算的基本支撑。而《联邦政府预算》则是总统实现其施政纲领和宏观经济目标的重要政策工具。

《联邦政府预算》是由行政管理和预算局（OMB）具体负责编制的。经济顾问委员会、财政部、行政管理和预算局，常被称为美国政府经济活动的"三驾马车"。它们在一起联合进行定期的经济预测。这些预测成为联邦政府预算建议的经济数据基础。"三驾马车"的预测工作是一种跨部门的制度安排，由经济顾问委员会主持。

**（二）国会对《总统经济报告》《联邦政府预算》和《货币政策报告》的审议程序**

1. 国会对《总统经济报告》的审议程序

《1978 年新法》重申，每年年初，《总统经济报告》提交给国会及其联合经济委员会之后，联合经济委员会每年不迟于 3 月 1 日，要向众议院和参议院提出一份报告，对《总统经济报告》中每一个重要提议提出研究结果和建议，以作为国会中有关委员会处理《总统经济报告》相关立法问题的指导。联合经济委员会无权进行立法，但是其报告有助于国会和公众对经济形势与相关政策问题的理解。

新法特别提出，联合经济委员会在审议《总统经济报告》和召开有关《总统经济报告》的听证会时，要对《总统经济报告》中提出的短期和中期经济目标进行审议和分析。联合经济委员会应举行有关《总统经济报告》的听证会，从国会议员、联邦部门和机构的代表、公众，以及有兴趣的团体等取得证词。联合经济委员会还要考虑来自州和地方官员对《总统经济报告》的评论和意见。

新法规定，众参两院每一个常设委员会、众参两院每一个拥有立法管辖权的其他委员会，以及国会的每一个联合委员会，在国会收到《总统经济报告》之后 30 天内（大约 2 月中旬至 3 月中旬），可以向联合经济委员会提交一个报告，内容是对《总统经济报告》的意见和建议，以供联合经济委员会在对《总统经济报告》进行审议和分析时使用。

该法还规定，联合经济委员会在每年 3 月 15 日或之前，向众参两院各自的预算委员会提交一个报告。其内容应包括对《总统经济报告》中提出的短期和中期经济目标及相应政策的研究结果、建议和任何适宜的分析。联合经济委员会报告中所提出的关于短期和中期经济目标的每一个建议，可以被众参两院预算委员会作为他们随后考虑《联邦政府预算》共同决议时的一部分。这样，对《总统经济报告》的审议就成为国会对《联邦政府预算》进行审议和立法过程的一部分。

2. 国会对《联邦政府预算》《货币政策报告》的审议程序

众参两院预算委员会除收到联合经济委员会关于《总统经济报告》的审议和分析报告之外，还会在每年 2 月 15 日，收到国会预算办公室提交来的对联邦政府预算和经济形势进行独立分析与预测的报告，名为《预算和经济展望》年度报告（并于年中更新）。其中，独立地编制一整套联邦政府预算，作为"基线预算预计"，以协助国会进行预算审议和经济决策。国会预算办公室的这个报告，是根据《1974 年国会预算和扣押控制法》（该法共 10 篇，其中第 1 至 9 篇亦称为《1974 年国会预算法》）（*Congressional Budget and Impoundment Control Act of 1974*，*Titles I through IX of the law are also known as the Congressional Budget Act of 1974*），以及在该法基础上修订的《1985 年平衡预算和紧急赤字控制法》（*Balanced Budget and Emergency Deficit Control Act of 1985*），还有《1990 年综合预算调节法》（*Omnibus Budget Reconciliation Act of 1990*）等相关法律的规定而提交的。国会预算办公室是依照《1974 年国会预算法》建立的一个非党派机构。其任务是在预算和经济方面为国会提供独立的、非党派的、客观的研究和分析。所谓"基线预算预计"，是指在两种假设下，对当前财政年度与未来 10 个财政年度联邦预算支出和收入的预计。一种是假设一定的经济条件，如假设一定的 GDP 增长率、失业率、价格变化、利率水平等；另一种是假设已有的、现行法律所规定的联邦支出和收入政策不变，即假设没有提出新的联邦支出和收入立法。以"基线预算预计"为基础，可分析和评估当所假设的经济条件变化时，或提出新的预算支出和税收法律时，所可能带来的对整个预算的影响。众参两院预算委员会根据以上相关法律的规定，在每年不迟于总统提交预算之后6周（大约3月中旬），还会收到国会各有关委员会就他们管辖权范围内的有关联邦政府预算事务而提交来的意见和估算报告。

国会和两院预算委员会还会收到美联储的《货币政策报告》。《1978年新法》对《1913年联邦储备法》（Federal Reserve Act of 1913）进行了修订，提出为促进新法目的的实现，要求联邦储备委员会在每年不迟于2月20日和7月20日向国会提交独立的书面报告（称为《货币政策报告》）。其主要内容是：①对当前全国经济发展趋势进行回顾与分析。②联邦储备委员会和联邦公开市场委员会对当年货币和信贷总量增减范围，提出目标和计划，需考虑到就业、失业、生产、投资、实际收入、生产率、国际贸易和支付，以及价格等方面过去和未来的发展。③对于上述货币和信贷总量的目标和计划，应提出其与最近的《总统经济报告》中所确定的短期经济目标之间的关系。参议院的"银行、住房和城市事务委员会"，以及众议院的"银行、金融和城市事务委员会"，在收到美联储《货币政策报告》后，需分别向本院提交一个报告，提出他们对《货币政策报告》的意见和建议。

众参两院预算委员会各自召开听证会，并考虑以上各方面的意见，分别提出本院版本的"预算决议"（Budget Resolution），提交本院辩论。众参两院各自召开辩论会，然后投票通过本院版本的"预算决议"。接着，众参两院召开联席的协商委员会（Conference Committee），解决两院版本之间的分歧，形成一个统一的"预算共同决议"（Concurrent Resolution on the Budget）。在4月15日或之前，众参两院分别投票通过该"预算共同决议"。如果某一院或两院没有通过该"预算共同决议"，那么上一年通过的"预算共同决议"就仍然有效。因为每年通过的"预算共同决议"涵盖了本年

10 月 1 日即将开始的新财政年度及随后至少 4 个财政年度每一年的预算内容，即至少共涵盖了 5 个财政年度的预算内容，在实践中，有时涵盖多达 10 个财政年度。自《1974 年国会预算法》设立"预算共同决议"程序以来，国会在 1998 年第一次没有通过 1999 财政年度的预算决议。当时，众参两院都各自通过了自己版本的预算决议，但没能在最后版本上达成一致。另外，在 2002 年、2004 年、2006 年，众参两院在处理赤字问题上产生分歧，也未能通过相对应的 2003 财政年度、2005 财政年度、2007 财政年度的预算决议。参议院在 2010 年、2011 年、2012 年，也没能通过相对应的 2011 财政年度、2012 财政年度、2013 财政年度的预算决议。

3. 国会对《联邦政府预算》的立法程序

众参两院通过"预算共同决议"，算是完成了对联邦政府预算的国会审议程序，它为下一阶段实际确定拨款和税收提供了总体框架或基础蓝本。但"预算共同决议"本身还不是一个法律，不具有法律效力，还需要进一步进入相应的立法程序，即完成预算拨款等议案，才能使预算生效。这样，在众参两院通过"预算共同决议"之后，先是在众议院，召开听证会与辩论会，投票通过众议院版本的有关预算中选择性支出的"拨款议案"，以及有关预算中强制性支出与税收的"协调议案"，交参议院讨论。联邦政府预算总支出分为两大类：一类是选择性支出，另一类是强制性支出。所谓选择性支出是指，可供选择的、没有现行法律强制规定的支出。主要包括：大多数联邦部门的运行费用、国防支出，能源与环境支出、教育支出、科学研究支出、国际与外交事务支出等。选择性支出要求通过年度"拨款议案"的立法程序，即"拨款程序"，确定具体的拨款项目和数额，进行立法授权，才能成为实际拨款。所谓强制性支出（亦称直接支出）是指，直接由已有的现行法律强制规定的支出。主要包括：社会保障、医疗保险等权利性支出，一般具有刚性特点。强制性支出是由现行法律规定的，如果需要改变，就要对现行的相关法律进行修改。这要求提出和通过"协调议案"

的立法程序，即"协调程序"来进行。有些支出，一部分属于选择性支出，一部分属于强制性支出，如公共交通支出、住房与社区开发支出、食品与农业支出、退伍军人福利支出、卫生支出、劳工支出等，需分别通过不同的立法程序。税收也是由已有的现行法律规定的。如果需要增税或减税，也要对现行的相关税收法律进行修改。税收的变动是与强制性支出的变动结合在一起考虑的，需要符合量入为出的规则，这也要提出和通过"协调议案"的立法程序，即"协调程序"来进行。按照美国宪法的规定，所有税务和拨款的立法动议必须由众议院提出，参议院只有修正权。所以，在提出"拨款议案"和"协调议案"的程序上，遵循的是先众议院、后参议院的顺序。

参议院也要召开听证会与辩论会，对众议院通过的拨款议案和协调议案提出相关的修正案，投票表决通过。之后，众参两院召开联席的协商委员会，解决两院版本之间的分歧，提出"协商议案"，即形成统一的拨款议案和协调议案，由众参两院再分别投票通过。议案通过后，还需要转换成法律条文，在6月30日或之前，完成全部预算的立法活动。拨款议案和协调议案交总统签署后，新财政年度的联邦政府预算就以法律形式确定下来，于10月1日生效，至次年9月30日。如果在10月1日之前，预算立法过程没有完结，国会就要通过一个"继续决议"（Continuing Resolution），提供联邦政府维持运行所需的临时资金，避免一些联邦政府机构关闭。而如果众议院和参议院未能通过联邦政府临时拨款法案，则联邦政府部分机构将被迫"关门"。据统计，自1977年以来，联邦政府部门因预算问题而使部分机构关闭近20次，持续时间短则几个小时，长至数周。最近联邦政府部分机构停摆是在特朗普总统执政一年之际，即2018年1月20日至22日，持续3天；以及2月9日，持续8个多小时。

## 三 《总统经济报告》中政策重点的演变

《总统经济报告》中的政策重点，随着时代的发展而演变。从 1947 年直到 20 世纪 60 年代初，《总统经济报告》的政策重点一直集中在宏观经济稳定政策。虽然宏观经济问题一直是《总统经济报告》的一个重要内容，但《总统经济报告》的关注点逐渐地扩大到整个范围的、有重要经济影响的政府政策，不仅有宏观的还有微观的，不仅有国内的还有国际的。

美国经济学家、曾任卡特总统任期内总统经济顾问委员会主席（1977 年 1 月至 1981 年 1 月）的舒尔茨（Schultze，C. L.），在纪念《1946 年就业法》颁布 50 周年的文章中（1996），曾对《总统经济报告》中各类经济政策议题所占比例的变化进行了定量分析。他在文章中画出一张曲线图（见图 1）。

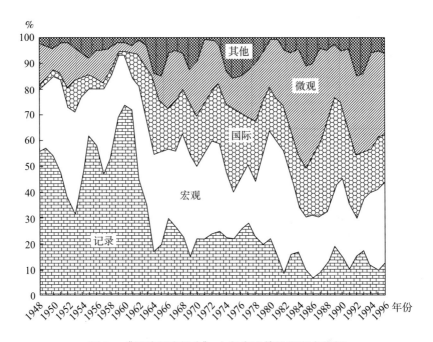

**图 1　《总统经济报告》中各类政策议题所占比例**

　　图 1 中,纵轴是《总统经济报告》中每类议题所占页数的百分比,取两年移动平均值。横轴是 1948—1996 年各年份。1948 年的数据代表 1947 年和 1948 年两年的平均值,1949 年的数据代表 1948 年和 1949 年两年的平均值,以此类推。经济政策议题分为以下 5 类:第一类"记录",是指对过去一年经济事件回顾的历史记录。第二类"宏观",是指宏观经济政策,主要是宏观经济稳定政策,还包括研发和技术政策。第三类"国际",是指国际贸易问题。第四类"微观",是指微观经济政策,包括规制或放松规制(regulation or deregulation)、反托拉斯政策、最低工资政策、社会保障和社会福利政策、医疗保健政策等。第五类"其他",主要是关于统计项目、结构性税收政策、收入分配(包括收入转移项目)等的讨论。

　　在舒尔茨的文章中,只给出以上的图 1,没有给出相应的具体数据。为了更好地进行定量分析,笔者根据原图,大体上还原了各年度的数据。这些数据时序很长,跨越 49 个年份,不便全部列出,表 3 列出了其中一些有代表性年份的数据。从图 1 和表 3 可以看到在《总统经济报告》中各类政策议题所占比例的变化。从几个有代表性的年份来看:

表 3　　　　　《总统经济报告》中各类政策议题所占比例　　　　单位:%

| 年份 | 记录 | 宏观 | 国际 | 微观 | 其他 |
|------|------|------|------|------|------|
| 1948 | 56 | 24 | 2 | 16 | 2 |
| 1953 | 32 | 39 | 13 | 12 | 4 |
| 1960 | 74 | 19 | 2 | 3 | 2 |
| 1964 | 17 | 38 | 30 | 1 | 14 |
| 1984 | 17 | 17 | 21 | 41 | 4 |
| 1996 | 13 | 31 | 19 | 31 | 6 |

　　在最初的 1948 年,占比最大的是"记录"类,为 56%;其次是"宏观"类,占 24%;"国际"类仅占 2%;"微观"类占 16%;

"其他"类占 2%。

到 1953 年，"记录"类占比明显下降至 32%；"宏观"类占比上升至 39%；"国际"类占比上升到 13%；"微观"类占比略有下降，为 12%；"其他"类占比仍较小，为 4%。

1960 年，"记录"类占比达到最高峰，为 74%；其余各类占比均下降。

1964 年，"记录"类占比显著下降至 17%；"宏观"类占比相对最大，为 38%；"国际"类占比明显上升到 30%；而"微观"类占比仅有 1%；"其他"类为 14%。

1984 年，"记录"类占比仍为 17%；"宏观"类占比下降为 17%；"国际"类占比为 21%；而"微观"类占比明显上升到 41%，成为相对最大的一类；"其他"类为 4%。

1996 年，"记录"类占比下降到 13%；"宏观"类占比为 31%；"国际"类占比为 19%；"微观"类占比与"宏观"类相同，为 31%；"其他"类为 6%。

总的来看，1948—1996 年，"记录"类占比由 56% 下降到 13%；"宏观"类占比由 24% 上升到 31%；"国际"类占比由 2% 上升到 19%；"微观"类占比由 16% 上升到 31%；"其他"类占比由 2% 到 6%。数据表明，在半个世纪里，《总统经济报告》中有关过去一年经济事件回顾的历史记录部分显著下降；对宏观经济议题的关注保持了一定的比例，并略有上升；而对微观经济和国际经济问题的关注显著增加。

在 2016 年纪念《1946 年就业法》颁布 70 周年时，该年《总统经济报告》中专辟一章，题为"经济顾问委员会 70 周年"。其中写道：现在，联邦政府在一些领域内，包括医疗保健、环境、劳工市场等，比经济顾问委员会刚成立时起到更大的规制作用（regulatory role）。今天，经济顾问委员会工作中一个非常大的部分是致力于分析这些微观经济领域的规制问题。

以往，人们曾普遍认为，在美国，微观经济领域的资源配置是不受政府干预的。美国经济学家、曾任里根总统任期内总统经济顾问委员会主席（1982 年 10 月至 1984 年 7 月）的费尔德斯坦（Feldstein，M.），曾主编《20 世纪 80 年代美国经济政策》（*American Economic Policy in the* 1980s）一书。在该书"第六章经济规制"中，经济学家乔斯科（Joskow，P. L.）和诺尔（Noll，R. G.）写道（1994）："按照政治的和新闻的说法，美国依赖市场经济配置资源。这样，国内经济所生产的产品和服务的数量、质量和价格，被视为是由供求力量决定的，在很大程度上不受政府干预。以上这种认识可能源于美国经济的两个显著特征：（1）在资本私有制范围内，与相对很少的公共（国有）企业的结合；（2）缺乏强有力的集中的经济计划。然而，这种普遍的认识在很大程度上是虚构的。"他们指出："通过民法和规制，联邦、州和地方政府几乎对所有的产业都有实质性影响。民法限制了财产权，规定了契约责任，以及通过侵权行为法设置了产品和服务的质量标准。规制政策一般有两种形式：'经济'的规制和'社会'的规制。'经济'的规制控制利润，确定价格，以及决定谁能进入市场或使用特殊资源；'社会'的规制控制作为生产的副产品的污染，规定产品和工作场所的健康与安全标准，约束销售者通过广告和其他描述产品的手段向消费者提供信息的内容，建立保护购买者免受销售者的欺诈、歧视或不适当行为侵扰的必要条件。所有这些政策都深深地影响着价格、成本、产品质量、商业竞争动态，以及经济中资源的配置。"

在宏观经济领域，《总统经济报告》的关注范围也在扩大。由《1946 年就业法》时的焦点——相机抉择的财政政策，扩大到货币政策；由周期性财政政策，扩大到结构性财政政策；由短期的宏观经济稳定政策，扩大到长期的经济增长政策；由国内宏观经济问题，扩大到国际宏观经济问题，等等。

## 四 每年年初美国总统的三大咨文

每年年初，美国总统要向国会先后提交三个重要的年度施政报告：一是《国情咨文》，二是《联邦政府预算》报告，三是《总统经济报告》。它们被称为总统的三大咨文。

美国总统发表《国情咨文》，可追溯到 1790 年。1787 年起草、1789 年生效的美国宪法规定，总统应定期向国会报告联邦情况，并将总统认为必要的和适宜的措施提交国会审议。1789 年 3 月 1 日，第一届联邦国会正式召开；同年 4 月 30 日，乔治·华盛顿就任美国第一任总统。1790 年 1 月 8 日，乔治·华盛顿亲临国会发表了第一个关于"联邦情况"的年度工作报告，当时被称为《年度咨文》(Annual Message)。这一做法模仿了英国国会开幕大典上的御前宣言。美国第二任总统约翰·亚当斯继承了这一做法。1801 年，美国第三任总统托马斯·杰斐逊就任后，认为在国会发表年度咨文演讲的做法太过于君主制化，于是，把年度咨文改为书面形式。在其后的 110 多年里，总统都是以书面形式向国会提交年度咨文。1913 年，伍德罗·威尔逊总统又恢复了一百多年前由总统亲临国会发表年度咨文演讲的做法。1923 年，卡尔文·柯立芝总统首次通过收音机发表这一演讲。1934 年，富兰克林·罗斯福总统首次使用了"国情咨文"(State of the Union)这个词语。自 1947 年起，《国情咨文》成为普遍采用的名称；该年，哈里·杜鲁门总统首次通过电视发表这一演讲。1965 年，鉴于电视向广大民众传播信息的巨大影响力，林登·约翰逊总统将以往在午间发表该演讲的习惯，改在晚间电视高收视率的黄金时段发表。1997 年，比尔·克林顿总统则是首次通过互联网发表该演讲。现在，一般来说，国情咨文演讲 1 个多小时。它是总统年初发表的全面的施政方针和政策措施，并提出想要国会通过的立法建议。其具体内容广泛，诸如：过去一年的成就，当前国内外形势，经济发展特别是就业问题，财政税收，社会保障，医疗保健，文化教育，科技创新，环境保护，国际热点与外交事务等。因为这是一个现场演讲，经常使用大众化语言，有时采取拉家常方式，包括讲故事、举实例，文风较为活泼。

总统每年年初向国会提交《联邦政府预算》报告，是由《1921 年预算和会计法》规定的。总统在《国情咨文》中提出的政策措施，凡涉及财政拨款和税收的，均需纳入《联邦政府预算》，再经国会审议程序和立法程序批准，方能实施兑现。《联邦政府预算》成为落实《国情咨文》中一系列政策措施的财政依托。《国情咨文》也为《联邦政府预算》在国会获得批准制造舆论。

由《1946 年就业法》创立、《1978 年充分就业和平衡增长法》扩展的《总统经济报告》，是《国情咨文》在经济方面的详细扩展，是《联邦政府预算》的主要经济论据。特别是《总统经济报告》要就联邦政府的宏观经济目标进行详细的分析与展望，而在《国情咨文》中并不需要出现 GDP 等宏观经济目标的具体数值。

2018 年 1 月 30 日，特朗普总统在国会联席会议上发表了就任以来的首次《国情咨文》演讲，长达 1 小时 20 分钟；2 月 12 日，向国会提交了 2019 财年《联邦政府预算》报告；2 月 21 日，向国会提交了其首份《总统经济报告》。

## 五　美国《总统经济报告》法制化对中国的借鉴意义

从笔者先前发表的《美国〈总统经济报告〉法制化研究》到本文，我们看到，在市场经济条件下和经济管理法制化过程中，美国联邦政府在承担宏观和微观经济管理职责方面，比我们原来想象的要做得更多。当然，各国国情不同，我们可以借鉴一些有益的经验，但不可照抄照搬。

### （一）关于中国 GDP 增长目标问题

近几年来，在我国转变经济发展方式，反对盲目崇拜、片面追

求 GDP 的情况下，经常会听到国内外一些人士说，中国应该取消
GDP 增长目标（参见哈继铭，2013；Andrew Browne，2014；史蒂
芬·罗奇 2014）。持此类意见者，常以美国为例，说：在美国，政
府是不谈 GDP 的，GDP 只是一个经济统计数字而已，除了统计或
者经济学教授会对 GDP 感兴趣之外，很少有人关注 GDP（瑞菲，
2013）。在美国，政府真的不谈 GDP 吗？GDP 真的只是一个经济统
计数字吗？从笔者对美国《总统经济报告》法制化研究的两篇文
章可以看到，以上说法只是一种误导。

实际上，在美国，并没有取消 GDP 增长目标，GDP 也绝非只
是一个简单的经济统计数字而已。特别是对美国联邦政府来说，包
括 GDP 在内的一系列宏观经济目标的制定并不是一件简单的事情，
而是一个有序的法制化过程。包括 GDP 在内的一系列宏观经济目
标的设立、扩展、具体编制、各有关方面的协调、国会审议程序
等，都是由法律规定的。而且，美国联邦政府宏观经济目标的制定
经历了一个发展演变过程，即由总体定性目标到年度定量目标；由
法定性、预计性、设想性，到预测性；由就业居于第一位，到
GDP 升至第一位；由短期和中期目标，到短、中、长期目标相结
合。对包括 GDP 在内的一系列宏观经济目标的制定、回顾、分析
与展望，以及相应的经济政策与措施，成为每年《总统经济报告》
的一个基本的重要内容。

GDP 是一个国家在一定时期内，所有常住单位参与生产和服
务活动所形成的增加值，即所有常住单位生产和服务活动的最终成
果。物质资料的生产，以及相关的生产性和生活性服务活动，是一
个社会赖以生存和发展的实体经济基础。美国经济学家萨缪尔森和
诺德豪斯曾指出："国民产出的衡量对于宏观经济理论和政策都是
必不可少的。……在 GNP 这一概念发明之前，要对经济状况作出
评估是困难的。尽管 GNP 并没有得到专利权，也没有在科技博物
馆中展览，但它的确是 20 世纪最伟大的发明之一。离开了像 GNP
这样的经济总量指标，宏观经济学就会在杂乱无章的数据海洋中漂

泊。GNP 数据可以帮助政策制定者引导经济向着国家目标前进。"（萨德尔森、诺德豪斯，1996）这里，需要说明：GNP（国民生产总值），在联合国以前版本的《国民账户体系》（简称 SNA）中，将它作为一个总量产出概念。后来，在 1993 年版《国民账户体系》中，将它作为一个总量收入概念，并改称为 GNI（国民总收入），而将 GDP（国内生产总值）作为一个总量产出概念。GNP 与 GDP 的关系是：GNP = GDP + 来自国外的净要素收入。萨缪尔森和诺德豪斯还指出：宏观经济学的所有概念中，最重要的指标是 GDP。这个指标衡量的是一个国家生产的物品和劳务的总价值。

　　笔者认为，GDP 增长目标有其特定的意义和作用：其一，实体性。它反映一个国家在一定时期内（如一年、五年等），实体经济活动将可能达到的总规模，以及人均 GDP 将可能达到的新水平，从而反映一国经济总量和综合经济国力将可能的提高情况，以及表明一国经济发展所处的阶段。其二，宏观性。它反映一个国家一定时期内总体经济运行状况及其走势的预计变化，成为宏观经济运行的一个重要"风向标"。它为政府实施宏观调控政策提供重要的经济依据，并可检验政府宏观调控政策的效果。它也为企业、市场、地方政府、居民、社会各界等了解和把握宏观经济运行大环境的变化提供重要参考。其三，核心性。在政府的一系列宏观经济目标中，GDP 增长目标是一个具有核心意义的指标。它内含着或直接关系到就业问题、物价问题、财政收支问题、民生问题等，是政府确定其他各项宏观经济目标以及统筹财政收支的一个重要的参考出发点。当然，GDP 及其增长目标也有局限性。它不能反映经济增长的质量和结构，不能反映资源消耗和环境污染的代价，不能反映收入分配的公平状况，不能反映经济社会的全面发展。

　　我们既要知道 GDP 增长目标的特定意义和作用，也要知道其局限性，要在其特定的功能范围内使用它，而不能片面地理解和使用它。对于我国来说，问题并不在于要取消 GDP 增长目标，而是要如何更好地制定和正确地使用它。从 GDP 增长目标的性质来说，在我国，现在已不是过去计划经济条件下那种指令性目标，而是市场经济条件下的预期性目标。随着市场经济的发育和成熟，GDP增长目标也会演化为预测性目标。预期性目标还带有一定的任务性，要努力争取实现；而预测性目标则是参考性的。即使在GDP增长目标成为预测性目标的情况下，GDP增长目标的特定意义和作用仍在，政府履行宏观经济稳定运行的职责仍在。

### （二）关于制定我国宏观调控法的问题

我国《宪法》规定："国家实行社会主义市场经济。国家加强经济立法，完善宏观调控。"多年来，我国经济学界和法学界提出，借鉴美国的《1946年就业法》和《1978年充分就业和平衡增长法》，借鉴德国的1967年《经济稳定与增长促进法》等，我国需要制定一部总体性、综合性的宏观调控法，以促进依法治国、依法执政、依法行政（谢增毅，2002；席月民，2014）。众所周知，宏观调控一词是在我国改革开放以来社会主义市场经济体制建立过程中所产生的新概念。然而，对于什么是宏观调控，即宏观调控的内涵是什么，学术界还存在着不同看法，实践中也并不完全清晰。归纳起来，对宏观调控的理解可有最宽义、最窄义、一般宽义、一般窄义4种观点：

第一种，最宽义。认为宏观调控是指，政府为弥补市场失灵，对宏观和微观整个经济活动进行的调节和控制。也就是说，宏观调控等同于一切政府干预。

第二种，最窄义。认为宏观调控是指，政府运用财政政策和货币政策，对总需求进行的调节和控制，以保持总需求与总供给的平衡，熨平经济波动，实现宏观经济平稳运行。

第三种，一般窄义。认为宏观调控是指，政府运用财政政策和货币政策，对总需求和总供给进行的调节和控制，以保持供求总量的平衡，熨平经济波动，实现宏观经济平稳运行。

第四种，一般宽义。认为宏观调控是指，政府运用经济手段、法律手段和必要的行政手段，对经济总量和经济结构进行的调节和控制，以实现经济持续、协调发展。

对于宏观调控的内涵，如果界定过宽，会把宏观调控当成"筐"，什么都往里面装，容易造成政府的过度干预；而如果界定过窄，也会使政府的有关职责缺位或不到位。对宏观调控内涵的科学界定和正确定位，是制定宏观调控政策的基础，应进一步加强理论探讨和实践总结。

### 参考文献

哈继铭：《中国未来无需 GDP 增长目标》，《华尔街日报》中文版网站，2013 年 8
月 1 日。

罗奇：《中央计划尾声》，《财经》2014 年第 12 期，并见《中国经济时报》7 月
9 日。

刘树成：《美国〈总统经济报告〉法制化研究》，《经济学动态》2017 年第 3 期。

瑞菲：《美国政府为何不谈 GDP》，《学习时报》2013 年 9 月 2 日。

［美］萨缪尔森、诺德豪斯：《经济学》，北京经济学院出版社 1996 年版。

［美］萨缪尔森、诺德豪斯：《经济学》，人民邮电出版社 2004 年版。

席月民：《需要制定一部〈宏观调控基本法〉》，《经济参考报》2014 年 5 月
13 日。

谢增毅：《德国〈经济稳定与增长促进法〉及其启示》，《当代法学》2002 年第
3 期。

Andrew Browne：《中国应取消 GDP 增长目标》，《华尔街日报》中文版网站，2014
年 1 月 7 日。

Cimbala, S. J. & R. L. Stout（1983），"The Economic Report of the President: Before
and after the Full Employment and Balanced Growth Act of 1978", Presidential
Studies Quarterly, Vol. 13, No. 1, Winter: 50 – 61.

Congressional Budget and Impoundment Control Act of 1974（Titles I through IX of the
law are also known as the Congressional Budget Act of 1974）, 97th Congress, 2nd
Session, Public Law 93 – 344, July 12, 1974; 88 Stat. 297; 2 U. S. C. Sec. 601
– 688.

Economic Report of the President, from 1947 to 2018 each year, http: //
www. Presidency. ucsb. edu/economic_ report. php.

Employment Act of 1946, 79th Congress, 2nd Session, Public Law 79 – 304, Feb. 20, 1946; 60 Stat. 23; 15U. S. C. Ch21.

Full Employment and Balanced Growth Act of 1978 (also known as the Humphrey – Hawkins Full Employment Act), 95th Congress, 2nd Session, Public Law 95 – 523, Oct. 27, 1978; 92 Stat. 1887; 15U. S. C. Ch58.

Joskow, P. L. & R. G. Noll (1994), "Economic Regulation", in "American Economic Policy in the 1980s", Edited by Feldstein, M. , The University of Chicago Press: 367 – 368.

Schultze, C. L. (1996), "The CEA: An Inside Voice for Mainstream Economics", Journal of Economic Perspectives, Volume 10, Number 3, Summer: 23 – 39.

（原载《经济学动态》2018 年第 5 期）

# 编选者手记

刘树成先生与中国社会科学院经济研究所有着颇深的渊源。1978 年 8 月，他被录取为该所的研究生，成为中国改革开放之初的第一批研究生。1981 年 8 月，研究生毕业获得硕士学位后，他即留在该所数量经济研究室工作。1982 年 5 月，由于中国社会科学院数量经济与技术经济研究所成立，他随整个研究室转入此所。1998 年 10 月，刘树成先生又重新回到经济研究所，担任所长。2008 年 12 月，他卸任所长。之后，刘树成先生作为该所的资深研究人员，继续笔耕不辍，成果不断。可以说，经济研究所是刘树成先生学术经历的起点，也是他取得学术成就最重要的见证地之一。在纪念经济研究所建所 90 周年之际，特以该所主办的两份权威刊物《经济研究》和《经济学动态》作为线索，回顾刘树成先生与经济所相关的学术历程。通过梳理发现，从 1982 年至 2018 年的 37 年间，刘树成先生在这两个学术刊物上共发表文章 40 篇（有的为合作文章，其中在担任所长期间发表的文章为 15 篇），具体目录如下：

## 一 《经济研究》（共 25 篇）

1.《影子价格的实质》（与张守一合作），《经济研究》1982 年第 9 期。

2.《经济数量关系研究三十年》（与乌家培合作），《经济研究》1985 年第 6 期。

3. 《我国固定资产投资周期性初探》,《经济研究》1986 年第 2 期。

4. 《对我国固定资产投资周期性的再探讨——周期内各阶段的分析》,《经济研究》1986 年第 6 期。

5. 《中国工业短期波动的地区不平衡格局分析》(与龚益、樊明太、李强合作),《经济研究》1991 年第 12 期。

6. 《积极驾驭经济波动》(与樊明太合作),《经济研究》1992 年第 5 期。

7. 《中国经济发展：1993 年特点、1994 年走势及有关对策》,《经济研究》1994 年第 2 期。

8. 《析年环比价格指数中的翘尾因素》(与周方、赵京兴合作),《经济研究》1996 年第 4 期。

9. 《论中国经济周期波动的新阶段》,《经济研究》1996 年第 11 期。

10. 《论中国工业的月度波动及其地区不平衡格局的新变化》(与龚益合作),《经济研究》1997 年第 9 期。

11. 《论中国经济增长的速度格局》,《经济研究》1998 年第 10 期。

12. 《通货紧缩：既不能估计不足，亦不可估计过重》,《经济研究》1999 年第 10 期。

13. 《对美国"新经济"的考察与研究》(与李实合作),《经济研究》2000 年第 8 期。

14. 《中国经济走势分析（1998—2002）——兼论以住宅金融创新为突破口实现城乡就业联动》(与汪利娜、常欣合作),《经济研究》2002 年第 4 期。

15. 《中国经济波动的新轨迹》,《经济研究》2003 年第 3 期。

16. 《新一轮经济周期的背景特点》,《经济研究》2004 年第 3 期。

17. 《新世纪　新知识　新概念——荐最新出版〈现代经济辞

典〉》，《经济研究》2005 年第 2 期。

18. 《实现经济周期波动在适度高位的平滑化》（与张晓晶、张平合作），《经济研究》2005 年第 11 期。

19. 《论又好又快发展》，《经济研究》2007 年第 6 期。

20. 《中国经济持续高增长的特点和地区间经济差异的缩小》（与张晓晶合作），《经济研究》2007 年第 10 期。

21. 《论中国特色经济体制改革道路（上）》（与常欣合作执笔），《经济研究》2008 年第 9 期。

22. 《论中国特色经济体制改革道路（下）》（与常欣合作执笔），《经济研究》2008 年第 10 期。

23. 《宏观调控目标的"十一五"分析与"十二五"展望》（与张晓晶、汤铎铎合作），《经济研究》2010 年第 2 期。

24. 《中国特色政治经济学的基础建设——〈马克思主义政治经济学概论〉编写原则》，《经济研究》2012 年第 10 期。

25. 《不可低估居民人均收入翻番的难度》，《经济研究》2013 年第 2 期。

## 二　《经济学动态》（共 15 篇）

1. 《俄罗斯经济发展的现状与前景》，《经济学动态》2002 年第 8 期。

2. 《我国五次宏观调控比较分析》，《经济学动态》2004 年第 9 期。

3. 《多次性微调：使经济增长率不"冒顶"》，《经济学动态》2006 年第 10 期。

4. 《继续延长本轮经济周期的适度高位运行——析中国经济周期波动的良性大变形》，《经济学动态》2007 年第 8 期。

5. 《新中国经济增长 60 年曲线的回顾与展望——兼论新一轮经济周期》，《经济学动态》2009 年第 10 期。

6. 《2010 年经济社会发展面临的国内外环境条件》，《经济学动态》2010 年第 3 期。

7. 《2011 年和"十二五"时期中国经济增长与波动分析》，《经济学动态》2011 年第 7 期。

8. 《不可忽视 GDP——当前中国经济走势分析》，《经济学动态》2012 年第 7 期。

9. 《巩固和发展经济适度回升的良好态势——2013—2017 年中国经济走势分析》，《经济学动态》2013 年第 3 期。

10. 《中国经济增长由高速转入中高速》，《经济学动态》2013 年第 10 期。

11. 《对经济运行下限的第三个冲击波——2014 年中国经济走势分析》，《经济学动态》2014 年第 4 期。

12. 《构建中国经济发展新棋局——当前和中长期经济走势分析及政策建议》，《经济学动态》2014 年第 10 期。

13. 《防止经济增速一路下行——2015—2020 年中国经济走势分析》，《经济学动态》2015 年第 3 期。

14. 《美国〈总统经济报告〉法制化研究》，《经济学动态》2017 年第 3 期。

15. 《美国〈总统经济报告〉法制化研究之二——兼对"中国应取消 GDP 增长目标"意见的回应》，《经济学动态》2018 年第 5 期。

在上述 40 篇文章中，特选出最具代表性的 17 篇，合辑成本书。概括说来，这 17 篇文章可分为 4 组：

第 1 组（10 篇），是对中国经济周期波动与宏观调控的研究。这是刘树成先生的主要研究方向，也是他学术贡献最为突出和集中的领域。从相关文献的检索中可以看出，刘树成先生是国内最早研究中国经济周期波动的学者之一。从 20 世纪 80 年代中期起他就锁定这一领域的研究，之后紧密跟踪学科前沿理论，密切关注现实经济动向，在理论与实践有机结合的基础上形成了大量研究成果。不但为决策部门提供多层面的参考，也为推动中国特色宏观经济学的学科建设贡献了才智。这里选取的 10 篇论文不仅具有鲜明的时代性和针对性，而且具有显著的连贯性和系列性，反映了刘树成先生在同一个专题下、在不同年份的研究进展。这组文章，在逻辑上前后一致，在内容上相互呼应，体现出刘树成先生长期以来一直专注于这一研究领域，潜心治学、锲而不舍的精神。

第 2 组（2 篇），是对中国特色经济体制改革道路的研究，为纪念改革开放 30 周年而作。刘树成先生在多年持续追踪宏观经济运行问题的同时，也对中国经济体制转轨的实践给予了颇多关注，特别是对中国在改革进程中所体现出的区别于其他转轨国家的"个案"模式进行了深入研究。这里选取的连载在《经济研究》上的两篇文章着力刻画了中国模式的内核，从 9 个方面对中国特色经济体制改革道路进行了较为系统的归纳和总结，在较高的理论层次上揭示了中国改革的成功经验。在这两篇文章基础上提炼而成的《中国经济体制改革实践的主要特征》一文，曾经入选中共中央举办的"纪念党的十一届三中全会召开 30 周年理论研讨会"。

第 3 组（2 篇），是对《现代经济辞典》和《马克思主义政治经济学概论》的评介。这两项集体性成果都是刘树成先生在担任经济研究所所长期间组织全所力量攻坚完成的。其中，刘树成先生担任主编的《现代经济辞典》前后耗时六年才编撰完成；而《马克思主义政治经济学概论》是中央马克思主义理论研究和建设工程的第一批重点教材之一，编写课题组以中国社会科学院经济研究所为依托单位，由刘树成先生主持编写工作，历时七年时间得以完成。在这两项重大成果形成的过程中，刘树成先生均投入了大量时间，付出了艰辛努力。这里特选取两篇评介文章，以勾勒这两项成果的基本特征和主要贡献。

第 4 组（3 篇），是对美国经济的考察和研究，其中包含了两篇刘树成先生的最新研究成果。在近年来开展学部委员资助项目研究的过程中，刘树成先生注意到了宏观调控法制化这个重大问题。

在收集、整理、分析七十年来美国《总统经济报告》原始英文资料的基础上，对美国《总统经济报告》的法制化问题进行了系统研究。这里选取的两篇文章就是有关该问题的系列研究成果，对于未来中国借鉴其中的一些有益经验具有重要的参考价值。

以上文章清晰记录了刘树成先生的若干重要学术贡献和学术成就，作为最为珍贵的历史见证，谨以其合集奉献给经济研究所建所90周年纪念。

常欣

2018 年 10 月

# 《经济所人文库》第一辑总目(40种)

（按作者出生年月排序）

| | |
|---|---|
| 《陶孟和集》 | 《戴园晨集》 |
| 《陈翰笙集》 | 《董辅礽集》 |
| 《巫宝三集》 | 《吴敬琏集》 |
| 《许涤新集》 | 《孙尚清集》 |
| 《梁方仲集》 | 《黄范章集》 |
| 《骆耕漠集》 | 《乌家培集》 |
| 《孙冶方集》 | 《经君健集》 |
| 《严中平集》 | 《于祖尧集》 |
| 《李文治集》 | 《陈廷煊集》 |
| 《狄超白集》 | 《赵人伟集》 |
| 《杨坚白集》 | 《张卓元集》 |
| 《朱绍文集》 | 《桂世镛集》 |
| 《顾　准集》 | 《冒天启集》 |
| 《吴承明集》 | 《董志凯集》 |
| 《汪敬虞集》 | 《刘树成集》 |
| 《聂宝璋集》 | 《吴太昌集》 |
| 《刘国光集》 | 《朱　玲集》 |
| 《宓汝成集》 | 《樊　纲集》 |
| 《项启源集》 | 《裴长洪集》 |
| 《何建章集》 | 《高培勇集》 |